体が伝える秘密の言葉

The Secret Language of Your Body

心身を最高の健やかさへと導く実践ガイド

イナ・シガール 著　ビズネア磯野敦子 監修　采尾英理 訳

ナチュラルスピリット

本書に記載されている情報は教育を目的としており、いかなる健康障害に関しても、その診断・処方箋・治療を意図するものではありません。また、この情報は適切な医療従事者やヘルスケア専門家との相談に代わるものではありません。本書の内容は、医療従事者やヘルスケア専門家による合理的かつ信頼できるヘルスケアプログラムを補助するものとして活用されることを目的としています。著者および出版社は、本書のいかなる誤用に対しても一切責任を負いません。なお、本書に登場する人物名は本人のプライバシー保護のため変更している場合があります。

THE SECRET LANGUAGE OF YOUR BODY
by Inna Segal

本書は神の手中にあり、私たちすべての中にある無限の愛に捧げられます。

『体が伝える秘密の言葉』は、単なる書籍ではありません。
新しいヘルスケア・ムーブメントの一環として、
自分の体に意識を合わせて自己治癒を促すことができるよう
読者を誘い導きます。

効果的なプロセスと癒しの振動が盛り込まれた、相乗効果を生み出す体験を通して
あなたはより健康で健全な状態へと導かれるでしょう。

体が伝える秘密の言葉

もくじ

監修者の言葉

イナ・シガールと出逢ったのは、奇しくも二〇一一年三月十一日のことでした。

私は遠く離れた母国で起こった信じ難い災害に驚愕していました。その日はヴィジョナリー直観ヒーリングの講座の初日だったのですが、とても行く気にはなれません。それでも、ニュースの画像を見てただ泣くだけの自分に気がついた時、「ずっとここで悲しみに暮れていても何にもならない。こういう時だからこそ、行かなくては」という気持ちが湧き上がり、這うようにして講座が行われるパリの会場に向かいました。

そこで待っていたのは、ボディコンシャスの服にハイヒール、黒い爪のイナ。数多くの講座を受講してきましたが、かつて会ったことがないタイプのヒーラーの姿に、ちょっと面食らったのを覚えています。痛みの絶頂にいる時にカイロプラクターに見放されたのがきっかけで自分の体との対話を始め、快癒に至ったという話はもちろんのこと、天使と遭遇したエピソードなど、ミラクル満載のイナの体験談を聞いていると、まるでファンタジー映画を見ているようにワクワクしました。

講座の内容も、これまで経験したことのないユニークなエクササイズばかり。何より、イナの指導からは、「一人でも多くの人に、本来の自分とつながって心身ともに健康で豊かな人生を送って欲しい」という熱い思いがひしひしと伝わってきました。「ついに、長年探し求めていたメソッドが見つかった！」と、私のインテュイション（直観）が教えてくれました。

エネルギー・ヒーリング歴十数年になる私は、ヴィジョナリー直観ヒーリングについても楽々習得できるかと思っていたのですが、その予想は見事に外れました。自分自身と他者、また、その関わりに深くチューニングしていく作業は、当時しんどい結婚生活のなかにあって、自分の存在価値を見出せず、コンプレックスの固まりだった私にとってはかなりヘビーなもので、毎日泣きながらの受講でした。

けれども、ワークが進むにつれて、沢山の変化やシンクロニシティが起こり始めました。夫にチューニングをして不要なものをクリーニングした途端に彼から優しいメールが届いたりと、不思議な出来事が続々に起こるようになったのです。「クリア」というクリーニングの言葉を口にすると、毎回体にサインがやって来ました。私の場合は、頭がくらくらして貧血症を懸念したほどでしたが、周りの受講者たちも同様に、それぞれ変化を体験していました。

また、イナの快諾のもと、会場の一角に家中から集めてきた和小物を置かせてもらい、日本への義捐金を募ったところ、「神聖なる叡智」にお願いした五〇〇ユーロという金額がぴったり集まったのも、感動的でした。『スターピープル』誌にも掲載された「ヤーンライト・コレクティブ」の創始者であり、元パリコレ・デザイナーのアダム・ジョーンズを知ったのも、このワークでした。アダムに「癒しのエネルギーを込めたニットを作りたいんだ」と打ち明けられて以来、イナと共に応援し続けていましたが、二〇一三年にはすばらしいセーターが完成し、日本でも紹介させて頂くことができました。

イナとアダムとの出逢いからの三年間で、私の人生は百八十度引っくり返ったのです。数々の劇的な体験を通して夫との関係はとても良好になり、生涯を共にする覚悟もできました。にもかかわらず、友達に戻ろうと決心したのは、自分の魂の声を聞くことができるようになったからです。夫とは円満に離婚をし、五十歳にして一文無しで人生の再スタートを切ることになりましたが、「今が人生で一番幸せ」と思える毎日を過ごしています。数年前はうつ状態にあり、生き続けるのさえ苦痛だと感じていた私が、今こうして心も体もこんなに健康になれたのは、イナと出逢ったからこそ起こりえた奇跡だと思っています。

神聖なる叡智とつながり、言葉や色を駆使し、自分に備わっているインテュイションから体のメッセージを読みとっていくイナのメソッドは、単なるヒーリングのテクニックにとどまりません。おそらく、人生に大きな変容を引き起こし、無限の可能性にアクセスできるツールとなるでしょう。

ずっと願い続けてきたイナの日本デビューを目前に控え、喜びが溢れてきます。ナチュラルスピリット社の今井社長、ご縁をつなげてくださった日高播希人（はぎと）さん、そして、天のサポートに心から感謝！

体の各部位の問題に対する原因とその対処法のほか、体の機能、色の取り入れ方が網羅されたこの本は、とても実用的であり、あなたのバイブル的な存在になってくれるに違いありません。

ビズネア磯野敦子

二〇一四年五月

序文

『体が伝える秘密の言葉』は、私たちを本質へと導くガイドブックです。「どうしてガイドブックが必要なの？何のために？」と思われるでしょうか。その疑問に対して、私はこう答えます。この本は、本来あなたが歩むべき人生へとあなたを導いてくれるものです。私たちの多くは、本当なら別の人生を送っているはずなのです。毎週のように増える自殺者、脳卒中や心臓発作、不快感に見舞われる人々——私たちの体は、自分の人生、仕事、人間関係、考え方がどのように体と健康状態に影響を与えているかということを、懸命に伝えようとしているのではないでしょうか。

自分の感情や体からのメッセージに注意を払わなければ、体はあなたが人生を楽しんでいないのだと受けとめます。そして、一刻も早くあなたをこの世から連れ去ろうとするでしょう。著者はこう伝えたいのだと思います。「偽りの人生を送るのはやめましょう、それは他人から強いられた人生です。自分を殺すのではなく、あなたを抹殺しようとしているものを追い払いましょう。体の内から発せられるメッセージに耳を傾けることが、自分の人生を救うことになるのですよ」

『体が伝える秘密の言葉』は実用的な作品で、あなたの生活と時間を配慮して書かれています。本書を参考に、自分が理解できる言葉、自分がとれる行動を通して、新しい人生へと進んでください。生まれ変わって、体に最高の健康状態を取り戻してください。体に導いてもらって、人生を癒すのです。

人生が癒されると、様々な恩恵が訪れます。その一つは、病気の治癒かもしれません。バクテリアやウイルス、植物はその遺伝子構造を変えて、抗生物質、ワクチン、天候の変化などに抵抗しようとしますが、同じく私たち人間も、内なる癒しの力を呼び起こすことができるのです。人間の生活は微生物や植物よりも複雑なため、そうした癒しをもたらすのも簡単ではありませんが、私たちが知性を備えた細胞からのメッセージに耳を傾け、生命を育むような体内環境をつくり出すようになれば、自然治癒も決して珍しいことではなくなるでしょう。

まずは前向きに、自分の体と感情に注意を向けなければなりません。そして、想像や思考の世界だけに生きるのをやめることです。娯楽や薬に走ったりすることは、自分の感情に対する望ましい行為ではありません。ある弁護士が危機に直面した時、このように言っていました（ちなみに弁護士業は、深刻な病気のごとく厄介なものになりかねません）。「まったくもって合理的で文句なしに論理的、そして見事なまでに間違った結論に達しました。なぜって、頭で考えることばかりに気をとられていて、心で感じることを忘れかけていたからですよ」

多くの人は自分の感情に注意を向けることを苦手としていますが、それはその感情が耐えられないものだからです。人はたいてい、生きる支えとなる信条ではなく、命取りになるような信条を持って育ちます。痛みを伴う過去は捨て去るべきです。そして、両親、教師、聖職者、医師など、様々な権威ある人から受けとってきた否定的なメッセージに打ち勝たなければなりません。

六歳までの子どもたちは、言葉からまるで催眠術のように影響を受けます。そして、大人になるにつれて、そうした言葉の影響を振り払うのがどんどん難しくなります。言葉の悪影響が自分の体や健康状態にのしかかっていることに気づきはじめても、そこから逃れるのは大変なことです。神経系が損なわれてしまい、気分転換を求めて暴力的な行動や様々な中毒に走るといったことも、よくあります。体が伝えてくる言葉を、謎のままにしておく必要はありません。「人生に目覚めて強くなろうと思った時にはもう、大惨事が起きて荒(すさ)みきっていた」という状況を招いて欲しくないのです。まだ柔軟に対応する余裕があるうちに、どのように生き、どのように自然の力に立ち向かう強さを鍛えればよいのかを、体から学んで欲しいのです。自分の症状に意味を見出せれば、あなたは治癒へと導かれます。

自分を守り理解するためには、痛みは避けられません。痛みという経験がなければ、私たちの生活や体は悲惨なことになってしまうでしょう。しかし、痛みや苦悩に意味を与えれば、耐え忍ぶ必要はなくなります。苦痛と耐えることは、まったく別のものだからです。

意識は一つの場所のみに存在するものではなく、私たちは受けとるメッセージに波長を合わせる必要があります。臓器移植を受けた患者が臓器提供者の人生について口にするということがありますが、それはつまり、私たちの人生が自分の中に記録され、細胞の中に保存されているということを意味しています。

数年前、私はマラソンのトレーニングや日常的な用事をこなしている時に、めまいを起こすようになりました。この感覚をどうやって人に伝えようかと考えていると、「世界がぐるぐる回っている」という声が聞こえてきました。ペースを落として休みなさい、と体が伝えてきていたのです。朝はベッドから出るのもひと苦労というほど、私は疲れていました。のちに本書の「身体的疾患・症状のリスト」で「めまい」の項を見てみると、当時体が私に伝えてきていた内容と同じことが書かれていました。また、私は現在右足のくるぶしを痛めているのですが、本書の第一章で調べてみると、「責任の抱えすぎ」という答えがありました。私たちは体に語りかけ、体から学ぶことができるのです。そして、本書に記された知恵から学ぶことで、治癒をより早く簡単に起こすことができるようになります。

練習して実践する意欲があれば、あなたはなりたい自分になれます。我々は教え導くことはできますが、大切なのは、あなた自身が練習に参加することです。演じる役割によって血液が化学変化を起こすということが、証明されています。俳優でも、演じている役に応じて免疫機能やコレステロール値が変化します。悲劇を演じていると病気になったり、喜劇を演じていると病気に抵抗できたりといったこともあります。でも、忘れないでください。ここでは、あなたの人生を癒すことについて話しています。癒しと治癒は別のものですが、癒しが起こった人生が多くの病気を遠ざけ、体の治癒へと導いてくれることは珍しくないのです。

自分の思い込みに惑わされないでください。導かれるままに体験してください。私は自分の体とヒーラーの方々から、奇跡のような出来事が起こりうることを学びました。そのようなことが叶うなど、医学部では教わることもなければ、論ずることもなかったのに。イナ・シガールが本書で提言している生き方を実践すれば、あなたは従順で辛抱強い病人ではなくなり、「レスパント（respant／筆者の造語）」、つまり「自分の人生に責任を持って参加する人（responsible participant）」になれるでしょう。あなたの心の中にいる子どもを呼び起こして、愛と笑いを体感し、それが体にどのような影響を与えるか感じとってください。以前、妻のボビーと私は、よく一緒にプレゼンテーションを行っていました。妻はお笑い担当で、私は健康についてのレクチャーをしていました。印象深かったのは、十五分ほど笑い続けると、参加者の方々の様子が変わり、最初よりはるかに元気そうに見えたことです。プレゼンテーションが終わると、私よりも妻への感謝の言葉が多く寄せられました。

自分の体から教わり、抱えている問題から学んでください。そして、圧力をかけられた石炭をダイヤモンドに変身させてください。ダイヤモンドは、あなたを闇と障害から解放してくれるでしょう。罪悪感や羞恥心、非難する気持ちが問題なのではありません。多くの人は、そのような感情が問題なのだと思い込んで大人になりますが、そうではありません。犯した間違いにくよくよするのではなく、自分の人生に参加し、内なる知恵との対話を通して正しい行いをすることが大切なのです。もちろん私も、怪我をしたり、健康上の問題を抱えたことがあります。それは感情的な問題ではなく、たとえば事故やダニ刺されによるものでした。それでも、体の声に耳を澄ますと、より素早い治癒を自分に促し、問題が慢性化するのを防ぐことができるのです。自分のニーズを満たすために、わざわざ病気になる必要はありません。過去の経験を引きずりながら、「こうすればいいだろうか」「失敗したらどうしよう」などと思い煩うのはやめましょう。そして、誠心誠意人生に参加し、自分の役に徹しましょう。

体はあなたに与えられた贈り物です。テレビが画面に番組を映し出すように、体もあなたの人生を映し出します。私は患者が見る夢や描く絵を扱ってワークをしますが、体もシンボルを使って語りかけてきます。そのシンボルを診断に取り入れると、患者は映し出された自分の内なる知恵を確認し、受けたい療法を選択できるようになります。

患者が描く絵に使われている色にも意味があり、そこには感情が表れています。芸術療法士やユング派のセラピストもこのことを承知していますが、医学部で色の意味や色が表す感情について教えることはありません。アレクサンドル・ソルジェニーツィンがその著書『ガン病棟』の中で、自ら起こした治癒を「虹色の蝶」と表現しているのは、たまたまではないでしょう。虹色の蝶の中に変容と、その変容に伴うあらゆる感情が象徴されているのです。あなたも恐れずに前進して、体の声に耳を傾けてください。

うまくやれるか、失敗するかが重要なのではありません。善人、悪人の問題でもありません。スピリットと潜在意識は、体を通して共通の言葉で語りかけてきます。その言葉に心を開くことに意味があるのです。正しい選択、正しい扱い方へと体に導いてもらいましょう。最終目標は、人生を自分で癒すことです。

バーニー・S・シーゲル博士

『奇跡的治癒とはなにか——外科医が学んだ生還者たちの難病克服の秘訣』著者

イントロダクション

自分を癒すことを知り、あなたを拘束しているマイナス思考を解放する方法を学びましょう。憤りや恐れ、憂鬱、怒り、挫折、嫉妬、絶望感などといったネガティブな感情は手放してください。体が持つ知恵と結びつき、直観に従うことを覚え、心を開きましょう。そして、喜び、思いやり、明晰性、くつろぎ、愛を実感してください。体が本来備えている知性を発見し、その知性を活かして輝かしい変容を遂げましょう。

どうして、そのようなことができると言えるのでしょう？　それは、私自身が信じられないような癒しによる変容を体験したからです。それだけではなく、これまでに私が協力してきた数千もの人たちも、人生を変化させました。彼らは抑圧や病気、不満を抱えた生き方を、寛容で健康的な生き方、自分を深く知る喜びに溢れた人生へと変容させたのです。あなたの本質を覆っている殻を破ると、真の自己から放たれる輝きに気づくでしょう。

私を信じなくてもかまいません。大切なのは、他人の言葉を聞くことではなく、自分の答えを見つけることです。ヴィジョナリー直観ヒーリング（Visionary Intuitive Healing）のワークショップ初日にいつもお伝えしているのですが、私は参加者全員が様々な贈り物を受けとると信じています。たくさんの気づき、意識の高まり、成長・変容・癒しの機会という形で受けとる贈り物です。私が教えるのは、鍵を手に入れる方法です。その鍵をどのように使うかは、あなた次第。あなたにしか、自分の人生を変える力はありません。

体はフィードバックしてくれます。この本を読んでいただければ、体があなたに送ってくるメッセージを理解していただけるでしょう。調和と癒しを生み出す実用的なエクササイズもいろいろと紹介しています。どのエクササイズもすぐにできる簡単なものです。初心者でも大丈夫。呼吸、リラックス、読むこと、考えること、体を動かすこと。それができる方なら誰でも癒すことができます。

これまで多くの人たちに協力してきましたが、この簡単なエクササイズで、様々な症状が見事に癒されました。その例をいくつか挙げると、頭痛、背痛、不安症、心疾患、体重の問題、消化器疾患、ぜんそくなどです。

あなたは今、破滅的なパターン、否定的な考えや感情といった重荷を細胞レベルで一掃して、本当の自分という最高の存在を見つけ出すツールを手にしています。本来のあなたは輝かしい潜在能力、天才性、力、神性に溢れているのです。すべきことは、目の前にある情報を進んで活用し、自分を癒し、人生を変えるだけです。

私の教え子から聞いた話をしましょう。彼女は絶望感や落ち込みから自由になれるなどとは思ってもいませんでした。ところが、自分の問題には姿を変えた深い愛が潜んでいることに気づいてから、考えが変わりました。この癒しを通じて彼女は生まれ変わり、夫や子どもたち、家族との関係も一変しました。自分が愛すべき存在だと知ってからは、不安症やパニック発作、抑うつ症、激しい動悸にも悩まされなくなりました。

別のクライアントの話です。彼女は、自分がタバコに依存しているのは父親を身近に感じたいからだと気づきました。このことを認識した途端、中毒症の威力が衰え、彼女はその日からタバコをやめました。

歴史を通じて、多くの指導者、ヒーラー、預言者が「汝自身を知りなさい」と言っています。なぜなら、真の自分自身に目覚めると、選択肢があることに気づくからです。そして、選択肢に気づくとあなたは自由になり、健康と幸福が手に入ります。「汝自身を知りなさい」「汝自身を癒しなさい」とは、深遠な概念です。ただ問題なのは、多くの人が自分を知る方法や癒す方法を知らないということです。本書の目的は、二つのツールをお届けすることにあります。一つは心の奥を見つめるためのツール。そしてもう一つは、誰もが持っている、心身の健康とバイタリティが眠る泉を見つけ出すためのツールです。

ある敏腕ビジネスマンから聞いた話です。彼は、体に意識を合わせてそのガイダンスに従うことを学ぶと、背中と膝の痛みが治っただけでなく、ビジネスにおいて冴えた決断ができるようになったそうです。しかも、私のセミナーに何度か参加してから直観的なビジネス感覚が高まり、収入が三倍になったということでした。

内なる知恵を発見して自分自身に意識を合わせることは、一年に二、三回行えば充分というものではありません。これは、生き方そのものなのです。この驚嘆すべき恩恵を感じ、意識を広げ、自己治癒のパワーを体験しはじめると、あなたはもう元に戻りたくなくなるでしょう。

はじまり

あなたはいつか、強力な癒しのテクニックを発見し、新しい癒しのジャンルを生み出して、テレビやワークショップ、書籍を通して世に広めるだろう――もしも子どもの頃に誰かからそんなことを言われていたら、この人は頭がおかしいに違いないと思ったことでしょう。私の将来の夢は女優と作家になることでした。演劇を学んでいた私は、まだ高校生の頃にいくつかの芝居に出演し、大学では執筆と編集について専門的に学びました。いつの日か、世界中を旅して周りながら、人々が健康とバイタリティを取り戻して人生を変容させる手助けをすることになるなど、想像すらしませんでした。

けれども、子どもの頃から健康というテーマが人生に何度も現れていたことを考えると、現在の状況は驚くべきことではないのかもしれません。私はベラルーシ共和国の首都ミンスクに生まれました。ミンスクはチェルノブイリ事故の被害を受けています。原子炉による周辺地域の汚染から二年ほど経った頃、重い病気にかかっていたマラットについて、医師たちが両親にこう告げました。「必要な治療も受けられず、このような厳しい気候の中で暮らしていては、マラットは死んでしまうかもしれない」と。そこで私たち一家はオーストラリアに移住することを計画し、ややこしい移住手続きをしていた九ヶ月の間、イタリアに住むことになりました。イタリア人はとても親切で、周囲にはロシア語を話す移民もたくさんいました。両親は将来への不安を抱えていましたが、私はイタリアでの生活が気に入り、浜辺で商売をして家計の足しにすることで自立心を身につけました。

オーストラリアに落ち着いてから、私たちはゼロから新しい生活を始めるという苦労に見舞われます。外国語を習得し、異文化に馴染んで生きていくのは大変なことでした。そして、この困難な時期は私の健康状態にも大きな影響を与えました。私はとても神経質になり、学校でも家でも自分が思っていることを話せなくなったのです。胃痛や皮膚疾患、不安症に襲われるようになり、パニック発作が起こることもありました。当時は両親も祖父母も、医学的な問題は医師しか対処できないと信じていたので、私はいつも病院に行かされました。

ところが、具合は悪くなる一方です。十六歳の頃、時々激しい背痛に襲われるようになったため、医師は理学療法士を紹介してくれました。一時的に少し苦痛が軽減したものの、その後予想に反して背中は悪化していき、痛みは耐えられないほどのレベルに達しました。

十八歳の時、私は演劇のクラスで将来の夫となるポールと出会います。ポールは様々な療法を教えてくれました。私はありとあらゆるホリスティック・プラクティショナーや医師に診てもらいましたが、どの治療法も効き目がないように思えました。少し具合が良くなったかと思うと、やがて痛みが再発し、徐々に悪化するのです。

そして二十歳になる頃には、歩くのもままならない状態が何週間も続くほどに、体調が悪くなっていました。自意識が強かった私は、その状態を友人や家族に隠していました。痛みの酷さを知っていたのは、ポールと母だけです。ある時期など、カイロプラクターの診療所で暮らしているような錯覚を起こすほどでした。私はすっかり自信を失っていました。

転機

私はもだえ苦しみ、自分の体が醜く思えてなりませんでした。きっと、実際に醜く映っていたでしょう。ポールに頼んでカイロプラクターのところに連れて行ってもらう道中、私はずっと叫び声を上げていました。車の揺れが拷問のように感じられたのです。

ようやくカイロプラクターの待合室に着くと、カイロプラクターは私をひと目見るなり「体がもう硬直してしまっていますね」と言いました。私はポカンと彼を見つめ、戸惑いながら小声で聞きました。「ええ、それは分かっているんですけど、何か治療してもらえますか？」

「できませんね。帰ってください」と彼は言いました。

帰り道、私は怒りに震えていました。そして、怒りのせいと言うべきか、おかげと言うべきか、痛みがましに思えました。何かで読んだのですが、落ち込んで絶望している時に、怒りが原動力となって前進させてくれることがあるのだそうです。私も怒りの効果を体験していたのかもしれません。心の中で、私は歩けなくなる場面や車椅子に頼らざるをえない状況をあれこれと想像していました。その時、ある考えが浮かんだのです。「この状態がずっと続くわけがない。悪化するか快方に向かうか、どちらかなのだわ」。死ぬまで痛みに耐え続けるという考えには、我慢なりませんでした。

帰宅後、ベッドの中で暗い先行きを見据えている時、突然ひらめきが起こりました。意識が目覚ましい方向転換をして、気づいたのです。「これまでずっと、治してほしいと人を頼り、どうにかして助けてもらえないかと思っていた。自分に内在する力を手放せば手放すほど、具合は悪くなる。答えは簡単だわ。自分で治せばいいのよ。でも、どうやって？」

癒しの能力の発見

ふいに、「自分の体にはすばらしい癒しの能力が備わっている」という実感が湧き起こりました。とはいえ、自己治癒の前にまず、痛みの原因を見つけ出さなければなりません。何かがうまく機能していないことは明らかで、体は私にメッセージを伝えようとしていたのです。

まだ痛みは感じていましたが、「目的ができた」と思いました。どのようにして自己治癒に取りかかればいいのかは分かりませんでしたが、私は人間が様々なレベルで機能していることを知っていました。精神レベル、感情レベル、肉体レベル、スピリチュアルレベル、エネルギーレベル――いろいろなレベルで人間は動いているのです。私はあらゆる側面をできる限り探求してみることにしました。

まず心に決めたのは、「元気になる」ということです。少しは気分がましだという感覚。完全に健康だという感覚。私はこれらの感覚を受け入れる心の準備ができていました。どちらの感覚も、具合の悪さに集中するより気分が良いことが分かります。

体から洞察を得るためには、自分の感情とつながらなければならないと思いました。まずは呼吸に集中します。自分の感情に気づき、そこから知恵を受けとる許可を自分に与えました。「感情に抵抗して押しやるのではなく、自分の気持ちを受けとめなさい」と。癒すためには、感じることが大切だと気づいたのです。

それから、「手を背中に当ててみよう」という思いが浮かびました。その時は、背中を支えようという考えからでした。のちになって気づいたのですが、背中に触れることによって、そこを癒すことに思考とエネルギーを向けていたのです。つまり、頭にふと浮かんだ癒そうという意思が、脊髄と神経系を通って、腰背部へと伝わっていったわけです。

ついに体が協調しはじめていることに気づきました。体がほぐれてリラックスしているのが分かります。カイロプラクターに言われた「硬直している」という状態が和らぎつつありました。徐々に気分が楽になりはじめましたが、それでもまだ不安がよぎります。「どうせうまくいかないんだから、やめなさいよ。何をやっても効果はなかったじゃない。どうして今度こそなんて考えられるの？」。そんな不愉快な考えが浮かんできます。私は「意識を集中させて、三十から逆に数えることで、不愉快な考えを逸らすしかない」と思いました。

すると気持ちが落ち着き、癒しは無理やり起こさなくてもいいのだと気づきました。ただ身をまかせればいいのです。「神聖なる叡智」の存在については聞いたことがありましたが、どういう意味なのかはよく分かっていませんでした。体が知性を備えていることは知っていました。なぜなら、自分で意識しなくても、体は血液を循環させ、髪を伸ばし、脈を打つ方法を知っているからです。「もし、神聖なる癒しの叡智というものが存在するのなら、その存在に助けを頼んでみよう」と思いました。すると瞬時に、驚異的な癒しのエネルギーとのつながりを感じました。まるで、暖かくまばゆい太陽の光が背中のこわばりと痛みすべてを溶かしてくれているようです。

背骨を意識すると、曲がった背中のイメージが浮かびました。ほとんどの椎骨が歪んで炎症を起こしているように見えます。ショックを受けた私は、「悪い夢だわ」と思いました。ところが、そこで気づいたのです。私は夢など見ていませんでした。自分の背中のイメージを目にしていたのです。

最初のショックがおさまると、私はどうして背中がそんな状態になってしまったのだろうと考えはじめました。そこで、「どの思考、感情、体験がこの状態を招いたの?」と聞いてみました。そして、ゆっくりと深呼吸しながら待ちました。すると急に、恐怖、焦り、怒り、罪悪感、羞恥心といった強烈な感情が浮かび上がってきたのです。深呼吸しながら表出してきた感情を受けとめ、その勢いが増してきても止めませんでした。その激しさに身をゆだねながら、私は繰り返し言っていました。「この感情を喜んで手放します」

感情のうねりが全身を駆け巡ります。感情を解き放つと、安らぎをおぼえ、驚異的な癒しのエネルギーとのつながりを感じました。そして、一つひとつの感情の本質、それにまつわる記憶を受けとったのです。感情を解放すればするほど、神聖で崇高な愛をますます強く感じました。心の中に浮かぶのは、体から煙のように解き放たれるよどんだエネルギー。私は深く安らかな眠りに落ちました。

翌朝、痛みはほとんど消えていました。私は興奮し、この癒しをできるだけ試してみようと思いました。三週間もすると、肉体的な痛みはまったくなくなりました。六ヶ月後の検査では、カイロプラクターが驚いて言いました。「どんな治療をしているのか知らないが、続けなさい。どうやら効いているようだから」。私は背痛が解消されると、続けて皮膚疾患、消化管疾患、不安症に取りかかり、どれも順調に癒すことができました。

人の癒しを助ける

「癒しの手を貸して欲しい」と人に頼まれるようになりました。自分を癒したとはいうものの、私は自分に人を助ける力があるのか確信が持てませんでした。一方で、自分の体に意識を合わせる練習を始めて以来、ほかの人の体やエネルギーシステムに意識を合わせる私の能力も劇的に向上していることに気づいていました。時にはわざわざ聞かなくても、驚くような思いもよらぬ情報——それは神聖な存在からの情報だと感じました——を受けとることがあり、その内容を本人に告げると、一貫して間違いないことが確認できました。

最初は、家族を助けてみることにしました。私の発見したての能力に最も理解を示してくれたのは母でした。母は、あなたを全面的に信じる、あなたは癒しの道を進むべきだ、と言ってくれたのです。父は半信半疑でしたが、娘への深い愛情があったので、私を支持してくれました。祖父母は癒しの仕事など聞いたこともない職業だと言っていました。夫のポールは協力を惜しまず、「でまかせを言ってはいけないよ、自分が話していることが真実で、クライアントの助けになっていると確信していなければならないよ」と的確なアドバイスをしてくれました。また、彼はこうも言っていました。「効果がなければ、絶対にやらないこと！」。私はその助言をずっと守ってきました。今でもクライアントから学び、一人ひとりにとって何が最善かということに注意を払っています。習慣にこだわったり、もはや適切ではなくなった考えやテクニックにしがみつくこともありません。

ある日、まだ自分を癒してから間もない頃のことです。母から電話があり、父に遠隔ヒーリングをして欲しいと頼まれました。仕事中に足を怪我したとのことでした。私は父に意識を向け、いつものように「意識を集中させる」と、父が足にひどい怪我を負っているのが見えました。実際に見えたのは、ボートに乗っていて怪我をした父の姿です。母にはそう伝えましたが、事故は仕事中に起こったはずだと言われました。ところが父に連絡すると、私が見たイメージに間違いないことが分かりました。父の足はすぐに治りました。

今ではもう、距離はヒーリングの障害にはならないことが分かっています。そのことを理解してからは、世界中の人々のヒーリングに取り組めるようになりました。クライアントが抱える疾患や人生の難題における精神的・感情的・身体的・エネルギー的要因に意識を集中できるようになったのです。私は、一人ひとりの内に存在する神聖な叡智に彼らがつながれるよう手助けできることにも気づきました。その叡智の助けを借りて、彼らが自分で癒せるようになるのです。

父の癒しを経験してから間もない頃、友人が訪ねてきました。話をしている彼女の頭上に、絵に描いたような肝臓のイメージが現れました。自分の頭がおかしくなったのかと思った私は、目をパチクリさせながらイメージが消えるのを待ちました。ところがイメージは消えません。肝臓が悪いのか彼女に聞いてみると、それまでずっと肝臓障害を抱えてきたということでした。

次に現れたのは、強制収容所にいる彼女の祖父のイメージでした。彼も似たような肝臓障害を抱えていたことが伝わってきます。私は、彼女の健康状態や彼女自身も知らない祖父のことのほか、いろいろと個人的な情報を伝えました。すると数日後、彼女から連絡がありました。母親に確認したところ、彼女の祖父に関して私が伝えたことはすべて間違いなかったそうです。あとになって聞いたのですが、あの日、彼女の健康状態について私が話したことはすべて、検査や医療関係者によって確証を得られたとのことでした。

その後数ヶ月に渡って、私は協力してくれる人とともに実験をしてみました。結果は驚くべきものでした。そして、自分の癒しの仕事の真価に対する自信を深め、時間を見つけては様々なヒーリング方法を研究し、自分の能力をより効果的に用いる方法を見つけていきました。また、スピリチュアリティ、健康、人間の潜在能力について書いているベストセラー作家のインタビューを行うようになり、そこからも学びました。私が書いた記事も世界中の新聞や雑誌に掲載されました。けれども、私にできる一番の方法は、自分で癒すことを人々に伝えることでした。個人で行っていたヒーリングワークに来られるクライアントの方々、そしてワークショップに参加してくださる方々から、私は最も深くて有益な学びを得ました。

本書の内容は、私の何年にも及ぶ人体研究、マンツーマンで行うクライアントとのセッション、そして世界各国で指導したワークショップの内容に基づいています。体の各部位が私たちに伝えようとするメッセージを理解し、そのメッセージが伝える情報を自己治癒に役立てる方法が分かるようになったのは、クライアントの皆さん一人ひとりのおかげです。

ある人に、どんな本を書いたのか聞かれたことがあります。私は少し考えてから、こう答えました。「自分で使ってみたいと思うような本を書きました」。私自身、これまで何度も本書を資料として活用しながら、思考や感情が体に与える影響を説明してきました。あなたが本書『体が伝える秘密の言葉』を常用して、自己治癒に役立ててくださることを願っています。

誰もがアクセスできるヒーリングとスピリチュアリティ

初対面の人はよく、私がパーフェクトな人生を送っていて、苦労もなければ、動揺、不安、怒りを感じることもないのだろうと思うようです。そして、私のことを理想的な人だと信じ込んで、賞賛の言葉を浴びせてくれます――この人も普通の人なのね、と気づくまでは。私も自信が揺らぐことはあります。たまに間違えることもあります。流行のファッションが大好きで、踊りに行ったり映画を観たり、ポップ・ミュージックを聴いたりします。

わかりやすく言いましょう。私はスピリチュアルな仕事をしていても、世俗的なことを生活に取り入れて楽しんでいます。地に足をつけた状態で、幸福、スピリチュアリティ、人生の成功を手に入れようとしてもいいのだということを、実演しているのです。そんな姿勢に、皆好意を示してくれます。セミナーの参加者は、私の服装や若々しい外見、セッションで流す音楽の趣味を褒めてくれます。スピリチュアルな仕事が「カッコよく」見える、とも言ってくれます。ある年の誕生日プレゼントに、夫のポールは音楽プロデューサーのフィリップ・ゲルバックと共同で『Right Now』というアルバムを制作してくれました。アルバムには、元気が出るような曲、トランス・ミュージック、ダンス・ミュージック、リラクゼーション・ミュージックそれぞれに合わせた、私のヴォーカルが入っています。ワークショップでこのアルバムをかけると、参加者は喜んで踊ってくれます。プレゼンテーションを行ったある日のこと、参加者の女性が姪御さんを連れてきていました。姪御さんは、スピリチュアル・ヒーリングを行うような人は野暮ったい服装の年配者だろうと思っていたのでしょう。私が若く見えることに驚き、履いている靴が素敵だと夢中になっていました。

本書の活用法

本書は参照ガイドです。あなたの感情、経験、エネルギー、思考がどのように身体面・精神面・感情面の健康状態に影響を与えるのかを知るヒントとなるでしょう。あなたが症状あるいは対処法にどのように取り組みたいのかによって、何通りにも相互参照できるようになっています。具合が悪い時は、その症状もしくは不調を感じる部位や体組織に関する項目を調べてみてください。その症状、部位、体組織に関係する思考や感情への理解を深められるでしょう。どのように参照できるかは、以下に述べています。

❖ 病気についてのセクション ❖

第二章では、様々な症状や疾患を五十音順のリストにしています。読みながら、自分がどのような感情と結びついているか、または心当たりがあるかを意識してください。次に、第三章の感情についてのセクションを調べて、その感情と対応するプロセスを行ってください。

❖体の部位についてのセクション❖

あらゆる病気は、それぞれ体の特定の部位に保存されます。あなたの症状に関係する体の部位について第一章で調べ、ヒーリング・プロセスを行ってください。第一章では、それぞれの部位に関連する感情についても説明しています。感情についての詳細は、第三章を参照してください。

❖色についてのセクション❖

第四章では、色が持つ性質について述べています。それぞれの色の持つ性質が、体を活力に溢れた状態へと立て直す手助けをしてくれるでしょう。各色が、どのようにあなたの感情面に影響を及ぼすのかについても述べています。カラー・ヒーリングは、関連する体の部位についての項目で紹介しているプロセス、または感情のセクションで紹介しているプロセスと組み合わせて行ってもかまいません。

❖体組織についてのセクション❖

互いに関係している複数の部位に取り組むと、強力な効果があることが分かりました。どの部位が一つの組織系統を構成しているのか分からなければ、第五章を参照してください。そのうえで、その組織系統を構成している各部位に取り組み、色の視覚化も行ってみましょう。

取り組みたい症状が体の複数の部位に現れている場合は、いくつかのプロセスを組み合わせてもかまいません。たとえば、喉の風邪を引いている時は、まず第二章の「風邪」を調べます。次に、第一章で述べている喉のヒーリング・プロセスを行います。喉のプロセスと一緒に、肺のプロセス、胸のプロセスを行っても良いでしょう。特定の感情に心当たりがあるのなら、第三章の感情解放プロセスを行います。日中仕事で忙しいという場合は、シンプルに、色を活用することもできます。たとえば、オレンジ。オレンジ色が胸に伝わるところを視覚化したり、両手をこすり合わせてその中にオレンジ色の光のボールを想像しても良いでしょう。その手を喉か肺に置いてオレンジの光を吸い込み、喉や肺を再生してもらいます。

プロセスをただ読むだけでは意味がないということを覚えておいてください。必ず何度か練習して、その恩恵を受けとりましょう。

気をつけていただきたいこと

ヒーリング・エクササイズは、健康的な食事や運動、適切な健康管理の代わりになるものではありませんが、補助的なサポート手段として、あなたの体をより健康で生気と活力に溢れた状態へと導く助けになります。何らかの疾患や深刻な病を抱えていたり薬を服用している場合は、医師の指示に従って治療を続けてください。

薬物治療を受けている方でも、本書を参考にプロセスを行うことによって、自己治癒に取り組むことができます。医療機関が勧める治療を受けながら本書のプロセスを行い、自分に意識・波長を合わせてみましょう。そうすることで、神聖なる癒しの叡智との結びつきを強められます。結びつきが強まるのを感じたら、そこへ意識が向かうにまかせましょう。自分の治癒力に対する自信を揺さぶるような恐ろしい統計や情報は気にしないことです。人が「奇跡の治癒」について語るのには、それなりの理由があることを忘れないでください。歴史を通じて、人類は健康への鍵を発見し続けてきました。なかには治癒を早めたり、病気がたどる道筋を変えて医療界をまごつかせた人もいます。癒しには時間がかかりますが、焦らずに、必要なサポートはすべて受けとれると確信してください。薬の服用量を減らす場合は、医師の指示・監督のもとに行ってください。

❖身体的な症状への取り組み❖

本書を執筆中に気づいたことがあります。どのような病気（dis-ease／不快な状態、の意）、ストレス、症状、疾患であれ、それは体のどこかの部位とつながっているということです。ですから、第一章のそれぞれの部位に関する項目を読んで、ヒーリング・プロセスを行いましょう。エクササイズの内容が簡単だからといって、「くだらない」と思わないでください。ご紹介しているエクササイズは、すでに大勢の人々に効果を示しているものです。

プロセスの効果を高めたければ、関連する他の器官や部位のプロセスと組み合わせてみましょう。たとえば風邪を引いている時は、肺、喉、胸に取り組みます。何か強い感情がある場合は、第三章も調べてみてください。「圧倒される思い」など、重苦しい圧迫感を解放するプロセスをどれか一つ行ってみましょう。

別の例を挙げると、生殖器系のどこかに問題がある場合は、まず第五章の体組織のセクションを読んで学ぶべきレッスンを把握してから、関連する器官や感情に取り組みます。また、目の調子が悪いけれど取り組む時間が限られているといった場合には、第四章も参照してカラー・ヒーリングを行うのが良いでしょう。インディゴ（藍色）や紫は、目に影響する病気や疲れを癒すには打ってつけの色です。

❖感情的な問題への取り組み❖

身体的にこれといった問題があるわけではないのに、朝起きた時に圧迫感を感じたり、憂鬱な気分や満たされない思いに気づくことがあります。そのような時は、第三章を読み、感情を解放するプロセスを行ってみてください。プロセスはゆっくりと行い、深呼吸することが大切です。体から負の感情を解き放つところをイメージしましょう。

手を動かしながらプロセスを行うと、より効果的です。ヴィジョナリー直観ヒーリングのワークショップではたいてい音楽をかけるのですが、それは音楽が特定の感情を解放する助けになるからです。私は、音楽に合わせて体を動かしたり揺らすなどしてその感情を解き放つことをお勧めしています。体からその感情を文字通り手で「取り出して」架空のゴミ箱に投げ捨てるのです。

❖色への取り組み❖

カラー・ヒーリングは効果抜群です。いつでもどこでも試すことができるうえ、多くの場合即効性があります。色は、手の中で実際に振動として感じることができます。それぞれの色は、体に異なる影響を及ぼします。

試してみましょう。右手と左手の指がそれぞれ合わさるようにして、両手をしばらくこすり合わせます。そして、体の前で手を少し離してみましょう。ピリピリするような感覚があるはずです。では、手の中に赤いエネルギーの大きなボールを思い描いてみましょう。少し熱っぽく感じるかもしれません。視覚化が難しい場合は、「赤」と考えるだけでも大丈夫です。赤は無限のエネルギー、バイタリティ、パワーを持っています。体の疲れや衰えを感じる部位を確認し、そこに手を置いて、赤という色を「吸い込み」ましょう。この時、赤を飲み込んで体に取り入れるようにイメージしてください。ゆっくりと深呼吸しながら、吸い込んだ赤を全身に巡らせます。おそらくすぐに、活力が湧いてくるはずです。体の周りで手を動かして、赤を全身に駆け巡らせることもできます。一つ注意していただきたいのですが、取り組んでいる部位が炎症を起こしている場合、または頭痛がある場合は、赤に焦点を合わせないでください。

同じエクササイズを青でも試してみましょう。青は手の中で違った感覚をもたらすはずです。赤よりも軽く、涼しいような感覚、そして広がりを感じるのではないでしょうか。体のどの部位に青が必要か、聞いてみましょう。その部位に手をかざして、青を吸い込みます。青は心を落ち着かせ、平穏を生み、神経系に働きかけるのに優れた色です。また、インディゴも痛みを軽減させる最適な色の一つです。痛みを感じる体の部位に手を置いて、インディゴを吸い込みましょう。この色を体のすみずみまで自由に行き渡らせて、痛みや滞りを解消してもらいます。

ロンドンであるイベントを行った時のことです。カラー・ヒーリングのエクササイズを終えたあと、一人の女性が興奮した面持ちで私のところにやってきました。息もつけないほどの意気込みで、私に自分の手を見せています。そして、「見て！」と叫びました。彼女の友人が大げさに指をヒラヒラさせるのを、私はただ見つめていました。何のことか分からず戸惑う私に、彼女は「ルーシーはずっと関節炎を患っていて、ここ二年間指を動かすこともできなかったのよ」と説明してくれました。落ち着きを取り戻したルーシーは、「手をこすり合わせて赤い光を想像したら、指が痛いほどに熱くなってきたの」と話しました。ルーシーは声を上げそうになるのを抑えてゆっくりと呼吸し、続いて青色で試してみると、指に冷たい感覚がやってきて、ものの一分ほどで手の力が抜け、数年ぶりに楽々と手を動かせたのだそうです。

カラー・ヒーリングを行うには、まずそれぞれの色についての項を読んでから、手をこすり合わせて選んだ色を思い描き、感じてみてください。そして、その色を体の部位に取り入れてみましょう。

❖体組織への取り組み❖

体の個々の部位を構成する器官や分泌腺などはすべて、体組織の系統を通して読み解くことができます。体のあらゆる構成要素は相互につながっているので、より関連性の高い異なる部位にまとめて取り組むと効果的です。たとえば、ホルモンのバランスを崩している場合は、第五章の内分泌系の項を見てみましょう。内分泌系は、視床下部、下垂体、松果体、甲状腺、副甲状腺、胸腺、副腎、卵巣、精巣、膵臓で構成されていることが分かるはずです。そして、その時抱えている症状をもとに体の部位についてのセクションを調べて、関係する分泌腺や器官のヒーリング・プロセスに取り組みましょう。また第五章では、個々の組織に機能不全が生じた時の原因や、各体組織が伝えようとしている情報・知恵についても述べています。

❖健康なあなたへ❖

病気ではない方でも、本書から役立つ情報を得ることができます。癒しのプロセスを行って、健康状態、幸福感、直観、運気をさらに向上させましょう。たとえば、神経系をクリアにするには、第三章のプロセスを用いて調和と平穏を感じてみると良いでしょう。愛、喜び、幸福といった感情に取り組むこともできます。また、下垂体とホルモンに働きかけることで、免疫系の機能を高めることが可能です。手の指や足の指に関する項目もお勧めです。指は、それぞれが様々な器官とエネルギーにつながっているので、個々の指に働きかけると全体的な健康状態と幸福感が高まるでしょう。

何よりも大切なのは、この体験を楽しむことです。興味、喜び、楽しみを発見すればするほど、素早く気分が良くなるでしょう。

癒しはすぐに訪れることもありますが、時間がかかることもあります。焦らずに、必ずプロセスを繰り返してください。私の痛みが解消された時も、多くの人がもう私に癒しは必要ないと考えましたが、私はそれが発見への旅路のはじまりにすぎないということに気づきました。より健康で幸福な気分を高めるため、そして豊かさや自信を実感するために、私は毎日癒しのプロセスを行っています。

些細な変化が大きなことにつながり、心身の健康へと続く道を歩むきっかけになることもあります。機嫌の悪い自分を想像してみましょう。頭痛の予感がし、アスピリンを飲んで寝ようと考えます。そこへ友人が連絡してきて、外出しようと誘ってきました。渋々家を出たあなたは、そこで見たこともないような美しい夕陽を目にします。何度か深呼吸すると、気分が和らいできました。通りがかった人が、ちょっとした褒め言葉をかけてくれました。急に気分が良くなり、頭痛も消えてしまいます。あなたはすっかり上機嫌になって友人と会い、楽しい夜を過ごします。翌朝目が覚め、前夜の楽しいひと時を思い出して気分は爽快。人生はすばらしい――あなたはそう思って、新しい日を愉快な気分で迎えることでしょう。

このたとえ話から、心の状態がどれほど体に影響を及ぼすかが分かります。もしも身近に、否定的でいつもあなたを批判したりとがめたりする人がいたなら、あなたは動揺し、怒りや不安を感じることでしょう。そうした感情は体をこわばらせ、免疫系を弱らせ、神経系にストレスと攻撃を浴びせます。負の感情を手放さなければ、体の調子は崩れはじめて、やがて病気になってしまいます。

精神神経免疫学（ＰＮＩ）の研究においても、否定的な思考・信念・態度・感情は、神経系と免疫系を弱らせて病を引き寄せるとされています。行動医学を専門とするマーゴ・ド・クーカー医師は、次のように述べています（『The Wellness Support Programme（心身の健康支援プログラム）』二〇〇一年）。

> 現実世界では、ＰＮＩの分野において、次のことが証明されました。それは、知覚レベルで起こる心の中の出来事が、免疫系に実質的な影響を与えるということです。これは目新しい考えではありません。先人の知恵が常に勧めてきたのは、健康な体を維持するために「健全な」心の維持に集中するということです。私たちは今になってようやく、この心と体の結びつきを証明し、理解することができるようになったのでしょう。

体は常に変化しています。皮膚は毎月新しくなり、胃の内壁細胞は三日ごと、眼細胞は四十八時間ごと、肝細胞は六週間ごと、骨格細胞は三ヶ月ごとに入れ替わるということが科学的に立証されています。

面白いことに、癒しのプロセスに意識的に取り組むことは、あなたの健康を阻害するよどみ、有毒物、障害をものともせずに、体の再生を迅速に促すことになります。想像してみましょう。「はっきり見る」心構えができていると心を定めて、あなたは二日間、視力について取り組みます。眼細胞は四十八時間ごとに再生されるからです。すると二日後、あなたは実際にはっきりと見えるようになるでしょう。

私のもとには、病気を治すためにプロセスを行ってとても良かったという嬉しい反響がたくさんの方々から寄せられます。その病気には、糖尿病、嚢胞（のうほう）、関節炎、背痛、膝の痛み、心悸亢進（しんきこうしん）、腎障害、膀胱がん、偏頭痛、あらゆる種類の皮膚疾患、膀胱炎、痔、眼病、抑うつ症、不安症などのほか、実に様々な疾患や症状があります。

本書を日常的に活用していただければ、体の治癒を助けるだけでなく、あなたの人生を変え、限界や行き詰まり、恐れを感じさせていた「よどみ」や「負の感情」を解き放つことができるでしょう。すぐに変化に気づくこともあれば、初めはほとんど感知できない場合もあります。いずれにしても、本書で紹介しているプロセスを続けていれば、自分がどれだけ変容したか自覚できるでしょう。

ここで、体に意識を集中させるためのプロセスを紹介します。私が自分を癒した時に用いたプロセスと似ているものです。このプロセスを行って、自分が抱えている試練をより深いレベルで見抜き、癒しに取り組みましょう。これは単独で行っても、ほかのプロセスと組み合わせて行ってもかまいません。

体に意識を合わせるためのプロセス

1　居心地の良い場所で座りましょう。横になってもかまいません。

2　三十から逆に数えながら深呼吸します。心と体をリラックスさせましょう。

3　体の中で閉塞感がある部位、または痛みがある部位に集中します。

4 少しの間、その部位に緑色を吸い込んで、そこに手を置きます。

5 体に「何か伝えたいことはありますか？」と聞いてみましょう。メッセージは思考、言葉、イメージ、ひらめき、感覚、記憶などの形でやってきます。

6 深呼吸をしながら、何らかのメッセージが浮かんでくるのを待ちましょう。メッセージをあれこれ判断しないでください。

7 メッセージを書き留めます。

8 次のように唱えましょう。「神聖なる癒しの叡智よ、この部位からあらゆる痛み、妨げ、滞りを解き放つ手助けをしてください」。よどんだエネルギーが体から解放されるのを観察し、感じてみましょう。

9 深くゆっくりと呼吸しながら、頭を少し後ろに反らし、背骨の下部を曲げます。そして、息を吐きながら、頭を前に戻して背筋をまっすぐに。これをリラックスして気楽に行いましょう。

10 29頁「色への取り組み」の項を参照し、痛みを緩和する色であるインディゴを用いて、カラー・ヒーリングのエクササイズを行います。

11　次のように唱えましょう。「神聖なる癒しの叡智よ、この部位に癒しのエネルギーを注ぎ込んでください。体のあらゆる免疫機構が活性化し、体が完璧なバランスと健康状態を取り戻せるよう、ゆだねます」

12　一分間、呼吸を続けてエネルギーを蓄積させます。

13　温かい金色の光が全身に伝わり、体を修復するところを想像してください。

14　気分が軽くなるのを感じたら、意識をそっと通常の状態に戻し、あなたの内に存在する神聖なる癒しの叡智を活性化させたことを感じながら、目を開けます。

健康面の問題に集中して取り組みたい時、または体全体の健康状態を向上・維持したい時は、このプロセスを毎日行いましょう。予防手段として行ってもかまいません。力、自信、健やかな気分を高めるために行っても良いでしょう。

各プロセスに取り組む時は、リラックスして深呼吸することが大切です。それが、体が緊張やこわばりを感じとって解放する助けとなります。ヒーリングにおいては、想像力が非常に大切な宝となり、心は忠実な従者となります。想像力と心を正しく扱えば、結果は明らかです。一つだけ心に留めておいて欲しいのは、健康と幸福は天から与えられる権利（Devine Right）だということです。健康と幸福は、あなたが人生に受け入れようと思えばいつでも手に入ります。最大の試練は、恐れと抵抗です。本書は、あなたがその恐れと抵抗を克服するお手伝いをします。

半信半疑の方は、一歩ずつ進んでみましょう。一つのプロセスが思っていたほど効き目がないようなら、ほかのものを試してください。「これは自分のためにつくられたプロセスだ」と思えるように、クリエイティビティを発揮して、各プロセスをアレンジしてもかまいません。

あなたの健康状態が向上し、幸福感が高まるよう祈っています。そして、人生のあらゆる面が改善されますように。この本の世界に入って、体が伝える秘密の言葉を発見してください。

love
Inna

1
体が伝える秘密の言葉

病気の感情的原因・精神的原因・エネルギー的原因を癒す

このセクションでは、各器官と、それぞれに関係する疾患の元となりうる様々な要因について述べています。他のセクションと合わせて参考にしてください。健康状態を洞察するための、一つの指針となるでしょう。

まず、体の各部位の項を読んでから、自分の体に意識を集中させて、心当たりがある要因を感じとってみましょう。次に、ヒーリング・プロセスを行います。第三章「感情が伝える秘密の言葉」でご紹介している感情解放プロセスを行っても良いでしょう。

プロセスを行う時は、体をリラックスさせてください。癒しを得るために最も望ましい状態は、くつろいでいることです。停滞しているところを感じとり、その部位に集中するためには、深呼吸も役立ちます。また、癒しのためには、積極的に感じようとすることが大切です。あなたを停滞させているものを認識できれば、滞り、緊張、ストレスが消滅しはじめます。そして代わりに、覚醒、力、健康、幸福という新しい感覚が芽生えるでしょう。

ご紹介するプロセスの中で、「視覚化する（ヴィジュアライズ）」という言葉がたびたび出てきます。視覚化する能力は誰にでも備わっています。寝室を思い浮かべてみましょう。どのような家具が思い浮かびますか？　部屋は何色？　お気に入りの服は？　その服の色は？　質問に答えるために、心の中でイメージを浮かべたはずです。はっきりとしたイメージが浮かばなかったとしても、ただぼんやり思い描けていれば大丈夫です。明瞭なイメージが浮かばなくても、視覚化の効果はあります。大事なのは視覚化しようとする意思です。たとえば青色をイメージするように言われて、はっきりと見えなかったとしても、どうぞがっかりしないでください。青が持つ癒しの力を使おうという意思があれば、その効果は得られるのです。練習すればするほど、イメージもはっきりと浮かんでくるようになるでしょう。ですから、焦らないでください。

また、視覚化は「意識を合わせる」こととは別の作業です。体の特定の部位に「意識を合わせる」という言い方をしている場合は、その部位に集中して、そこに向けて呼吸をし、何が起こっているかを感じとることを意味しています。その際、静止画が浮かぶ人もいれば、動きのあるイメージを受けとる人もいるでしょう。イメージがはっきり浮かぶこともあれば、ぼんやりとしか浮かばないこともあります。器官の現在の状態が見えるかもしれません。何年も前に起きた出来事を思い出すこともあるでしょう。イメージの代わりに、強烈な感情、突拍子もない考え、頭の中でぐるぐる回る言葉などに気づくかもしれません。

意識を合わせている最中もしくは少し時間が経ってから、象徴的なサインや疑問に対する答えが浮かぶこともあります。ある特定の人物や出来事を思い起こさせる匂いに気づく、あるいは口の中で不思議な味がするかもしれません。静止画、動いているイメージ、感覚、思考、音、匂い、味など、何を受けとったとしても、それを判断しないでください。受けとった形にこだわるのではなく、それが持つ意味を考えてみましょう。受けとるものにはすべて意味があります。それは癒しにつながるパズルのピースなのです。

神聖なる癒しの叡智によって体を癒す

多くのプロセスに、「神聖なる癒しの叡智」という言葉が出てきます。あなたの体は神聖なる叡智を備えていると私は信じています。この神聖なる叡智は、あなたが意識して何かを行わなくても、心臓の鼓動を打ち、血液を循環させ、髪を伸ばしてくれます。手を切ってしまっても、この傷を治してくれます。あなたの一部である叡智は癒しの方法をすでに知っていて、頼めば迅速かつ効果的に癒しが起こります。この叡智を「潜在意識」と呼ぶ人もいるかもしれませんが、私は誰もがそれ以上に崇高な叡智を内に秘めた、スピリチュアルな存在であると信じています。その崇高な叡智は、私たちを通して働きかけます。神聖なる叡智は、私たちの自覚している意識だけでなく、潜在意識を通して力を発揮できるのです。

私は、このセクションで説明しているヒーリング・プロセスの一環として、「あらゆる考え方」を手放すことを勧めています。なぜなら、私たちの多くは、癒しや成長を制限してしまう信念や思い込みを抱いているからです。ポジティブだと思っていた考え方が、実際には自らを決まったパターンに追いやっていたと気づくこともあります。たとえば、自分と近い宗教的信念を持つ人と結婚することを、ポジティブな考え方だと信じていたとしましょう。ところが、自分の子どもが異なる信条を持つ誰かと恋に落ちた時、その考え方が両親と子どもの間に葛藤をもたらします。この考え方にこだわることで子どもとの関係が崩れ、いらぬ苦痛や苦悩を生み出すことになりかねません。それどころか、両親が一つの考え方に固執していると、その子どもは反発して、自分のためにならないかもしれない相手に引き寄せられてしまうこともあります。ですから、あらゆる考え方を手放して、神聖さとつながるためのスペースをつくりましょう。あなたを最も元気づける考え方のために、スペースをあけることが大切です。

また、ヒーリング・プロセスでは、ポジティブな思い入れもネガティブな思い入れも手放すよう勧めています。誰か、または何かに対して強い思い入れがあると、その相手や出来事、経験などに大きく反応してしまいがちです。ネガティブな思い入れは、怒りや憎しみ、恐れ、嫉妬などといった激しい負の感情から生じることがあり、ポジティブな思い入れは、強い欲求、期待、焦りなどから生じることがあります。

たとえば、あなたは今、新しい仕事に就いたところで有頂天になっているとします。新しい仕事でしたいことや学べることを考えて、あれこれとアイデアや期待がふくらんできます。ところが、現実の仕事は期待していたものとはかけ離れていることに気づきます。すると、あなたは意気消沈して、ポジティブだった思い入れがネガティブな思い入れに変わってしまいます。ですから、すべての思い入れを手放して、神聖なる存在、シンクロニシティ、健康、幸福が人生に流れ込んでくるのを受け入れることが理想的です。

そのために、私のヒーリング・プロセスではいつも「クリア」という言葉を使います。クリア（浄化）という言葉は、あなたの心、体、感情、波動からあらゆる滞り、苦痛、ストレス、制約を解放して浄化するための合図となります。「クリア」という言葉を繰り返しながら、ほうきや掃除機で全身から不要なものを取り除くところを視覚化してみましょう。人生の喜びへとつながる道を掃き清めるところを思い描いても良いでしょう。何かが浄められたと感じるまで、「クリア」という言葉を繰り返します。体が軽く感じられたり、くつろいだ気分になったり、自由やワクワクするような感覚、新しいチャンスを受け入れたいという思いが湧いてくれば、何かが浄化されたということです。

「クリア」という言葉を繰り返し、不要なものが消えたと感じるまで視覚化することを習慣にしていると、毎日がより鮮やかになりはじめます。そして、記憶力が増し、望むことをどんどん実現できるようになるでしょう。体の機能も向上します。「クリア」という言葉を口にするたびに、神経系があなたの中の行き詰まりを解消しはじめ、心と体のコミュニケーションが円滑になっていくからです。エクササイズをした直後から効果を感じる人もいますが、たとえすぐに効果が分からなくても、次のことを忘れないでください。不快な状態や病気が起こるまでには時間がかかるように、健康や幸福感をもう一度取り戻すためにも、同じように時間を必要とすることがあるのです。

ヒーリングにおいては、手も大きな役割を果たします。いくつかのエクササイズでは、体の各部位に手を置いて、そこから色を発するところを想像します。それぞれの色にはエネルギーの振動があり、各器官の治癒・再生を助けてくれます。

多くのプロセスの中で、お勧めしていることがあります。それは、自分が今どのように感じているか、人生を変えるためにどのような行動をとれるか、自分自身に質問してみることです。健康、幸福感、充足感を得るためには、こうした質問がとても大切です。なぜなら、自分が積極的に聞いてみようとする質問の内容は、あなたの人生経験を左右するからです。たとえば、「どうしてうまくいかないんだろう?」「どうしていつも失敗ばかりするのかしら?」「なぜ嫌な目にばかりあうんだろう?」など、やる気をそぐような疑問を感じていると、結果は必ずネガティブなものになります。反対に、「どうすればうまくできるだろう?」「良い結果を出すにはどうすればいい?」「短時間で自己治癒する方法が見つかる可能性は?」など、やる気になる聞き方をすると、宇宙があなたを助けてくれることに気づくはずです。そして、宇宙はあなたがより早く簡単に癒され、目的を達成できるよう手を貸してくれるのだと実感するでしょう。

ヒーリング・プロセスで得られるもの

あなたは、思考、言葉、感情、信念、波動、感触、動作、視覚化、呼吸に取り組むことで、自分の体と人生に変化を起こすことができます。変化が必要だということをあなたに伝えようとする時、体はその伝達手段として痛みや不快感を使うということを覚えておいてください。体に意識を合わせれば合わせるほど、楽で喜びに溢れた実り多い人生を歩めるようになるでしょう。あなたは自分の内にある神聖なる叡智に意識を合わせて、必要なガイダンスをすべて受けとることができます。このガイダンスは健康だけを導いてくれるものではなく、あなたの人間関係、仕事、精神面や感情面での幸福、魂の成長においても導いてくれます。

最良の結果を得るために、毎日エクササイズを行うことをお勧めします。時には、一週間かそれ以上、同じエクササイズを一日に何度も繰り返す必要があるかもしれません。反対に、数時間で症状が消えることもあるでしょう。

先述したように、たとえ気分が良くても、簡単なヒーリング・プロセスを行うことでさらに調子を上げることができます。多くの人は、病気になってやっと自分の体を大切にしはじめるようです。体調が良いと成長や飛躍を促すことをやめてしまい、やがてまた行き詰まりや不調、不幸を感じはじめるのです。でも、想像してみてください。昨日よりも今日、今日よりも明日と、毎日のように気分がより良くなっていけば、どれほど楽しい人生になるでしょう。

ヒーリング・プロセスに取り組み始めても、すぐに効果が現れないからと言ってやめてしまう人が少なくありません。「大変だから」「効果が出ないから」「時間がないから」と自分に言い訳してしまうのです。身におぼえのある方は、そのような思い込みを捨てて、自分に約束し、人生にすばらしい健康と成功を招き入れましょう。

自分で責任を持つ

目ざましい癒しを経験するためには、うまくいくと自分に強く言い聞かせて、自らの行動に責任を持たなければなりません。これは、不調を自分のせいにするという意味ではありません。責任を持つということは、あなたのこれまでのどの選択や意思決定が役に立たなかったかを見極めるということです。あなたは、違った方法を選び、自分の人生と健康状態を輝かせる手段を見つけることができるのです。

ローラという六十代の女性から相談を受けたことがあります。ローラは不眠、激しい咳の発作、ぜんそくに悩み、関節炎と背痛を抱えて、歩くこともままならない状態でした。理学療法士、心理学者、何人もの医師、カイロプラクター、そのほか様々なプラクティショナーに相談してきましたが、症状はあまり改善しませんでした。そこで、私はローラと一緒にヒーリング・プログラムを組みました。彼女を行き詰まらせている感情を通して、あらゆる症状に働きかけるプログラムです。

最初に分かったのは、十年前の出来事です。その時ローラは不正を行ったと非難されて、大きなショックを受けたそうです。その頃から、彼女の健康状態は悪化しました。そこで私たちは、怒り、悲しみ、落ち込み、憤りの感情に取り組むプロセスを開始しました。ローラは時間をかけて、その出来事に関わった人たちを許しました。すると間もなく解放感をおぼえたローラは、背痛が和らぐのを感じました。

私がローラに教えたプロセスは、彼女が抱えている否定的な思考とよどんだ感情を解放し、肯定的な思考と感情に代える手助けをするものでした。次に、肺、背中、関節、足に現れている症状を癒すプロセスをいくつか伝えました。

ローラは毎日プロセスを行いました。彼女は連絡を取るたびに、症状の改善を報告してくれました。ぜんそくを解消してぐっすりと眠れた夜のことを報告してくれた時は、本当に興奮を抑えきれないようでした。自己治癒を試しはじめてからほんの数日で、咳は止まりました。数ヶ月後には、ほとんど苦もなく歩けるようになり、体も柔らかくなって、人生に喜びを感じるようになっていました。

自分の責任を認め、体が伝えようとしていることを理解できてから、ローラの人生は変わり、癒されました。環境の犠牲者になるよりも、自分を力づけ、幸福を取り戻そうと自分に誓ったからです。

あなたは、健康と幸福は自分自身の責任であると認める心の準備はできていますか？　自分自身を癒すことを優先する気になりましたか？　答えがイエスなら、準備は整いました。あなたの成功話をお聞きするのを楽しみにしています！

ヒーリングの基本原則十か条

「ヒーリング」とは、全体性を意味します。あらゆるレベルに癒しをもたらすためには、最高の健康を実現させるあらゆる側面について考えなければなりません。

原則1

まずは健康を優先させる、と自分に誓いましょう。自分には価値があると信じ、最高の健康状態と幸福感を得るべきだと強く思うことです。健康を優先させることは、自分の思考を観察する良い機会にもなります。あなたは心を開いて、自分の病気や不快感の根本原因を積極的に探ろうとしていますか？　そして、不調の一因となったかもしれない負の感情を解放しようと思っていますか？　それとも、あなたが考えるヒーリングとは、薬を服用すること、もしくは体の機能を停止させてしまうことではありませんか？

真のヒーリングとは、体があなたに伝えようとしているメッセージに耳を傾け、変化を起こすことです。病気や停滞ではなく安らぎと流れを自分の体と人生に生み出すことが、本当の意味での癒しなのです。

原則2

感情を閉じ込めずに、触れてみましょう。多くの人が「感じる」ことに居心地の悪さをおぼえ、感じることよりも考えることに多大な時間を費やしています。嫌な感情が湧き起こると、人はその感情を閉じ込めようとします。気を逸らそうとしたり、テレビを観たり、ジャンクフード、電話、読書、音楽、タバコに走ったり、麻薬を服用するなどして、嫌な感情から目を背けます。けれども、あなたの感情は幸福への鍵を握っているのです。何があなたのプラスになり、何がマイナスになっているのかを感情は教えてくれます。人生が流れるべき方向に流れているか、あなたが間違った方向に進んでいないか、ということも伝えてくれます。

感情があるからこそあなたは成長し、痛みを手放し、理想的な体重となり、変化を起こし、健康・平穏・喜びの経験を妨げている鎧を打ち破るチャンスが得られるのです。

原則3

意識的に呼吸しましょう。呼吸が浅いせいで体に力が入り、停滞感をおぼえ、無理をしている人が少なくありません。ゆっくりと意識的に深い呼吸をすると、体を感じることができます。そして直観とつながり、頭の緊張を緩め、血液を浄化することができます。呼吸することで体中にエネルギーが回るため、エネルギーと幸福感も高まるでしょう。

原則4

健康的な食事を意識して心がけましょう。たいていの人は健康的な食事がどのようなものか分かってはいるのですが、忙しくストレスが多い生活を送っていると、ついファーストフードに手が伸びてしまいます。ほとんどのファーストフードは、脂肪、糖分、カフェイン、体に有害な化学薬品を大量に含んでいます。人は忙しなく食事をかき込み、何を食べているのか意識もせず、食べものを心から味わったり楽しんだりすることも忘れがちです。そうすると、つい必要以上に食べてしまうのです。

健康であるということは、体に栄養を与える健康的な食事を摂って、そこからエネルギー、バイタリティ、幸福感を得ることを意味します。時間をかけて体に良い食事を用意し、ゆっくりと意識して咀嚼しましょう。そうすれば、体が短期間で簡単に治癒して再生するのを促すことができます。

原則5

体を動かしましょう。元気が出ない、気分が落ち込む、やる気が起こらない、体重が増えすぎた、と多くの人がぼやいています。しかし、誰でも運動プログラムを組んで、理想的な体重を維持し、強く健康的で引き締まった体をつくることができます。運動を習慣にすれば、自信が生まれ、体の感覚を楽しむことができるようになるでしょう。そして、エネルギーが蓄えられ、解毒され、治癒へと導かれます。楽しめるような運動プログラムを組みましょう。歩く、泳ぐ、ジムに通う、ダンス、ヨガ、武道、太極拳など、いろいろなプログラムがあります。

原則6

体の声に耳を澄ませましょう。いつ休み、遊び、働くべきかを認識してください。自分のサイクルを把握していますか？　どのような時に本領を発揮できますか？　生産的な人生を送るにはどうすればいいでしょう？　体の声を無視していると、ストレスや緊張、恐れ、欲求不満、不安、不快感が忍び寄ってきます。数時間働いたら、数分は休憩しましょう。ストレッチや深呼吸、できれば少し瞑想をしてみてください。疲れや停滞感、ストレスを感じている状態と、健やかで創造性に富み、リラックスしている状態との違いに気づくはずです。

原則7

創造力を養いましょう。創造力がある人は肩の力を抜いて楽しむことができ、冒険心を持てます。学んで成長し、自分の能力を発見するチャンスが巡ってきます。創造性を発揮している人には、ひらめき、想像力、アイデアもどんどん湧いてくるものです。楽しみや創造力は、長生きの秘訣です。できることを見つけて、自分をクリエイティブに表現していきましょう。

原則8

人生に色を添えましょう。色によっては、重苦しく、憂鬱で疲れを感じさせるものもありますが、明るく、活力や喜びを感じさせるものもあります。気分が良くなる色を知り、その色が持つ性質を意識して、気に入った色を暮らしに取り入れましょう。たとえば壁の色をグリーンにすると、肩の力がほぐれて、穏やかな気分になれます。明るいオレンジのワンピースやシャツを着ると、活力が湧いてきます。冬の間、部屋に花を飾ると再生の力を取り込めます。どんなものでも良いので、色彩を豊かにしてみましょう。

原則9

常に感謝をしましょう。不足しているものを考えて「足りない」「欠けている」と不満を言うのではなく、人生に与えられているあらゆる恵みに目を向けてください。あなたが集中するものは増長する、ということを覚えておきましょう。つまり、不満を感じているものに集中すると、その不満の対象は増大してしまうということです。

原則10

とにかく笑いましょう。長い間、人は理由がなければ笑わないものだと考えてきました。ところが、笑いには驚嘆すべき効用があるため、今や「笑いクラブ」に所属する世界中の多くの人たちが「笑いたいから笑う」というモットーを持つようになってきています。「笑いヨガ」というものまであり、笑うためのエクササイズを指導しています。ユーモラスな視点で人生を見てみれば、ストレスを解消でき、急速な癒しを得ることができるでしょう。

身体的疾患とヒーリングの提言

ヴィジョナリー直観ヒーリングのワークショップやヒーリングセッションを行っている時、私はあることに気づきました。それは、体のあらゆる部位は、それぞれが持つ機能に基づいて何らかの感情や思考、記憶、エネルギー、経験を蓄えているということです。たとえば、目の役割は見ることですが、目にどこか問題がある時、その問題は生活の中にある見たくないものと関係している可能性があるのです。

このセクションの目的は、体の各部位に生じる問題や病気の様々な要因について、認識を高めてもらうことです。あなたを阻害したり制限したりしているもの、または問題となっているものを認識できれば、それらを解放することができます。それぞれのプロセスでは、思考、感情、呼吸、指圧、運動、視覚化、動作、質問、五感といった様々な要素に取り組みます。あまり馴染みのない器官や体の内部を視覚化するのが難しい場合は、巻末４０６頁・４０７頁の人体図を参照してください。

各プロセスの最後で、癒しを早めるために取り組むと良い感情や色の紹介をしています。そこに特に気になる感情の記載がない場合は、３１３頁の「不健全な感情を特定して解放するためのプロセス」のステップ1を行い、特定できた感情に取り組んでみてください。

このセクションは、あくまで一つの指針として参考にしてください。ここに記載がある要因すべてにピンとくるわけではないでしょう。まずは体に意識を合わせて、自分自身の答えを受けとることです。健全な思考や感情についても、取り組みの対象として提案しています。また、読者の皆さんの中には、行き詰まった感情をポジティブな感情に切り替える方法を初めて学ぶ方もいらっしゃると思いますので、そうした方々のために、プロセスに含まれるエクササイズの多くは言葉を使って行うものになっています。とはいえ、ご紹介するプロセスはそういった思考や感情を探求される方なら、どの段階にいる方でも試していただけます。ここで指導しているプロセスを出発点として活用しながら、自分がより力を得られる方法でプロセスをアレンジしてみてください。

訳注

次頁からの五十音順リストでは、体の各部位に保存・蓄積される感情や思考、記憶、エネルギー、経験、取りがちな態度や傾向などが、「考えられる要因」としてリストアップされています。

さらに、部位によっては「考えられる要因」のあとに、たとえば「右脚」「左脚」など左右に分けてリストアップされているものがありますが、ここでの「考えられる要因」は両脚に共通して保存されるもの、「右脚」に挙げられている要因は特に右脚に保存されるもの、「左脚」に挙げられている要因は特に左脚に保存されるものを示しています。

また、たとえば「足指（つま先）」の項の、「右足」の「親指」のように、「身体レベルで起こりうる症状」が別途リストアップされている項目がありますが、これは、右足の親指にリストアップされている感情などがその場所に保存されていると、「喉、甲状腺、首、顎、歯、歯茎、舌などに症状が現れやすい」ということです。

【顎】

❖ 考えられる要因 ❖

緊張、ストレス、抑圧を抱えている状態。自分の感情を伝えられないという思い。判断、批判。恐れ。自分の立場を主張し、欲しいものを求めるすべを知らないこと。後ろめたさ。非難、あら探し。閉じ込められたような感覚。怒りや憤りを手放そうとしないこと。一つのパターンにはまり込んで、そこから自由になり前進する方法が分からない状態。

❖ ヒーリング・プロセス ❖

両手をこすり合わせて、少し離します。オレンジ色の光のボールを二つ、手の中に視覚化しましょう。次に、手のひらを顎に当て、ゆっくりと深呼吸しながら、円を描くように顎の両側をマッサージします。集中して、顎の緊張をオレンジの光にほぐしてもらいましょう。このプロセスを二分から三分間行います。

次のように唱えましょう。「神聖なる癒しの叡智よ、ストレス、緊張、抑圧、判断、批判、限界、恐れをすべて顎から解き放ってください。この状態を招くあらゆる考え方やパターン、ポジティブな思い入れ、ネガティブな思い入れも手放せますように」。何か変化が感じられるまで、「クリア」という言葉を繰り返してください。

手の指、足の指、首、頭、顎を完全にリラックスさせることに集中します。体の力を抜いて、自分を解き放ちましょう。舌先を口蓋に当てて、ゆっくりと深呼吸します。ポジティブなことに注目して、心の中で微笑みます。そして、実際に笑いましょう。神聖なる叡智はあなたの味方です。あなたが数々の困難を切り抜けるのを助けてくれます。

次のように唱えましょう。「神聖なる癒しの叡智よ、言いたいことがちゃんと相手に伝わるよう、コミュニケーション能力を高められるよう力を貸してください。欲しいものを欲しいと言えるよう、そしてもっと創造的で自発的な人になれるよう自信を与えてください。ありがとうございます」

顎を強化させるには、次のポーズが有効です。両手の中指を曲げて、親指で上から押さえます。残り三本の指を伸ばして、ゆっくりと深呼吸しながら、三分から五分間このポーズを保ちます（手の位置は、やりやすい位置ならどこでもかまいません）。顎は力を抜くよう意識してください。

次のように唱えましょう。「神聖なる癒しの叡智よ、顎とその関連器官すべてを癒してリラックスさせ、そこに最高の健康状態、バイタリティ、幸福感を取り戻してください」

☞不健全な感情への取り組みについては３１３頁からを参照のこと。「ストレス」は３３７頁、「怒り」は３１８頁、「罪悪感」は３３２頁、「恐れ」は３２３頁、「行き詰まり感（停滞感）」は３２０頁、「判断」は３４５頁です。健全な感情については３５１頁からを参照のこと。「リラックス」は３６７頁、「平穏」は３６２頁、「許し」は３６４頁、「愛」は３５２頁です。癒しを早めるのに役立つお勧めの色は、「銀色」３８０頁、「オレンジ」３７６頁、「緑」３８６頁、「ピンク」３８４頁です。

【脚（腿の付け根から足首まで）】

❖考えられる要因（両脚共通）❖

プレッシャーや負担、生活するうえでやるべきことに押しつぶされそうな感覚。目につく障害に怖気づくこと。気が滅入るような過去の未解決問題を背負い込むこと。拠りどころのない感覚。自己不信や不安を受け入れてしまうこと。

右脚▼行動に移すのが苦手だという思い。不当な扱いを受けたという思い。抑圧感。不安。拠りどころのない感覚、不安定な感覚。間違った方向に進むこと。自分を駄目にする行為。人生の流れに逆らうこと。人生の目的に意識を向けて、目的をはっきりさせる時間をちゃんとつくらないこと。

左脚▼苦痛。怒り。神経過敏。自己批判。プレッシャー。心配。過去の未解決問題にとらわれること。前進することへの不安、自らの行動に責任を負うことへの恐れ。自分の選択に対する他人の目を気にしすぎること。人から認めてもらうため、または生活費を稼ぐ必要性から、嫌いなことに従事すること。

❖ヒーリング・プロセス❖

自分を支えてくれる脚に感謝しましょう。脚をよく観察して、労ってください。脚のおかげでできることをリストアップしてみます。脚があるから立てます。歩けます。走ったり、ジャンプしたり、ダンスすることもできます。運転や移動も可能になります。脚にはどれだけの価値があるでしょう？　百万ドルあげると言われたら、脚を手放しますか？　おそらく断るでしょう。脚はかけがえのない存在だと認識してください。あなたはすでに、恵まれているのです。

脚がどう感じているかを意識してみてください。身動きがとれない、重い、力が出ないと感じているでしょうか？　それとも、軽くて自由、力が湧いてくるようだと感じているでしょうか？　脚が拘束感、抑圧、重荷を感じているようなら、神聖なる癒しの叡智にお願いして、重荷や抑圧を解き放つのを手伝ってもらいましょう。

次のように唱えてください。「神聖なる癒しの叡智よ、重荷、障害、制約、重圧、苦痛、怒り、プレッシャー、恐れ、衰えをすべて脚から解き放ってください。この状態を招くあらゆる考え方やパターン、ポジティブな思い入れ、ネガティブな思い入れも手放せますように」。何か変化が感じられるまで、「クリア」という言葉を繰り返してください。

脚に感じているあらゆるプレッシャーや滞りに注目します。重荷を振り払いましょう。立って脚を片方ずつ振るか、座ったまま両脚を振ってもかまいません。立てない方は座ったままで大丈夫です。三十秒間振ってから、三十秒間リラックス。脚にピリピリするような感覚があるのを確かめてください。このプロセスを数回繰り返します。次に、六十秒間歩きます。歩けない場合は、六十秒間足をトントンたたきます。六十秒間続けたら、三十秒間リラックス。このプロセスも数回繰り返してください。音楽に合わせて踊りましょう。脚の血流を刺激できます。

では、深呼吸して、脚の温もりやピリピリするような感覚に集中し、その感覚を強めてみます。マインドの力で、温もりやピリピリする感覚を脚全体に送り込みます。三十秒間エネルギーを温めてから、三十秒間エネルギーを冷まします。このプロセスを五分間続けましょう。赤色やオレンジに意識を集中させると温かさが生まれ、青色やターコイズに意識を集中させると冷却できます。

足首から太腿の付け根に向けて、両手でやさしくさすります。指を大きな筆に見立てて、脚をピンク色に塗る様子を想像しましょう。よどみに気づいたら、ピンクで塗りつぶして消してしまいます。

次のように唱えましょう。「神聖なる癒しの叡智よ、自信と明晰性をもたらしてください。より自立し、創造性を高めることができますように。そして、人生の流れと調和を体感できますように。身近な人からの協力を拒まずに、夢を追いかける強さを与えてください。ありがとうございます」

両脚をマッサージして、前進することに集中しましょう。自信を持って、人生で何を受けとりたいのか、経験したいのか明確にします。軽やかに脚を動かすところを想像しましょう。確信とともに立ち上がり、歩いてください。

血流が滞っている方は、柔らかい毛のブラシで三十秒間、強めに脚をさすります（皮膚が弱い方は控えてください）。そして、二十秒間休みましょう。このプロセスを三回から五回繰り返します。

次のように唱えましょう。「神聖なる癒しの叡智よ、脚、膝、足首を癒し、そこに最高の健康状態、バイタリティ、柔軟性を取り戻してください」

☞不健全な感情への取り組みについては313頁からを参照のこと。「ストレス」は337頁、「恐れ」は323頁、「怒り」は318頁、「圧倒される思い」は317頁です。健全な感情については351頁からを参照のこと。「柔軟性と動き」は

３５７頁、「明晰性」は３６４頁、「自信」は３５６頁、「成功（達成感）」は３６０頁です。癒しを早めるのに役立つお勧めの色は、「赤」３７４頁、「オレンジ」３７６頁、「青」３７３頁、「ターコイズ」３８２頁、「ピンク」３８４頁です。

【足（足首から下の部分）】

❖考えられる要因（両足共通）❖

間違った方向へ進むこと。直観を無視する行為。戸惑い。途方に暮れる思い。頼りない感覚、現実離れした感覚。行き詰まり感。身動きがとれない感覚。人に借りがあるという思い。全体像を見失うこと。優柔不断。ある状況に対する怖じ気。

右足▼重すぎる責任。怒り、苛立ち。もどかしさ。激怒。物質面や状況から得られる利益ばかりに気をとられること。一歩下がって成り行きにまかせるよりも、力づくで事態を収めようとすること。墓穴を掘るような行為。

左足▼自分の欲求を見失っている状態。外の世界ばかりに注目し、人の世話に明け暮れている状態。行く手にある、計画を阻むような障害。過去、またはこじれた対人関係から受けた傷を引きずること。もらってばかり、または与えてばかりいること。

❖ヒーリング・プロセス❖

あなたは自分の人生を見つめ直して、方向性を変えることができます。過去のことを引きずらずに、前へ進むことに集中しましょう。自分をケアして、あなたが移動できるよう一生懸命に働いてくれる足に感謝してください。

まず、左足を両手で包んで、大切な宝物を扱うようにマッサージします。百万ドルあげると言われたら、あなたは左足を手放しますか？　おそらく断るでしょう。左足があることに感謝し、自分の人生に欠かせない存在として左足を扱ってください。同じように、右足もマッサージします。

足は毎日、私たちを連れ歩いてくれます。私たちを持ち上げ、体重を支えてくれます。また、足は地球とつながっていて、よどんだエネルギーを解き放つことができます。

立って、両足にそれぞれ大きな管が通っていると想像しましょう。この管から、よどんだエネルギーがすべて解き放たれて、地球の中へと消えていきます。地球の中へ消えていったエネルギーは姿を変えます。さあ、足から解き放ちたいものに集中しましょう。足を動かして、緊張や恐れ、制約、ストレスをそこから振るい落としてください。

次のように唱えましょう。「神聖なる癒しの叡智よ、行き詰まり、制約、重荷、怒り、苛立ち、もどかしさ、怠慢な態度すべてを両足から解き放ってください。この状態を招くあらゆる考え方やパターン、ポジティブな思い入れ、ネガティブな思い入れも手放せますように」。何か変化が感じられるまで、「クリア」という言葉を繰り返してください。

立ち上がり、夢に向かって進んでいくことに集中します。成功への階段を思い描いてください。あなたは成功できます。さあ、階段を上っていきましょう。ひと足ごとに、立ち止まって呼吸してください。一歩進むごとに足が軽くなるのを意識します。すべてがうまくいっていると感じてください。成功は、健康と幸福、仕事、家族、愛情、豊かさなどと関係しています。前へ進みましょう。

次のように唱えてください。「神聖なる癒しの叡智よ、悠々と軽やかに前進できるよう助けてください。そして、内なる知恵に導いてもらえるよう助けてください。地に足のついた、幸福で迷いのない人、バランスのとれた人になれますように。ありがとうございます」

「神聖なる癒しの叡智よ、つま先から脚全体を癒し、そこに最高の健康状態と行動力を取り戻してください」

👉不健全な感情への取り組みについては313頁からを参照のこと。「怒り」は318頁、「苛立ち」は「欲求不満」350頁参照、「コントロール」は330頁、「行き詰まり感（停滞感）」は320頁です。健全な感情については351頁からを参照のこと。「柔軟性と動き」は357頁、「明晰性」は364頁、「サポート」は355頁、「自由」は356頁です。癒しを早めるのに役立つお勧めの色は、「ピンク」384頁、「緑」386頁、「茶色」382頁です。

【足首】

❖ 考えられる要因（両足首共通）❖

責任の重圧感。自分を無理な約束で縛り、それが足かせになっているような感覚。泥沼のような人間関係、友人関係、仕事、状況にはまり込んで、身動きがとれない感覚。選択の余地がないという思い。信頼できないこと。前進できないこと。失敗を恐れて夢を持てないこと。間違いたくないという思い。平静を失って、次にどうすべきか分からない状態。

右足首▼権威ある男性に試されている状態。父親の跡を継ぐこと。恋人、上司、または父親代わりのような人に、主導権やアイデアを譲ってしまうこと。責任の抱えすぎ。自分よりもまずは人を満足させようとする行為。断ったり、自己主張したりできないこと。

左足首▼自分と向き合って胸の内に従うことに対する苦手意識。人に尽くすべきだという思い込み。特に、我が子、パートナー、仕事の犠牲になるべきだという固定観念。自分を磨く時間や、自分にとって何が大切なのかを知るための時間を十分にとらないこと。

❖ヒーリング・プロセス❖

足首に集中してください。深呼吸して、全身に空気を循環させましょう。足首にどのような感覚がありますか？　こわばって締めつけられるような感じ、もしくは痛みがありませんか？　何があなたの気を滅入らせたり、押しとどめたりしているのでしょう？

足首にぐっと力を入れてから、緩めてみます。足首がほぐれるまで、少し時間をかけてマッサージしましょう。足首にエネルギーの鎖、もしくは感情の足かせが巻きついているような感覚がありますか？　もし何かが足首にまとわりついている気がするのなら、思いきってそれを取り払いましょう。目を閉じて、足かせを両手でほどいて紫色の炎の中に入れてしまいます。そうすることで、足かせから自由になれるでしょう。

次のように唱えてください。「神聖なる癒しの叡智よ、私の足首を精神的、感情的、エネルギー的に拘束している鎖をすべて消滅させてください。弱さ、混乱、秩序のなさを私の人生から解き放ってください。この状態を招くあらゆる考え方やパターン、ポジティブな思い入れ、ネガティブな思い入れも手放せますように」。何か変化が感じられるまで、「クリア」という言葉を繰り返してください。

次のように唱えましょう。「神聖なる癒しの叡智よ、力、強さ、秩序、自尊心を実感し、体験できるよう導いてください。これからは自信を持って、迷いなく果敢に自分の道を歩んでいきます。ありがとうございます」

自信と確信を持って、計画的に前進する自分の姿を視覚化してください。さあ、立ち上がって一歩前に踏み出しましょう。望む方向へ歩んでいくことに集中してください。重たい鎖に煩わされずに前へ進むのは、どのような感じがしますか？　前途にどのような可能性が待ち受けているでしょう？　明るい将来像を受け入れてください。楽しい人生を描いて感じることができると自分に言い聞かせます。そう決めたことへの喜びと幸福感を味わってください。

次のように唱えましょう。「神聖なる癒しの叡智よ、足首とその関連器官すべてを癒し、そこに完全な健康状態とバイタリティを取り戻してください。ありがとうございます」


☞不健全な感情への取り組みについては３１３頁からを参照のこと。「行き詰まり感（停滞感）」は３２０頁、「恐れ」は３２３頁、「圧倒される思い」は３１７頁です。健全な感情については３５１頁からを参照のこと。「思いやり」は３５３頁、「平穏」

は362頁、「許し」は364頁です。癒しを早めるのに役立つお勧めの色は、「ピンク」384頁、「緑」386頁です。

【足指（つま先）】

❖考えられる要因（すべての指に共通）❖

判断。拒否された感覚。どこにも居場所がないような感覚。自分を見失ったような頼りない感覚。うずくまって隠れてしまいたいという思い。過度のストレスや緊張を抱え込むこと。

◆右足

親指▼人生の道筋が混乱している状態。「私はどこに向かっているのだろう？」という自問。前進することを恐れて、身動きがとれないような感覚。人生、お金、安全に関する過去の古い信念を引きずること。自分の考えをはっきり言えないこと。

身体レベルで起こりうる症状――喉、甲状腺、首、顎、歯、歯茎、舌に現れる疾患。

第二足指▼心配事。劣等感。不安。グループに属したり、主義主張を持つことに対する苦手意識。自分自身や他人に対する批判的な考え。用心深さ。自分は二番手だという思い。誰を信用し、誰に相談すればいいのか分からない状態。

身体レベルで起こりうる症状――肺、心臓、乳房（胸部）、胸腺、肩に現れる疾患。

第三足指▼状況を明確に認識できない状態。将来、特に今後の仕事や経済状況が見通せないこと。非現実的な期待。自分は落伍者だという思い。なかなか前進できない状態。
身体レベルで起こりうる症状――肝臓、胆嚢、膵臓、胃に現れる疾患。

第四足指▼疲労感。混乱。不安。世間から隠れていたい子どものような憂鬱な気持ち。数々の手に負えない出来事や状況。どこにも逃げ場がないのに、放棄して逃げ出したいという思い。
身体レベルで起こりうる症状――消化不良、膀胱や脾臓に現れる疾患、腰痛。

小指▼抑圧された攻撃性。人生は懸命な努力を要する闘いだという思い込み。自分は人生の恵みを受けるに値しないという思い。無視された気分。見捨てられたという思い。自尊心の欠如。
身体レベルで起こりうる症状――神経系、尿路、直腸、循環系、皮膚、生殖器系に関係する疾患。たとえば、頭痛、慢性の腰痛、坐骨神経痛、抑うつ症、性機能障害など。

◆左足

親指▼善悪の境界が曖昧で困惑し、選択に確信が持てないこと。責任の重圧感、緊張、ストレス、心配を抱え込むこと。誰に相談すればいいのか、自分の考えをどのように伝えればいいのか分からない状態。
身体レベルで起こりうる症状――喉、甲状腺、口、食道、顎、耳、舌、歯、歯茎に現れる疾患。

第二足指▼他人とその動機に対する困惑。どの方向に進めばいいのか確信のない状態。変化を起こすことを恐れる気持ち。親密な関係を築くことへの苦手意識。癒えていない悲しみや心の痛みを抱えている状態。延々と自分を傷つけること。
身体レベルで起こりうる症状――心臓、肺、乳房（胸部）、腕、肩、胸腺に現れる疾患。

第三足指▼抑圧感。羞恥心。怒り。低い自尊心。限界を感じること。選択肢がないという思い。過去を悔やみ、違うやり方があったはずだという思いにとらわれること。許すまいという思い。問題をうやむやにすること。成長、前進できない状況や状態をつくり出すこと。頭で分析しすぎてちぐはぐな行動をとること。

身体レベルで起こりうる症状――胃、肝臓、膵臓、胆嚢、脾臓に現れる疾患。

第四足指▼自制心を失ったような感覚。誤解されているという思い。「なぜ私がこんな目に？」という態度で、被害者意識を抱え込むこと。現状打破する方法を見つけられない状態。自分はどこかおかしいという思い込み。拒否された感覚。罪悪感。境界線が分からない状態。

身体レベルで起こりうる症状――腰、脾臓、腸、生殖器系に現れる疾患。

小指▼報われない、感謝されていないという思い。自己批判。怒っている親の顔色をうかがう子どものような気持ち。何をやってもうまくいかないという思い込み。恐怖心、脅威。裏切られた感覚。「一体どんな意味があるのだろう？　あきらめたほうがましだ」という考え方。

身体レベルで起こりうる症状――肛門、腸、大腸、脚部、免疫系、腰に現れる疾患。

❖ヒーリング・プロセス❖

ネガティブでよどんだエネルギーを足指から解き放つには、まず目を閉じて、あなたの前で燃えている炎を想像してみましょう。手の指を使って、それぞれの足指から厄介な問題をやさしく引き抜き、ネガティブなものを炎の中に入れてしまいます（灰色の煙、鎖、雑草などに見えるかもしれません）。足指にはそれぞれ固有の色があります。その色をイメージしながら、エネルギーの流れを再活性化することもできます。ポジティブなものを生み出したり、強化したりするには、そのポジティブな感覚を高めるつもりでやさしく足指をマッサージするか握ります。心の目に浮かべてみましょう。足指をそれぞれの色に浸します。流れてくるポジティブな感情を心で感じてください。

◆親指（喉のチャクラ）――青
◆第二足指（ハートチャクラ）――緑
◆第三足指（太陽神経叢のチャクラ）――黄色
◆第四足指（仙骨のチャクラ）――オレンジ
◆小指（ルートチャクラ）――赤

次のように唱えましょう。「神聖なる癒しの叡智よ、足指を癒し、そこに最高の健康、バイタリティ、動きを取り戻してください」

☞不健全な感情への取り組みについては313頁からを参照のこと。それぞれの足指と関連する不健全な感情に取り組んでください。健全な感情については351頁からを参照のこと。それぞれの足指と関連する健全な感情に取り組んでください。癒しを早めるためには、チャクラに関係する色、またはその時最も必要だと感じる色に取り組んでください。

【頭】

❖ 考えられる要因 ❖

怒り。もどかしさ。判断、自己批判。世事に疎い感覚。頑固さ。偏った考え方から抜け出せず、変化を拒むこと。考えるべきことや背負うべき重荷が多すぎて、人生に打ちのめされる思い。忙しない性質。やるべきことを常に心配していること。「物事を正しく成し遂げるには、私のやり方で行うべき」という完璧主義。人生の方向性を見失い、生きていくうえで何が大切かを忘れ、自分が抱えているあらゆる問題に気をとられること。幸せになるには、自分が人や物事すべてをコントロールしなければならないという思い。

❖ ヒーリング・プロセス ❖

集中して深呼吸しながら、頭をリラックスさせてください。十秒間、手で頭をぎゅっと締めつけてから緩めると、リラックスしやすくなるでしょう。これを、頭が軽く感じられるまで三回から五回繰り返します。頭を後ろに少し傾けて息を吸い、ゆっくりと吐き出しながら頭を前に少し戻します。これを数分間行ってください。

頭に蓋があると想像してください。蓋を開けて中を覗くことができます。さあ、何が見えますか？　中は明るいでしょうか、暗いでしょうか？　頭の中に光の球体を想像してみましょう。光が消えているのなら、明かりを灯しましょう。深呼吸に集中し、さらにリラックスするよう意識しながら、光を頭全体に駆け巡らせます。

次のように唱えましょう。「神聖なる癒しの叡智よ、どうしようもない欲求不満、判断、自己批判、完璧主義、行き詰まりをすべて頭から解き放ってください。この状態を招くあらゆる考え方やパターン、ポジティブな思い入れ、ネガティブな思い入れも手放せますように」。何か変化が感じられるまで、「クリア」という言葉を繰り返してください。

できればベッドに横たわりましょう。頭と顔のあらゆる筋肉をリラックスさせます。想像してください。頭の重さが完全になくなります。黄色と白の光線が、頭から緊張とストレスを残らず解き放ちます。その光線に集中しましょう。「イー」という音を静かに発します（me と発音する時の「イー」です）。その反響音が、頭をさらに浄化します。では、決断をくだすことに集中しましょう。明晰性と独創性が増し、考えや決断がより明確になることに気づくでしょう。

次のように唱えてください。「神聖なる癒しの叡智よ、新しいアイデア、経験、考え方に心を開けますように。柔軟に、的確な選択ができる人になれるよう助けてください。ありがとうございます」

「神聖なる癒しの叡智よ、頭と脳を癒し、そこに最高の健康状態、バイタリティ、幸福感を取り戻してください」

☞不健全な感情への取り組みについては３１３頁からを参照のこと。「判断」は３４５頁、「批判」は３４８頁、「圧倒される思い」は３１７頁、「心配」は「恐れ」３２３頁を参照してください。健全な感情については３５１頁からを参照のこと。「明晰性」は３６４頁、「平穏」は３６２頁、「リラックス」は３６７頁、「幸福感」は３５４頁です。癒しを早めるのに役立つお勧めの色は、「インディゴ」３７５頁、「緑」３８６頁、「白」３８１頁、「黄色」３７８頁です。

【胃】

❖考えられる要因❖

人生を受け入れられないという思い。新しい知識や情報を吸収するのが困難なこと。恐れ、制約、心配、罪悪感、絶望のパターンにはまり込んだ感覚。傲慢で支配的、思い上がった態度。自分は人より偉い、もしくは自分は人より劣っていて二番手のような存在だという思い。すべてを思い通りにしたくて、自分のことばかり考え、注文が多くなりがちな性格。自分の思いを伝えることへの苦手意識。拒絶されるとうまく対処できない性格。みぞおちを殴られたような、攻撃を受けた感覚。

❖ヒーリング・プロセス❖

胃に意識を向けてください。どのような感じがしますか？　もし胃が話すことができ、その思いをあなたに伝えることができるとしたら、何と言うでしょう？　あなたに痛みを与えるような感情、エネルギー、体験を胃に抱え込んでいませんか？　それは、どのようなものでしょう？　目の前に紫色の炎を想像してください。心配事、緊張感、攻撃性、罪悪感、行き詰まり、拒絶感、苦悩をすべて胃から取り払い、紫の炎の中に入れるところをイメージします。

次のように唱えましょう。「神聖なる癒しの叡智よ、絶望感、緊張感、心配、おごり、罪悪感、拒絶感、攻撃性をすべて胃から解き放ってください。この状態を招くあらゆる考え方やパターン、ポジティブな思い入れ、ネガティブな思い入れも手放せますように」。何か変化が感じられるまで、「クリア」という言葉を繰り返してください。

右手の人さし指を付け根から指先にかけてゆっくりとマッサージし、そこに溜まっているネガティブなものをすべて解き放ち、紫の炎の中に投げ入れるところを視覚化します。これを数分間行ってください。

何度か繰り返し唱えましょう。「あらゆる支配欲、不安、罪悪感を手放します。そして、喜び、平穏、幸福を迎え入れます」

まばゆい日光が胃に差し込んでくるところを視覚化しましょう。美しい日差しが胃を穏やかに浄化し、リラックスさせてくれます。

次のように唱えましょう。「神聖なる癒しの叡智よ、信頼感と自信を強く持てるよう導いてください。人生は学びと成長につながる最高に素敵な体験をもたらしてくれる、そう信じる力を高めてください。ありがとうございます」

消化異常を緩和するには、鼻先を中指で円を描くようにマッサージします。心地良いと思える強さで行いましょう。四十五秒間続けて、二十五秒間休みます。これを三回から四回繰り返してください。

次のように唱えましょう。「神聖なる癒しの叡智よ、胃とその関連器官すべてを癒し、そこに最高の健康、バイタリティ、幸福感を取り戻してください」

☞不健全な感情への取り組みについては３１３頁からを参照のこと。「行き詰まり感（停滞感）」は３２０頁、「コントロール」は３３０頁、「拒否」は３２８頁、「罪悪感」は３３２頁、「攻撃」は「批判」３４８頁を参照してください。健全な感情についてはは３５１頁からを参照のこと。「許し」は３６４頁、「愛」は３５２頁、「喜び」は３６６頁、「幸福感」は３５４頁、「励まし」は361頁です。癒しを早めるのに役立つお勧めの色は、「緑」386頁、「黄色」378頁、「青」373頁です。

【腕】

❖考えられる要因（両腕共通）❖

自己表現できないという思い。行き詰まり感。無力感。頑固さ。変化に対する恐れ。やりすぎ、または手抜き。感情の抑制。葛藤と抵抗。心の中の限界や葛藤が原因で、新しい絶好のチャンスをみすみす逃すこと。

右腕▼父親、兄弟、叔父、従兄弟、友人、恋人、夫、息子など、身近な男性から受けるストレス、苦痛、制約、怒りを自分の中に溜め込んでしまうこと。支配されているという感覚、もしくは人に対する過剰な支配欲。完璧主義。小さなことにくよくよし、大きなチャンスを逃してしまうこと。

左腕▼母親、姉妹、娘、友人、恋人、上司など、身近な女性から受ける苦痛、悲しみ、恐れを手放せないこと。人に利用され、軽んじられているという思い。人と距離を置きたいような、余裕のない心境。人の心配事や問題を引き受けて助けようとした結果、解決できずに重圧感、疲労、落胆を感じること。

❖ヒーリング・プロセス❖

両腕に集中してください。あらゆるストレス、恐れ、負の感情を振り払うように、そっと両腕を揺らします。

あなたの前にゴミ箱があるのを想像してみましょう。よどみを全部、そこへ振り落としてください。三十秒間ほど振り続けたら止めて、十五秒間ほど、ピリピリするような感覚や安堵感に意識を向けます。両腕が軽く感じられるまで、このプロセスを三回から五回ほど繰り返しましょう。揺らしたり振ったりできない方は、腕をやさしくマッサージします。人に頼んでもかまいません。腕がほぐれるまで続けてください。

次のように唱えましょう。「神聖なる癒しの叡智よ、精神的、感情的、エネルギー的なストレス、苦痛、怒り、心配、人や状況を操るような言動、コントロールをすべて解消してください。あらゆる恐れ、悲しみ、抵抗、頑なな気持ちを両腕から解き放ってください。この状態を招くあらゆる考え方やパターン、ポジティブな思い入れ、ネガティブな思い入れも手放せますように」。何か変化が感じられるまで、「クリア」という言葉を繰り返してください。

何度か深呼吸して、両腕、両肩、両手、指をリラックスさせることに集中します。オレンジ色のエネルギーが、両腕にどんどん流れ込んでくるところを想像しましょう。このエネルギーの流れは腕を上下に駆け巡りながら、痛み、緊張、よどみ、停滞している部分をくまなく探します。探し当てたら、オレンジ色のエネルギーが徐々に熱を帯びて、見つけた痛み、緊張、よどみ、停滞している部分を分解してくれます。両腕がリラックスすればするほど、これらの不要なものは速やかに解き放たれていきます。

この作業を終えたら、心地良い緑色のエネルギーに両腕を浸すところを想像してみましょう。温かく鮮やかなエネルギーが、両腕を活性化するのを感じてください。あなたはもっと創造力を発揮して、自分を表現していいのです。

次のように唱えましょう。「神聖なる癒しの叡智よ、創造性、健全な自己表現、バランス、強さ、勇気を実感し、体験できますように」
「神聖なる癒しの叡智よ、両腕とその関連器官すべてを癒し、そこに最大限の強さ、バイタリティ、柔軟性を取り戻してください。ありがとうございます」

☞不健全な感情への取り組みについては313頁からを参照のこと。「行き詰まり感(停滞感)」は320頁、「恐れ」は323頁、「コントロール」は330頁、「圧倒される思い」は317頁です。健全な感情については351頁からを参照のこと。「自信」は356頁、「サポート」は355頁、「自由」は356頁です。癒しを早めるのに役立つお勧めの色は、「オレンジ」376頁、「ピンク」384頁、「緑」386頁です。

【顔】

❖考えられる要因❖

破滅をもたらすようなお決まりのパターンを繰り返すこと。ストレスに悩むこと。不機嫌な表情。自らに限界を設けること。必死の努力、奮闘。自分の心や魂から切り離されている感覚。拒否されることへの不安。自分の真価を知るチャンスを無駄にして、困難な状況をうまく切り抜ける自分の能力を制限してしまうこと。面目を失うこと。

❖ヒーリング・プロセス❖

鏡で自分の顔を見てください。五分間、自分の顔の好きなところ、褒めてあげたいところを一つひとつ見てみましょう。

では、自分の顔があなたに何を伝えようとしているのか、さらに注意して見つめてください。あなたは果敢に現状を見据えていますか？　仮面の下に隠してしまっていませんか？　顔から伝わってくるのは、楽しい物語でしょうか？　それともつらくて厳しい苦労話？

取り組むべき状況から逃げたり目を逸らしたりするのではなく、正面から立ち向かうと心に決めてください。取り組むべき状況とは、これまで避けてきた人と向き合うことかもしれません。借金を返済したり、先延ばしにしていたプロジェクトを始めることかもしれません。それがどのようなことであれ、葛藤や泥沼状態を打破するために、最初の一歩を踏み出すことです。

数分間かけて、顔をやさしく愛情を込めてマッサージします。天然素材のクリームやオイルを肌にすり込んでも良いでしょう。目を閉じて、自分の前にゴミ箱があるのを想像します。あなたの顔を覆っている偽のマスクを外して、そのゴミ箱に捨ててください。あなたが人に見て欲しいと思う真の美しさ、輝いた顔が現れるまで、マスクをどんどん外していきましょう。数週間、このエクササイズを毎日二回行います。

次のように唱えましょう。「神聖なる癒しの叡智よ、緊張、ストレス、偽のマスク、使い古した信念、苦悩をすべて顔から解き放ってください。この状態を招くあらゆる考え方やパターン、ポジティブな思い入れ、ネガティブな思い入れも手放せますように」。何か変化が感じられるまで、「クリア」という言葉を繰り返してください。

次のように唱えましょう。「神聖なる癒しの叡智よ、勇気と信頼と内なる力を持って人生に向き合う能力を引き出してください。心を軽くし、自分の魂とつながり、新しい建設的な生き方を見つけられますように。純真無垢で、輝かしい未来を秘めた本来の私を引き出してください。ありがとうございます」

顔色が冴えない方、顔面麻痺などの問題を抱えている方は、次のプロセスを毎日行ってください。両手の人さし指を曲げて、その上を親指で押さえます。残り三本はまっすぐに。ゆっくりと深呼吸してください。五分間、手をそのまま保ちます（手の位置は、やりやすい位置ならどこでもかまいません）。顔面麻痺がある方は、このポーズを四十五分間、維持したほうが良いかもしれません。

次のように唱えましょう。「神聖なる癒しの叡智よ、顔とその関連器官すべてを癒し、そこに最高の健康状態、バイタリティ、美を取り戻してください。ありがとうございます」

☞不健全な感情への取り組みについては313頁からを参照のこと。「恐れ」は323頁、「拒否」は328頁、「失敗」は335頁、「ストレス」は337頁、「行き詰まり感（停滞感）」は320頁です。健全な感情については351頁からを参照のこと。「リラックス」は367頁、「満足感」は363頁、「自信」は356頁、「成功（達成感）」は360頁、「喜び」は366頁です。癒しを早めるのに役立つお勧めの色は、「青」373頁、「インディゴ」375頁、「紫」387頁、「ピンク」384頁です。

【かかと】

❖ 考えられる要因 ❖

混乱。内なる葛藤。疑い。自己の本質に対する疑問。「早まったかも知れない」という思いや後悔。立ち止まって自分の人生を見直す必要性。人生の流れから逸れて、バランスを失うこと。自分の長所や根底にあるものを見失ってしまった感覚。真実を伝えるよりも、人の顔色をうかがうこと。

❖ヒーリング・プロセス❖

かかとを数分間かけてマッサージします。あなたは地に足をつけ、自分の居るべき場所に落ち着き、自信を取り戻すことができます。心から信じていることがあるのなら、その方向へ自信を持って力強く進んでください。

次のように唱えましょう。「神聖なる癒しの叡智よ、自己不信、混乱、弱さ、優柔不断、恐れをすべてかかとから解き放ってください。この状態を招くあらゆる考え方やパターン、ポジティブな思い入れ、ネガティブな思い入れも手放せますように」。何か変化が感じられるまで、「クリア」という言葉を繰り返してください。

靴と靴下を脱いで、大地を踏みしめます。かかとに詰まっているものをすべて手放すことに集中しましょう。あらゆる行き詰まり、苦痛、ネガティブなものが解放されて、かかとから大地へ流れていくところを想像します。流れていったものは、大地の中でその姿を変えます。

次のように唱えましょう。「神聖なる癒しの叡智よ、自信、明晰性、調和、力をもたらしてください。勇気、創造力、確信を持って前進できますように。シンクロニシティをもたらし、人生に流れを起こしてください。ありがとうございます」

両手をこすり合わせて、少し離します。茶色や緑など、アースカラーのエネルギーの光線を両手の中に視覚化します。その両手をかかとに当て、大地の浄化の振動をかかとで受けとめましょう。これは前進する振動です。数分間、手をかかとに当てたままにします。

次のように唱えましょう。「神聖なる癒しの叡智よ、かかとを癒し、そこに完全な力、調和、動きを取り戻してください」

☞不健全な感情への取り組みについては313頁からを参照のこと。「低い自尊心」は347頁、「ストレス」は337頁、「恐れ」は323頁です。健全な感情については351頁からを参照のこと。「自信」は356頁、「明晰性」は364頁、「敬意」は353頁です。癒しを早めるのに役立つお勧めの色は、「茶色」382頁、「緑」386頁、「ピンク」384頁です。

【下垂体】

❖ 考えられる要因 ❖

空虚な気持ち。抑圧感。落胆。ホルモンのバランスが崩れている感覚。無感動。混乱。記憶力の衰え。恐怖。不安定な状態。脅威。決断をくだせないという思い。気がころころ変わること。

❖ ヒーリング・プロセス ❖

下垂体に意識を集中させてください。左手の中指と人さし指を眉間に当てましょう。「第三の目（サードアイ）」と呼ばれる部分です。あなたの第三の目は澄んでいる感じがしますか、それとも不透明な感じがしますか？

不透明な感じがするのなら、まず額をリラックスさせ、インディゴの光の炎（インディゴは額のチャクラの色です）があらゆる緊張を解き放つところを想像してみます。両手をこすり合わせて、手の中にインディゴの炎を想像しても良いでしょう。手を下垂体のあるところにかざし、意識して緊張をすべて解放します。次に、中指で眉間をやさしく撫でて、トントンと軽くたたきましょう。

　次のように唱えましょう。「神聖なる癒しの叡智よ、疲労感、情緒不安定、恐れ、混乱をすべて下垂体から解き放ってください。この状態を招くあらゆる考え方やパターン、ポジティブな思い入れ、ネガティブな思い入れも手放せますように」。何か変化が感じられるまで、「クリア」という言葉を繰り返してください。

　大きく息を吸って、下垂体に意識を集中させます。息を吐きながら、ストレスや圧迫感をすべて吐き出しましょう。このプロセスを三回から五回繰り返します。

　次のように唱えましょう。「神聖なる癒しの叡智よ、エネルギー、明晰性、活力、満たされた感覚をもっと感じられるよう力を貸してください。記憶力を高めて、安定感、安心感、心の平穏を与えてください。ありがとうございます」

　下垂体が活性化するのを意識しながら、左手で右手親指の付け根から指先にかけてマッサージします。すみれ色（バイオレット）の光で下垂体を包み込み、癒しのエネルギーが下垂体を再生していくところを視覚化してください。

　次のように唱えましょう。「神聖なる癒しの叡智よ、下垂体と下垂体に関連する分泌腺を癒し、そこに最高の健康、バイタリティ、幸福感を取り戻してください」

☞不健全な感情への取り組みについては313頁からを参照のこと。「恐れ」は323頁、「落ち込み（憂鬱）」は325頁、「低い自尊心」は347頁です。健全な感情については351頁からを参照のこと。「平穏」は362頁、「明晰性」は364頁、「愛」は352頁、「自信」は356頁です。癒しを早めるのに役立つお勧めの色は、「オレンジ」376頁、「黄色」378頁、「インディゴ」375頁です。

【肩】

❖考えられる要因❖

重大な責任を抱えること。極度の緊張やストレス、心配事を抱え続けること。不安、不確かな思い。恐怖心。圧迫感。悲しみ。拒否された気分。不信感。やる気をそがれる思い。傷つきやすい性格。喜びや楽しみがなくて肩を落とすこと。真面目な性格。解決法ではなく問題そのものばかりに目がいくこと。

❖ヒーリング・プロセス❖

両肩を意識してください。どのように感じますか？　力が入っていますか、抜けていますか？　背負い込んでいる全責任を自覚してください。目を閉じて深呼吸しながら、あらゆる心配事を投げ捨てるところを想像してみましょう。まるで大きな岩のように放り投げることができます。両手で肩に乗った岩を持ち上げ、想像の海に投げ捨ててしまいましょう。

次のように唱えてください。「神聖なる癒しの叡智よ、緊張、ストレス、心配事、不安、混乱、傷ついた心、拒絶感、悲しみをすべて両肩から解き放ってください。この状態を招くあらゆる考え方やパターン、ポジティブな思い入れ、ネガティブな思い入れも手放せますように」。何か変化が感じられるまで、「クリア」という言葉を繰り返してください。

深く息を吸って両肩に力を入れ、五秒間息を止めます。ゆっくりと吐き出しながら、両肩を完全にリラックスさせましょう。肩が軽く感じられるまで、何度か繰り返します。次に、右肩を十五秒間反時計回り（前から後ろ）に回し、十五秒間休みます。これを三回繰り返します。さらに、時計回り（後ろから前）に同じプロセスを三回繰り返します。左肩も同じように行いましょう。

次のように唱えてください。「神聖なる癒しの叡智よ、勇気、調和、自信、喜びを人生にもたらしてください。どんなに困難な時でも、天からの恵みとチャンスに気づけますように。ありがとうございます」

数分間、完全にリラックスしてみましょう。暖かい日差しの中に立っているところを想像します。太陽の光が肩の奥まで浸透し、筋肉をほぐして、あらゆる緊張を解いてくれます。

次のように唱えましょう。「神聖なる癒しの叡智よ、肩を癒し、そこに完全な強さ、バイタリティ、動きを取り戻してください」

☞不健全な感情への取り組みについては３１３頁からを参照のこと。「ストレス」は３３７頁、「恐れ」は３２３頁（「心配」も「恐れ」を参照）、「圧倒される思い」は３１７頁です。健全な感情については３５１頁からを参照のこと。「平穏」は３６２頁、「リラックス」は３６７頁、「思いやり」は３５３頁、「サポート」は３５５頁です。癒しを早めるのに役立つお勧めの色は、「緑」３８６頁、「黄色」３７８頁、「青」３７３頁です。

【髪】

❖ 考えられる要因 ❖

自己防衛に関わる問題。自分の美点や創造性、自尊心、自己愛を受け入れられないこと。考えすぎ、過剰な心配や不安から生じる頭皮の緊張。怒り、失望、罪悪感、憤り、悲しみなどの感情を抱き続けることによって生じる頭皮のストレス。こうした緊張やストレスが抜け毛や頭髪の変色につながります。このような身体レベルの変化を通して、あなたの行動がうまく機能していないことを体が伝えようとしています。

❖ ヒーリング・プロセス ❖

まず、円を描くように頭皮をやさしくマッサージします。マッサージしながら想像してみましょう。様々な色の光が指から放出されます。この虹色の光線は、髪の成長を促します。マッサージ中は、髪を丈夫にしよう、健康にしよう、活力を与えようという思いを込めてください。頭髪全体を美しい金色の光が通り抜け、髪をしなやかに、柔らかく輝かせてくれます。

次のように唱えましょう。「神聖なる癒しの叡智よ、髪を傷ませるようなストレスの溜まる思考、心配、恐れ、怒り、欲求不満、罪悪感、憤り、悲しみをすべて取り除いてください。この状態を招くあらゆる考え方やパターン、ポジティブな思い入れ、ネガティブな思い入れも手放せますように」。何か変化が感じられるまで、「クリア」という言葉を繰り返してください。

髪をひと束ずつ、根元から軽く引っぱって、刺激を与えましょう。これは髪の成長を促します。両手で頭全体の髪を同じように引っぱっていきます。

次のように唱えましょう。「神聖なる癒しの叡智よ、自信、勇気、平穏を得られるよう助けてください。すぐ手の届くところに最善のものが用意されていると信じる力を強く持てますように。そして、自分の美しさ、すばらしさに気づき、人生の贈り物を受け入れ、楽しむことができますように。ありがとうございます」「神聖なる癒しの叡智よ、髪と頭皮を丈夫にし、そこに最大限の健康、活力、幸福感を取り戻してください」

☞不健全な感情への取り組みについては313頁からを参照のこと。「ストレス」は337頁、「恐れ」は323頁、「批判」は348頁、「罪悪感」は332頁です。健全な感情については351頁からを参照のこと。「リラックス」は367頁、「平穏」は362頁、「尊重」は361頁、「自信」は356頁です。癒しを早めるのに役立つお勧めの色は、「白」381頁、「紫」387頁、「緑」386頁、「マゼンタ（赤紫色）」386頁です。

【関節】

❖考えられる要因❖

過去の苦悩、特に罪悪感、憤り、怒りなどを押し殺したり、抑圧すること。自分には十分に回ってこない、お金も愛も、幸福、喜び、チャンスも巡ってこないという思い込み。行き詰まり感。自分や他者に対する批判的な態度。動きを邪魔されること。

❖ヒーリング・プロセス❖

目を閉じて、問題を抱えている関節部分に集中し、自分に聞いてみましょう。

限界や欠乏に関する他人の思い込みを、自分はどういった場面で受け入れてしまっているだろう？

思いきって次の段階に進めないのはなぜ？　何が邪魔しているのだろう？

どうして融通をきかせられないのだろう？

あなたは答えを受けとることができます。リラックスして呼吸しながら自問すると、より明確な答えが返ってきます。欠乏や限界に関する自分の考え方を改め、柔軟な考え方や流れについて学ぶ必要があるかもしれません。

次のように唱えましょう。「神聖なる癒しの叡智よ、障害物、限界、欠乏に関する思い込み、抑圧された感情、罪悪感、怒りをすべて関節から解き放ってください。この状態を招くあらゆる考え方やパターン、ポジティブな思い入れ、ネガティブな思い入れも手放せますように」。何か変化が感じられるまで、「クリア」という言葉を繰り返しましょう。

想像してください。あなたは癒しのオイルが入った小さなフラスコを手にしています。そのオイルを関節に注ぎます。オイルが関節に浸透して気持ちが楽になり、考え方がより柔軟になっていく様子を見守りましょう。痛みも不快感もなく関節を動かすのがどのような感じか想像してみましょう。関節を動かし、変化に気づいてください。

次のように唱えましょう。「神聖なる癒しの叡智よ、柔軟性、動き、愛の流れ、幸福感、喜びをもたらしてください。身も心も軽やかに前進できますように。ありがとうございます」
「神聖なる癒しの叡智よ、関節を癒して再生し、そこに最高の強さと力、柔軟性、幸福感を取り戻してください」

☞不健全な感情への取り組みについては313頁からを参照のこと。「罪悪感」は332頁、「怒り」は318頁、「行き詰まり感(停滞感)」は320頁、「批判」は348頁です。健全な感情については351頁からを参照のこと。「許し」は364頁、「平穏」は362頁、「敬意」は353頁、「サポート」は355頁です。癒しを早めるのに役立つお勧めの色は、「緑」386頁、「ピンク」384頁、「オレンジ」376頁です。

【肝臓】

❖考えられる要因❖

不合理な欲求不満。敵意。怒り。罪悪感。恐れ。自分を罰したい、自分の成長を邪魔したいという欲求。延々と続く、内なる苦悩や葛藤。決断をくだせないという思い。常に人の欠点や非が気になること。被害者を装って、「可哀想な私」を演じてしまうこと。人の忠告や提案を無視してしまうこと。許して手放すことができないという思い。不眠。リラックスできない状態。人を信用できないこと。

❖ヒーリング・プロセス❖

両手をこすり合わせて、少し離します。両手の中に、緑と黄色のエネルギー体があります。肝臓があるところに両手を当てて、このエネルギー体が肝臓に送り込まれるのを視覚化しましょう。エネルギー体が肝臓を浄化しながら、損傷を受けた組織や感染部、毒素、怒り、恐れ、欲求不満、そのほかネガティブな思いをすべて除去していきます。

次のように唱えましょう。「神聖なる癒しの叡智よ、不合理な欲求不満、敵意、怒り、恐れ、迷い、罪悪感、非難をすべて肝臓から解き放ってください。この状態を招くあらゆる考え方やパターン、ポジティブな思い入れ、ネガティブな思い入れも手放せますように」。何か変化が感じられるまで、「クリア」という言葉を繰り返してください。

指の間はくっつけるようにして、肝臓があるところに両手を当てます。この部分を円を描くようにして時計回りに三回から五回撫でます。そして軽くたたきましょう。

次のように唱えてください。「神聖なる癒しの叡智よ、心の平穏、調和、忍耐力が増すよう力を貸してください。物事は今のままで完璧であるということに気づかせてください。毎日を楽しむには、少しペースダウンして人生がもたらす恵みに気づき、一歩ずつ進めばいいのだということを認識できますように」

顎骨と頬骨の接合部、頬のくぼみがあるところを探しましょう。そこに人さし指と中指を当てて、強めに三十秒間マッサージします。そして二十秒間休みます。このプロセスを四回繰り返してください。

次のように唱えましょう。「神聖なる癒しの叡智よ、肝臓とその関連器官すべてを癒し、そこに完全な健康状態、バイタリティ、柔軟性を取り戻してください」

👉不健全な感情への取り組みについては313頁からを参照のこと。「ストレス」は337頁、「恐れ」は323頁、「欲求不満」は350頁、「怒り」は318頁、「罪悪感」は332頁です。健全な感情については351頁からを参照のこと。「平穏」は362頁、「許し」は364頁、「愛」は352頁、「敬意」は353頁、「思いやり」は353頁です。癒しを早めるのに役立つお勧めの色は、「緑」386頁、「黄色」378頁です。

【胸郭】

❖考えられる要因❖

行き詰まり感。過剰な負担。計画を妨げるような自己不信に悩まされること。恐れ、制約、コントロールをベースにした生活。

❖ヒーリング・プロセス❖

両手をこすり合わせてください。ピリピリするような感覚がしてきたら、両手を胸郭の上に当てます。想像してみましょう。見たこともないような美しい緑色の光線、癒しの光が右手から放たれ、左手からは白い浄化の光が放たれます。呼吸に集中し、息を吸うたびに、胸郭を広げることを意識してください。胸郭が癒しと再生の光で満たされます。息を吐く時は、あらゆる滞りや緊張を解き放つことに集中します。新しいチャンスを喜んで迎えましょう。

次のように唱えてください。「神聖なる癒しの叡智よ、行き詰まり感、恐れ、コントロール、重荷、制約、自己不信、妨害物をすべて胸郭から解き放ってください。この状態を招くあらゆる考え方やパターン、ポジティブな思い入れ、ネガティブな思い入れも手放せますように」。何か変化が感じられるまで、「クリア」という言葉を繰り返してください。

次のように唱えましょう。「神聖なる癒しの叡智よ、私が本来備えている自発性、自由で柔軟な性質を発見できるよう導いてください。新しい考え方や人生に対する見方を見つけられますように。そして、すべての疑いや不安を信頼と自信に変えられますように。ありがとうございます」

「神聖なる癒しの叡智よ、胸郭を癒し、そこに最高の健康、バイタリティ、幸福感を取り戻してください」

☞不健全な感情への取り組みについては313頁からを参照のこと。「行き詰まり感（停滞感）」は320頁、「低い自尊心」は347頁、「恐れ」は323頁、「コントロール」は330頁です。健全な感情については351頁からを参照のこと。「自由」は356頁、「自信」は356頁、「明晰性」は364頁です。癒しを早めるのに役立つお勧めの色は、「白」381頁、「緑」386頁、「黄色」378頁です。

【胸腺】

❖ 考えられる要因 ❖

嘘や偽りを真に受けること。不誠実。神経性ストレス、緊張、心配事の蓄積。自分の行動に責任を持てないこと。被害者を演じること。惨めな気分。意気消沈。傷つきやすさ。疲労感。情緒不安定。

❖ヒーリング・プロセス❖

目を閉じて胸腺を意識しましょう。胸腺に保存されているよどみや重苦しさに気づいてください。オレンジ色の光の炎をイメージし、炎が胸腺からよどみや緊張をすべて溶かすところを視覚化します。

次のように唱えましょう。「神聖なる癒しの叡智よ、緊張感、惨めな気分、心もとなさ、嘘、心配事、ストレスをすべて胸腺から解き放ってください。この状態を招くあらゆる考え方やパターン、ポジティブな思い入れ、ネガティブな思い入れも手放せますように」。何か変化が感じられるまで、「クリア」という言葉を繰り返してください。

胸腺の機能を向上させるには、まず胸腺に集中して微笑むことです。あなたに笑顔が浮かび、幸福感が増せば増すほど、胸腺の機能も向上します。さあ、笑ってしまうようなこと、幸せな気分になれることを考えて、微笑んでください。胸腺をさらに活性化させるには、胸腺の上に指を二本置いて、そこをトントンと軽くたたきます。微笑みながら、十五回から二十回、タッピングします。

次のように唱えましょう。「神聖なる癒しの叡智よ、免疫系の機能を高め、心身の健康状態を改善してください。憂鬱な気分を穏やかな気分に、心もとなさを安定感に、偽りを真実に変えられますように。ありがとうございます」

「神聖なる癒しの叡智よ、胸腺とその関連器官すべてを癒し、そこに最高の健康、バイタリティ、幸福感を取り戻してください」

☞不健全な感情への取り組みについては313頁からを参照のこと。「行き詰まり感（停滞感）」は320頁、「ストレス」は

３３７頁、「心配」「不安」は「恐れ」３２３頁参照、「批判」は３４８頁です。健全な感情については３５１頁からを参照のこと。「リラックス」は３６７頁、「明晰性」は３６４頁、「平穏」は３６２頁、「自由」は３５６頁です。癒しを早めるのに役立つお勧めの色は、「オレンジ」３７６頁、「緑」３８６頁、「ピンク」３８４頁です。

【筋肉】

❖ 考えられる要因 ❖

ストレス、心配事。恐れ、怒り、悲しみを手放そうとしないこと。打ちのめされ、人生をコントロールする必要があると感じること。心で感じたり自分を解放するよりも、頭で考えたり緊張する傾向。仕事中毒。責任の重さを感じること。人に拒否されるのを恐れて、本心を打ち明けられないこと。闘争・逃走反応を起こしてすくんでしまうこと。心が抑圧された状態。

❖ ヒーリング・プロセス ❖

筋肉に意識を集中してください。深く息を吸って、筋肉に力を入れます。その状態で息を止めて、十数えましょう。筋肉を緩めて、ゆっくりと息を吐き出します。このプロセスを数回繰り返します。

次のように唱えましょう。「神聖なる癒しの叡智よ、緊張、心配事、恐れ、ストレス、怒り、悲しみ、圧倒されるような感覚をすべて筋肉から解き放ってください。この状態を招くあらゆる考え方やパターン、ポジティブな思い入れ、ネガティブな思い入れも手放せますように」。何か変化が感じられるまで、「クリア」という言葉を繰り返してください。

息を吸いながら、癒しの青い光で筋肉が満たされるところを想像します。この青い光が、すべての緊張、行き詰まり、滞りを筋肉から取り除いていきます。

次のように唱えましょう。「神聖なる癒しの叡智よ、リラックスできるよう力を貸してください。そして、柔軟な考え方ができる賢明な人になれますように。感情に向き合う勇気を持ち、すべてのネガティブな考え方やよどんだエネルギーから自由になれますように。ありがとうございます」

「神聖なる癒しの叡智よ、筋肉を癒し、そこに完全な健康状態、力、柔軟性を取り戻してください」

☞不健全な感情への取り組みについては３１３頁からを参照のこと。「ストレス」は３３７頁、「恐れ」は３２３頁、「怒り」は３１８頁、「圧倒される思い」は３１７頁です。健全な感情については３５１頁からを参照のこと。「リラックス」は３６７頁、「信頼」は３５９頁、「満足感」は３６３頁です。癒しを早めるのに役立つお勧めの色は、「オレンジ」３７６頁、「緑」３８６頁、「青」３７３頁です。

【ロ】

❖考えられる要因❖

理解力不足、偏狭、狭量。失礼な態度、人を傷つける発言をすること。批判、判断。噂やゴシップ好き。心配ばかりして、自分を存分に愛し労ろうとしないこと。不健康な食生活。自己嫌悪。

❖ヒーリング・プロセス❖

口に意識を向けましょう。口の中にはどのような感覚がありますか？　舌、歯、唇を意識してください。口の中はどんな味がしますか？　爽やかですか、それとも口臭がありますか？　人生がもたらすものを味わい受けとめていますか？　それとも人生に抵抗し、否定ばかりしていますか？　歯の調子はどうですか？　丈夫ですか？　虫歯があったり、抜けそうになっていませんか？　口はあなたに何を与えようとしているでしょう？

口をリラックスさせてください。あなたが生きるうえで、口がどのような役割を担っているのか意識しましょう。食べること、味わうこと、消化すること、話すこと、人と分かり合うこと、愛情を示すこと。口は様々なことを行ってくれます。

食事をする時は、食べ物をちゃんと咀嚼して消化活動を促しましょう。会話をする時は、本当に言いたいことを表現することに集中します。愛情を示す時は、自分が表現している感情にしっかり意識を向けてください。

次のように唱えましょう。「神聖なる癒しの叡智よ、心の狭さ、抑圧感、失礼な態度、判断、批判をすべて口から解き放ってください。この状態を招くあらゆる考え方やパターン、ポジティブな思い入れ、ネガティブな思い入れも手放せますように」。何か変化が感じられるまで「クリア」という言葉を繰り返してください。

目を閉じて、澄んだ白い光を吸い込むところを想像します。少し息を止めて、この白いエネルギーで口をすすぐようなイメージを描きます。エネルギーが口の中を駆け巡り、よどみ、緊張、ストレスをすべて消し去ってくれます。いらないものは吐き出してください。このプロセスを三回から四回繰り返します。白以外の色、たとえばピンクやオレンジ、青のエネルギーをイメージしてもかまいません。

次のように唱えましょう。「神聖なる癒しの叡智よ、人の心を理解できる人、寛容でポジティブな人になれるよう導いてください。人生や出会う人たちに対して、心地良い態度で接することができますように。ありがとうございます」

「神聖なる癒しの叡智よ、口、舌、歯を癒し、そこに完全な健康状態、バイタリティ、柔軟性を取り戻してください」

☞不健全な感情への取り組みについては３１３頁からを参照のこと。「心配」は「恐れ」３２３頁参照、「批判」は３４８頁、「判断」は３４５頁です。健全な感情については３５１頁からを参照のこと。「尊重」は３６１頁、「思いやり」は３５３頁、「許し」は３６４頁です。癒しを早めるのに役立つお勧めの色は、「白」３８１頁、「ピンク」３８４頁、「オレンジ」３７６頁、「青」３７３頁です。

【首】

❖考えられる要因❖

人間関係の問題。自分の思いを伝えられないこと。人と深く関わることへの苦手意識。行き詰まり感。頑固さ。何かに締めつけられているような圧迫感。問題に対処するのが嫌で、知らないふりをする傾向。人間関係、特に両親、子ども、昔付き合っていたパートナーとの関係における未解決の問題を手放そうとしないこと。否定的な自己像が頭から離れないこと。考え事や問題解決ばかりに気をとられ、直観に従って自分の胸の内を見つめる時間をつくらないこと。

❖ヒーリング・プロセス❖

誰か、もしくは何かが悩みの種だと口癖になっていませんか？　責任を抱えすぎて、自分の首を締めていませんか？　人生のどのような場面で、頑固になったり意地を張ったりしているでしょう？　話し合いが必要な人はいませんか？

呼吸に集中してください。肩の力を抜いて、首をリラックスさせます。意識して筋肉のこわばりをほぐしましょう。首にそっと手を当てて、意識をそこに向けます。手を当てている部分に息を吸い込み、自分に聞いてみましょう。

思考が首に保存してあるとしたら、それはどのような思考ですか？
感情が首に保存してあるとしたら、それはどのような感情ですか？
光景や出来事が首に保存してあるとしたら、それはどのような記憶ですか？
気分を良くするためには、どのような変化が必要ですか？

返答を待ちましょう。答えが返ってきたら、それを認めて書き留めます。

目を閉じて、縄、鎖、緊張感、よどみ、こわばりを首から取り除くところを想像しましょう。取り除いたものは全部、虹色の炎の中に入れ、燃やしてください。

次のように唱えましょう。「神聖なる癒しの叡智よ、頑固な考え、ストレス、恐怖心、緊張感を抱えてしまう傾向をすべて解消してください。首からあらゆる痛みを取り去り、誰かや何かに痛めつけられているという思い込みも引っぱり出してください。この状態を招くあらゆる考え方やパターン、ポジティブな思い入れ、ネガティブな思い入れも手放せますように」。何か変化が感じられるまで、「クリア」という言葉を繰り返してください。

緑色の癒しの光線に首を浸しましょう。この緑の光線が首を包み込んで滞りを解消し、筋肉のこわばりをほぐして苦痛を癒すところを想像します。

次のように唱えましょう。「神聖なる癒しの叡智よ、柔軟性、意識の目覚め、忍耐、信用、信頼、新しいチャンスを受け入れる心構えをもたらしてください。過去に起こった問題を解決し、未来へと迷いなく前進できるよう力を貸してください。ありがとうございます」

「神聖なる癒しの叡智よ、首の緊張を解き、リラックスできるよう力を貸してください」

☟不健全な感情への取り組みについては３１３頁からを参照のこと。「行き詰まり感（停滞感）」は３２０頁、「恐れ」は３２３頁、「ストレス」は３３７頁です。健全な感情については３５１頁からを参照のこと。「柔軟性と動き」は３５７頁、「許し」は３６４頁、「尊重」は３６１頁、「敬意」は３５３頁です。癒しを早めるのに役立つお勧めの色は、「緑」３８６頁、「青」３７３頁です。

【頸部】

❖考えられる要因❖

人生の流れからの逸脱。女性的なエネルギーから切り離された状態。だまされた、負かされた、攻撃された、操られた、虐げられた、軽んじられたという思い。身近な人間関係における葛藤。昔からの生き方にこだわり、新しい経験を生み出せないこと。好意、愛情、心の糧を求めること。叶わなかった夢に対する嘆き。自分にとって大切なことを「あなたにはできない」と言われる経験。囚われているような感覚。

❖ヒーリング・プロセス❖

癒しのためには、人生の流れと再びつながらなくてはなりません。自分に聞いてみましょう。「私は今、自分の流れから外れてどこにいるのだろう？　どうして内なるガイダンスに従わず、他人に人生をまかせてしまっているのだろう？」

人生のどういった局面で、自分に厳しく批判的になり、きつく当たっているのかを自覚しましょう。ゆっくりと深呼吸しながら、燃えるようなオレンジ色の太陽光を視覚化します。生殖器官、心臓、体のそのほかの部分に抱えている厳しさ、批判的な思い、抵抗が徐々に消えていくところを想像してください。

次のように唱えましょう。「神聖なる癒しの叡智よ、抵抗心、被害者意識、ごまかし、恐れ、無知、葛藤、侮辱的な思いがすべて頸部から消えていくよう力を貸してください。この状態を招くあらゆる考え方やパターン、ポジティブな思い入れ、ネガティブな思い入れも手放せますように」。何か変化が感じられるまで、

「クリア」という言葉を繰り返してください。

両手をこすり合わせてから、少し離します。両手から放たれる美しいピンクの光を視覚化しましょう。両手を下腹部に置いて、ゆっくりと大きく息を吸い込みます。やさしく心地良いピンクの光が体に入ってくるのを感じてください。体が柔らかく感じられます。心地良くなったら、「ヴァーーームーーー」という音を数分間、発してください。

次のように唱えましょう。「神聖なる癒しの叡智よ、やさしい気持ち、守られている感覚、官能と享楽の喜びをもたらしてください。本来の自分と再び調和して、内なる知恵に耳を傾けることができますように。ありがとうございます」

背筋をまっすぐにして座りましょう。両手を組んで、握ります。左手の親指が右手の親指の上にくるようにしてください。組んだ両手を下腹部の前に置き、五分間そのポーズを維持します。自信、喜び、創造性、自分への愛を吸い込むように呼吸しましょう。できるだけリラックスしてください。

次のように唱えましょう。「神聖なる癒しの叡智よ、頸部とその関連器官すべてを癒し、最高の健康、バイタリティ、満たされた状態を取り戻してください。ありがとうございます」

☞不健全な感情への取り組みについては313頁からを参照のこと。「恐れ」は323頁、「悲しみ」は327頁、「憤り」は321頁、「批判」は348頁です。健全な感情については351頁からを参照のこと。「思いやり」は353頁、「許し」は364頁、「愛」は352頁、「喜び」は366頁です。癒しを早めるのに役立つお勧めの色は、「オレンジ」376頁、「ピンク」384頁、「黄色」378頁です。

【血液】

❖ 考えられる要因 ❖

緊張。不幸な体験。拒絶されること。罪悪感。羞恥心。疑い。抵抗心。パートナーや家族、友人、同僚などと意思疎通ができないこと。自分の創造性をつぶしてしまう行為。夢や願望から目を逸らすこと。血液疾患の悪化の原因となりうるような、先祖から受け継いだ恐れや自分自身のストレス。自尊心の欠如や無力感から生じる苦悩。トラウマもしくは喪失によって、人生の意味を見失うこと。子どもの場合は、葛藤、味方がいないような感覚、両親の言い争いや喧嘩の責任を負うことも、要因として考えられます。

❖ ヒーリング・プロセス ❖

血液を再生して浄化するには、鮮やかな赤色に集中することです。全身に、鮮やかな赤い光線を送るところを想像してみましょう。つま先からスタートして、足、ふくらはぎ、腿、胴、頭へと向かわせ、続いて下に向かって駆け巡らせます。血液の詰まりや滞りを感じる部分を意識してください。その部分で赤のイメージを強めます。温かさやピリピリするような感覚があるかもしれません。鮮やかな赤い光線が掃除機になって、血液中の滞りを片端から吸いとり、消し去ってくれます。腕、手、脚部、足にエネルギーの滞りを感じたら、その部分をそっと揺らして血液の流れを促しましょう。

血液の問題や疾患を解消するには、滞っている部分を強くマッサージすると効果があります。肌がピンク色になってピリピリするまで、ヘアブラシでさすっても良いでしょう。

次のように唱えてください。「神聖なる癒しの叡智よ、緊張、不幸、抵抗心、拒絶感、恐れ、動揺、ストレスをすべて血液から消滅させてください。この状態を招くあらゆる考え方やパターン、ポジティブな思い入れ、ネガティブな思い入れも手放せますように」。何か変化が感じられるまで、「クリア」という言葉を繰り返してください。

次のように唱えましょう。「神聖なる癒しの叡智よ、隠し立てせず人と率直に意思疎通できるよう、コミュニケーション能力を向上させてください。喜び、笑い、幸福感、平穏を実感できるよう導いてください。自由に自己表現し、創造性を伸ばすことができますように。ありがとうございます」

血液の活性化に集中しましょう。赤い光線で血液の熱気を高めてから、次に青い光線で冷まします。これを八回から十回繰り返してください。全身に光線をくまなく走らせながら、熱して冷まします。

次のように唱えましょう。「神聖なる癒しの叡智よ、血液を癒し、そこに最大限の強さ、バイタリティ、清浄を取り戻してください。ありがとうございます」

☞不健全な感情への取り組みについては３１３頁からを参照のこと。「拒否」は３２８頁、「罪悪感」は３３２頁、「恥」は３４３頁、「恐れ」は３２３頁、「ストレス」は３３７頁、「低い自尊心」は３４７頁です。健全な感情については３５１頁からを参照のこと。「許し」は３６４頁、「喜び」は３６６頁、「思いやり」は３５３頁、「自信」は３５６頁です。癒しを早めるのに役立つお勧めの色は、「赤」３７４頁、「青」３７３頁、「バイオレット（すみれ色）」３８４頁、「緑」３８６頁、「インディゴ」３７５頁です。

【甲状腺】

❖ 考えられる要因 ❖

やる気の欠如。怠惰で無感動。人生の目的が分からない状態。本心を隠し、いつも人の厄介事や心配事を背負って、相手に気に入られようとすること。ごちゃごちゃした思考。情緒不安定。感情の起伏が激しく、混乱している状態。過ちを犯すことと罰することを、いつもゲームのように繰り返すこと。自分を傷つけるような言動。非効率的なやり方で膨大な時間を費やし、エネルギーを消耗すること。物事をやり遂げるのに、いつも時間が足りない状態。

❖ ヒーリング・プロセス ❖

甲状腺を意識しましょう。あなたは何を抑え込み、秘密にしていますか？　自分の甲状腺の中に、他人の心配事や負担を抱え込んでいませんか？　それは誰の厄介事なのでしょう？　まだやっていないことで、何かしたいことはありますか？　それは何ですか？

あなたをブロックしているものに気づいてください。それは、あなたの甲状腺をぐるぐる巻いているロープや鎖などに見えるかもしれません。想像してみましょう。目の前に大きな炎が燃えています。甲状腺からロープも鎖も取り払って、炎の中に投げ入れましょう。ロープや鎖と一緒に、あなたが抱えている負担や心配事、人から受けるストレスもすべて燃やしてしまいます。

次のように唱えましょう。「神聖なる癒しの叡智よ、無感動、無気力、疲労感、不安、混乱をすべて甲状腺から解き放ってください。この状態を招くあらゆる考え方やパターン、ポジティブな思い入れ、ネガティブな思い入れも手放せますように」。何か変化が感じられるまで、「クリア」という言葉を繰り返してください。

視覚化してみましょう。きらめくインディゴの光が、柔らかいスカーフのようにあなたの甲状腺を包み込んで修復してくれます。この光に身をゆだね、あなたのエネルギー、バイタリティ、生への渇望を目覚めさせてもらいましょう。

両手の人さし指を気管の両側、鎖骨付近にある甲状腺の上に当てます。円を描くようにして、甲状腺を喉の上から下へ向かってマッサージしましょう。これを一分から二分間行います。

次のように唱えましょう。「神聖なる癒しの叡智よ、私はバイタリティ、バランス、勇気、平穏を喜んで人生に迎え入れます。ありがとうございます」

「神聖なる癒しの叡智よ、甲状腺と甲状腺に関連する分泌腺を癒し、そこに最高の健康、バイタリティ、幸福感を取り戻してください」

☞不健全な感情への取り組みについては313頁からを参照のこと。「ストレス」は337頁、「心配」は「恐れ」323頁参照、「罪悪感」は332頁です。健全な感情については351頁からを参照のこと。「許し」は364頁、「平穏」は362頁、「明晰性」は364頁、「喜び」は366頁です。癒しを早めるのに役立つお勧めの色は、「オレンジ」376頁、「緑」386頁、「インディゴ」375頁です。

【肛門】

❖ 考えられる要因 ❖

家庭の時代遅れな方針や恐れを捨てられないこと。過去の決断に対する罪悪感や後悔、不安。自分や人への怒りを手放そうとしないこと。失うことや見捨てられることへの不安。許して、経験から学ぶことができない性質。自分や他者に対する絶え間ない批判。自分自身や人生に対する不満。何をしても物足りない感覚。人生をコントロールしようとすること。「真実だと思っていたことが、そうではないかもしれない」という心の揺らぎ、だまされたような感覚。自分は人生の恵みを受けるに値しないという思い。

❖ ヒーリング・プロセス ❖

肛門に注意を向けてください。深呼吸して、全身に空気を循環させましょう。手放すことに集中します。代金を支払うにはお金を手放すことになりますが、引き換えに何かを得ます。引っ越しをすれば、古いものを手放して新しいものを迎え入れることになります。同様に、痛みを手放せば、人生に健康と幸福を招き入れることになるのです。

ゆっくりと深く息を吸いながら、肛門の筋肉にそっと力を入れてください。息を吐きながら、力を抜きます。力を入れる時は、自分が抱えている否定的な感情や思い込みに集中してください。そして力を抜く時に、その感情や思い込みを意識して手放します。

次のように唱えてみましょう。「神聖なる癒しの叡智よ、罪悪感、非難、批判、怒り、いらなくなった恐れの感情、行き詰まり感をすべて肛門から解き放ってください。この状態を招くあらゆる考え方やパターン、ポジティブな思い入れ、ネガティブな思い入れも手放せますように」。何か変化が感じられるまで、「クリア」という言葉を繰り返してください。

両手をこすり合わせます。手を少し離して、ピリピリするような感覚に集中してください。両手の間にオレンジ色の光を視覚化しましょう。両手を肛門にかざします。オレンジ色の光線を吸い込んで、肛門から有害なものを一掃してもらいましょう。内部でヒリヒリするような感覚や、何かを整えているような感覚があるかもしれません。そのまま一分間ほど深呼吸します。

次のように唱えましょう。「神聖なる癒しの叡智よ、知恵、信頼、自信を実感し、体験できるよう導いてください。ありがとうございます」

思いきって前進し、人生に幸福と健康を招き入れる強力な決断をしてください。

次のように唱えましょう。「神聖なる癒しの叡智よ、肛門とその関連器官すべてを癒し、そこに完全な健康状態とバイタリティを取り戻してください。ありがとうございます」

☞不健全な感情への取り組みについては313頁からを参照のこと。「恐れ」は323頁、「罪悪感」は332頁、「怒り」は318頁です。健全な感情については351頁からを参照のこと。「許し」は364頁、「自由」は356頁、「愛」は352頁です。癒しを早めるのに役立つお勧めの色は、「オレンジ」376頁、「茶色」382頁、「緑」386頁です。

【腰】

❖ 考えられる要因 ❖

家族の問題や不調和。利用されたような気持ち。ないがしろにされた感覚。怒り。裏切られた、だまされたという思い。失望感。攻撃されたという思い。疎外感。緊張感。欲求不満。後ろめたさ。支援不足。重すぎる責任。認められていないという思い。つけ込まれた、操られたという思い。

❖ ヒーリング・プロセス ❖

あなたは何を、または誰を支えていますか？ 誰に対して責任を負っているのでしょう？ 誰を養っていますか？ 立って、腰を振ってみましょう。同時に、家庭の方針や決まりごとを振り落とします。腰を振りにくければ、両手で円を描くようにして腰をマッサージします。

目を閉じて、想像してください。あなたの前にリサイクル用のゴミ箱があります。このゴミ箱に入れると、よどんだエネルギーやネガティブなエネルギーは姿を変えます。両手で、行き詰まっているネガティブなもの――恐れ、もどかしさ、罪悪感、昔からある家族の決まりごとなど――を腰からすべて取り除き、ゴミ箱に入れてしまいましょう。ゴミ箱に入れられたものは消えていきます。重苦しいエネルギーが腰から引っぱり出される感覚があるかもしれません。あるいは暗いもの、煙、ナイフ、時には人のイメージなどが腰から出て行く様子が見えるかもしれません。

次のように唱えましょう。「神聖なる癒しの叡智よ、家族の問題や不調和、対立する感情、罪悪感、悲しみ、苦労、怒り、裏切りをすべて腰から解き放ってください。この状態を招くあらゆる考え方やパターン、ポジティブな思い入れ、ネガティブな思い入れも手放せますように」。何か変化が感じられるまで、「クリア」という言葉を繰り返してください。

できれば何か音楽をかけて、ベリーダンスをするように腰を振ります。自由や解放を感じとりましょう。腰のバランスが整って柔らかくなってくると、人生にも調和、柔軟性、創造性がもたらされます。

次のように唱えましょう。「神聖なる癒しの叡智よ、心の平穏、明晰性、達成感、感謝、くつろぎ、静けさをもたらしてください。人生と家族に調和、一体感、サポートが訪れますように。ありがとうございます」「神聖なる癒しの叡智よ、腰を癒し、そこに最大の力、調和、動きを取り戻してください」

不健全な感情への取り組みについては313頁からを参照のこと。「批判」は348頁、「判断」は345頁、「欲求不満」は350頁、「行き詰まり感(停滞感)」は320頁です。健全な感情については351頁からを参照のこと。「明晰性」は364頁、「平穏」は362頁、「満足感」は363頁、「受容」は358頁です。癒しを早めるのに役立つお勧めの色は、「オレンジ」376頁、「緑」386頁、「銀色」380頁です。

【骨格】

❖ 考えられる要因 ❖

自分や人に対する判断。落ち込み。裏切られた、利用された、だまされたという思い。秘密を抱え続けること。自分や人に対して嘘をつくこと。

❖ヒーリング・プロセス❖

あなたはどんな秘密を抱えていますか？　心の奥底にしまっているものは？　過去の友人関係や人間関係で、未解決の嫌な思い出がありますか？　さあ、その胸の痛みを解決する時がやってきました。傷を癒して前進しましょう。それとも傷口に塩を塗って、くよくよと過去にとどまりたいですか？　自分に完全に正直になって嫌な出来事を書き出したり、瞑想することによって傷は癒せます。

目を閉じて、癒しに導いてくれる存在に頼んでみましょう。もしも癒しの案内人を見たり感じたりできたら、癒しの部屋に連れて行ってもらいましょう。部屋に入って腰かけてください。あなたの問題を解決するアドバイスや助けを求めましょう。癒しのメッセージを躊躇せず受けとってください。メッセージは目に見えるサインを通してすぐに現れることもありますが、時間をおいてから届くこともあります。

次のように唱えましょう。「神聖なる癒しの叡智よ、裏切られた感覚、不正直さ、判断、癒えていない痛み、偽りをすべて骨格から解き放ってください。この状態を招くあらゆる考え方やパターン、ポジティブな思い入れ、ネガティブな思い入れも手放せますように」。何か変化が感じられるまで、「クリア」という言葉を繰り返してください。

過去の傷を手放して、隠していた思いや秘密が消え去っていく様子を観察しましょう。もうこの思いはあなたのエネルギーを消耗させません。

次のように唱えましょう。「神聖なる癒しの叡智よ、明晰性、正直さ、支えられている感覚をもたらしてください。力を得て、裏表なく正直に、品位ある生き方ができますように。ありがとうございます」

輝かしいエメラルドの光線で骨格を包み込むところを視覚化しましょう。この光線が放つ癒しのエネルギーを骨格が吸収して、さらに強く再生していきます。

次のように唱えましょう。「神聖なる癒しの叡智よ、骨格を癒し、そこに最高の力、柔軟性、幸福と健康を取り戻してください」


☞不健全な感情への取り組みについては３１３頁からを参照のこと。「判断」は３４５頁、「低い自尊心」は３４７頁、「憤り」は３２１頁です。健全な感情については３５１頁からを参照のこと。「サポート」は３５５頁、「受容」は３５８頁、「信頼」は３５９頁です。癒しを早めるのに役立つお勧めの色は、「緑」３８６頁、「ピンク」３８４頁、「紫」３８７頁、「銀色」３８０頁です。

【子宮】

❖考えられる要因❖

自分の女性らしい側面を軽視すること。過去に受けた傷や拒絶にこだわること。母親との確執。疲弊感。心もとなさ。後ろ盾がないという思い。無視されたような気持ち。情緒不安定。人の問題を過剰に心配すること。自分への感謝や労りの気持ちがないこと。認めてもらいたいと常に思っていること。

❖ヒーリング・プロセス❖

自分の真価を認めて感謝するには、どうすれば良いでしょう？　もっと幸せに、調和のとれた人生を歩むためには、どのような決断が必要ですか？

目を閉じて、子宮に意識を合わせます。もし子宮が見えるとしたら、澄んで健康そうに見えますか？　もしもよどんで不健康そうに見えるのなら、掃除機でそのよどみや疾患、不調をすべて吸いとるところを想像します。

次のように唱えましょう。「神聖なる癒しの叡智よ、過去に受けた傷、拒絶、不公平感、否定されたような気持ちをすべて子宮から解き放ってください。この状態を招くあらゆる考え方やパターン、ポジティブな思い入れ、ネガティブな思い入れも手放せますように」。何か変化が感じられるまで、「クリア」という言葉を繰り返してください。

想像してみましょう。色鮮やかなオレンジ色の光のボールを子宮に置きます。ボールがくるくる回りながら、よどんだ残留物を浄化し、子宮を再生して癒していく様子を見守りましょう。

子どもを望んでいるのなら、子宮に両手を当てて、「子どものためにできる限り最高の環境を用意してください」とお願いしてみましょう。穏やかなエネルギーと愛情を子宮に送ります。あなたのおなかの中で赤ん坊が幸せそうに、楽しそうに成長する様子を視覚化してください。

もし子どもができないのなら、両手を腹部に当ててください。そこに空気を送り込むように息を吸います。そして、生殖器に「夢を叶えられないあなたを許します」と伝えましょう。穏やかな黄色の光が子宮を包み込み、癒してくれる様子を視覚化してください。

次のように唱えましょう。「神聖なる癒しの叡智よ、力強くエネルギッシュで調和のとれた人になれるよう導いてください。自分を愛し、自分の女性性を尊重できるよう助けてください。ありがとうございます」

「神聖なる癒しの叡智よ、子宮とその関連器官すべてを癒し、そこに最高の健康、バイタリティ、幸福感を取り戻してください」

☞不健全な感情への取り組みについては313頁からを参照のこと。「拒否」は328頁、「判断」は345頁、「罪悪感」は332頁、「悲しみ」は327頁です。健全な感情については351頁からを参照のこと。「受容」は358頁、「敬意」は353頁、「思いやり」は353頁、「許し」は364頁です。癒しを早めるのに役立つお勧めの色は、「黄色」378頁、「オレンジ」376頁、「ピンク」384頁です。

【視床】

❖考えられる要因❖

本当の自分から切り離されている感覚。人とのコミュニケーションを苦手とすること。人を理解するのが困難なこと。あらゆることが自分にのしかかってきているような感覚。雑然として整理がつかないような、混乱した気分。仕事を認めてもらえないという思い。自分の価値を認めず、貶(おとし)めること。自分の力や能力を奪うような言動。はっきり決められない性格。

❖ヒーリング・プロセス❖

次のように唱えましょう。「神聖なる癒しの叡智よ、疎外感、混沌、自己価値の否定、制約をすべて視床から解き放ってください。この状態を招くあらゆる考え方やパターン、ポジティブな思い入れ、ネガティブな思い入れも手放せますように」。何か変化が感じられるまで、「クリア」という言葉を繰り返してください。

姿勢を正して両手を組み、親指を立てて人さし指から遠ざけるようにします。両手を頭上に上げて、親指を後頭部のほうに向けた状態にし、後頭部に近づけるように伸ばしましょう。このポーズを一分から二分間保ちます。明るい黄色の光が手から視床へと放たれる様子を視覚化します。ゆっくりと深呼吸してください。光が視床を再生して、完璧に機能している状態へと導きます。

次のように唱えましょう。「神聖なる癒しの叡智よ、明晰性、一体感、幸福感、頭が整理されている感覚、認められている感覚を得られるよう導いてください。ありがとうございます」

「神聖なる癒しの叡智よ、視床とその関連器官すべてを癒し、そこに最高の健康、バイタリティ、幸福感を取り戻してください」

☞不健全な感情への取り組みについては313頁からを参照のこと。「行き詰まり感（停滞感）」は320頁、「ストレス」は337頁、「心配」は「恐れ」323頁を参照してください。健全な感情については351頁からを参照のこと。「明晰性」は364頁、「リラックス」は367頁、「平穏」は362頁です。癒しを早めるのに役立つお勧めの色は、「インディゴ」375頁、「白」381頁、「紫」387頁、「黄色」378頁です。

【視床下部】

❖ 考えられる要因 ❖

情緒不安定。ストレス。不安。ホルモンの調子が崩れている感覚。感情的な気分。神聖でスピリチュアルな存在としての自分から切り離される経験。将来や人生における自分の役割について考えがまとまらないこと、焦りを感じること。

❖ ヒーリング・プロセス ❖

次のように唱えましょう。「神聖なる癒しの叡智よ、精神的・感情的な不調和、ストレス、恐れ、大いなる源との断絶、混乱、焦燥感をすべて視床下部から解き放ってください。この状態を招くあらゆる考え方やパターン、ポジティブな思い入れ、ネガティブな思い入れも手放せますように」。何か変化が感じられるまで、「クリア」という言葉を繰り返してください。

次のように唱えましょう。「神聖なる癒しの叡智よ、感情のバランスを保ち、精神的にも霊的にも調和のとれた状態、満ち足りた感覚を得られるよう導いてください。より幸福でポジティブな新しい将来像を前向きに描けるよう力を貸してください。ありがとうございます」

視床下部が輝くような金色の光で満たされるところを視覚化してください。この光は視床下部を活性化して再生します。

次のように唱えましょう。「神聖なる癒しの叡智よ、視床下部とその周辺の脳を癒し、そこに最高の健康状態、バイタリティ、幸福感を取り戻してください」

▼▽▼▽▼「脳」の項も参照のこと。

☞不健全な感情への取り組みについては313頁からを参照のこと。「ストレス」は337頁、「恐れ」は323頁、「欲求不満」は350頁です。健全な感情については351頁からを参照のこと。「リラックス」は367頁、「平穏」は362頁、「明晰性」は364頁です。癒しを早めるのに役立つお勧めの色は、「金色」379頁、「黄色」378頁、「白」381頁です。

【舌】

❖考えられる要因❖

批判されるのを恐れて、言いたいことを控えること。他人の噂話や批判をしてばかりいること。自分の考え、知識、感覚に違和感をおぼえること。本当は変化が必要なのに、すべてうまくいっていると自分に言い聞かせること。抑圧感。見捨てられたような感覚、疎外感。自分の考えや信念を伝えたり、主張することに対する苦手意識。

❖ヒーリング・プロセス❖

口を開けて舌を突き出し、ゆっくりと円を描くように唇にそって動かします。これを時計回りに五回、反対回りに五回行います。舌がチクチクするような感覚に集中してください。舌を癒し、機能を向上させるには、柔軟性が必要です。

これまで口にするのを控えていたことがあるでしょう。本当は言いたいこと、そしてそれを伝えたい相手に意識を向けてください。言いたいことを書き留め、声に出して読みます。読んでいる時、舌にどのような感覚があるか意識してください。

次のように唱えましょう。「神聖なる癒しの叡智よ、恐れ、判断、見捨てられた感覚、批判、抑圧感をすべて舌から解き放ってください。この状態を招くあらゆる考え方やパターン、ポジティブな思い入れ、ネガティブな思い入れも手放せますように」。何か変化が感じられるまで、「クリア」という言葉を繰り返してください。

舌を再生し、全身の調子を整えるには、まず舌を突き出して、小さなタオルやハンカチで覆います。やさしく舌を引っぱって、右から左、上から下へと動かします。このエクササイズを四十五秒から一分間ほど行ってください。

次のように唱えましょう。「神聖なる癒しの叡智よ、自分の考えを主張できるよう助けてください。自分が信じることを思いきって言えるようになりますように。そして、私に敬意を払い、私の発言を尊重してくれる人たちを連れてきてください。ありがとうございます」

日中は舌の位置を意識し、努めてリラックスさせてください。どのように感じますか？　舌が完全にリラックスしている時、怒ったり気分を害したりできますか？

次のように唱えましょう。「神聖なる癒しの叡智よ、舌を癒し、そこに最高の柔軟性、バイタリティ、健康を取り戻してください」

👇不健全な感情への取り組みについては313頁からを参照のこと。「ストレス」は337頁、「批判」は348頁、「判断」は345頁です。健全な感情については351頁からを参照のこと。「柔軟性と動き」は357頁、「許し」は364頁、「平穏」は362頁です。癒しを早めるのに役立つお勧めの色は、「オレンジ」376頁、「赤」374頁、「白」381頁です。

【松果腺】

❖ 考えられる要因 ❖

同調できない感覚。頭が冴えない気分。混乱。無意識。疎外感、孤立感。人に合わせて、直観よりも人の欲求に従うこと。無知、認識不足。疑い深さ、自己不信、迷い。頑固さ。自分勝手。

❖ ヒーリング・プロセス ❖

目を閉じて、松果腺に意識を集中させてください。想像してみましょう。松果腺は脳の中央部分にあるとても小さな光の球体です。この光の球体のスイッチが入り、脳全体を照らすところを視覚化しましょう。感じとることもできます。浄化された松果腺はあなたに霊的なつながりをもたらし、あなたが内なる知恵を受けとれるよう助けてくれます。

次のように唱えましょう。「神聖なる癒しの叡智よ、鈍った心、疎外感、孤立感、無知、疑い深さ、頑固さをすべて松果腺から解き放ってください。この状態を招くあらゆる考え方やパターン、ポジティブな思い入れ、ネガティブな思い入れも手放せますように」。何か変化が感じられるまで、「クリア」という言葉を繰り返してください。

次のように唱えましょう。「神聖なる癒しの叡智よ、人とのつながりを感じ、心を開いて、柔軟な考え方ができるよう導いてください。調和、平穏、天から与えられる悟りの感覚を人生にもたらしてください。ありがとうございます」

「神聖なる癒しの叡智よ、松果腺と松果腺に関連する分泌腺を癒し、そこに最高の健康、バイタリティ、幸福感を取り戻してください」

☞不健全な感情への取り組みについては313頁からを参照のこと。「低い自尊心」は347頁、「欲求不満」は350頁、「圧倒される思い」は317頁です。健全な感情については351頁からを参照のこと。「リラックス」は367頁、「自信」は356頁、「平穏」は362頁、「喜び」は366頁です。癒しを早めるのに役立つお勧めの色は、「黄色」378頁、「インディゴ」375頁、「紫」387頁、「白」381頁です。

【小腸】

❖考えられる要因❖

見捨てられた感覚。不安。注意散漫。傷つきやすさ。混乱。傲慢さ。容赦なく自分を痛めつける行為。先延ばしにすること。考えがまとまらない状態。行き詰まり感。喪失感。報われない相手に恋焦がれること。

❖ヒーリング・プロセス❖

次のように唱えましょう。「神聖なる癒しの叡智よ、不安、見捨てられた感覚、混乱をすべて解き放ってください。自分を痛めつける行為、気が散った精神状態、行き詰まり感、先延ばしの習慣をすべて小腸から解き放てるよう助けてください。この状態を招くあらゆる考え方やパターン、ポジティブな思い入れ、ネガティブな思い入れも手放せますように」。何か変化が感じられるまで、「クリア」という言葉を繰り返してください。

次のように唱えましょう。「神聖なる癒しの叡智よ、安心感、朗らかな気分、幸福感、集中力をもたらしてください。明晰さと決断力、冷静さを持てるよう力を貸してください。自分も人も愛し、大切にできますように。ありがとうございます」

「神聖なる癒しの叡智よ、小腸を癒し、そこに最高の健康状態、バイタリティ、幸福感を取り戻してください」

▼▽▼▽▼「腸」の項も参照のこと。

☞不健全な感情への取り組みについては313頁からを参照のこと。「行き詰まり感（停滞感）」は320頁、「低い自尊心」は347頁、「恐れ」は323頁です。健全な感情については351頁からを参照のこと。「明晰性」は364頁、「自由」は356頁、「自信」は356頁です。癒しを早めるのに役立つお勧めの色は、「オレンジ」376頁、「緑」386頁、「茶色」382頁、「黄色」378頁です。

【静脈】

❖ 考えられる要因 ❖

愛とパワーの源から切り離された感覚。行き詰まり感。妨害されること。人生をあがくことに終止符を打つこと。楽しみや喜びを受けとることへの苦手意識。古い信念を手放せないこと。罪悪感、拒否された感覚、屈辱感を手放そうとしないこと。将来に対する不安を味わうこと。

❖ ヒーリング・プロセス ❖

今、人生に何が起こっているのか考えてください。自分に聞いてみましょう。

人生のどの局面で行き詰まりを感じているだろう？

どのような考え、出来事、パターンが繰り返し起こっているだろう？

次のように唱えましょう。「神聖なる癒しの叡智よ、私からパワーを奪うもの、罪悪感、屈辱感、非難、恐れ、拒絶された感覚をすべて静脈から解き放ってください。この状態を招くあらゆる考え方やパターン、ポジティブな思い入れ、ネガティブな思い入れも手放せますように」。何か変化が感じられるまで、「クリア」という言葉を繰り返してください。

体に健やかなエネルギーの流れを生み出すには、まず人生に健やかなエネルギーの流れを生み出さなければなりません。あなたがどのような変化を必要としているかに気づき、その変化をリストアップしましょう。作成したリストを毎日意識して、少なくとも一つ何かを変えるようにしてください。変えることができたら、お祝いしましょう。

変化を起こすたびに、目を閉じて想像してください。美しいインディゴの光線が体中の静脈を駆け巡り、エネルギーが滞っている部分をすべて解消してくれます。あなたが向かっている目標に意識を集中させて、その目標を達成するところをイメージしましょう。

次のように唱えてください。「神聖なる癒しの叡智よ、愛、健康、幸福の源ともう一度つながれるよう導いてください。自信を持って、将来の夢に向かって進めますように。ありがとうございます」

「神聖なる癒しの叡智よ、静脈を癒し、そこに最高の健康、バイタリティ、幸福感を取り戻してください」

☞不健全な感情への取り組みについては313頁からを参照のこと。「怒り」は318頁、「批判」は348頁、「判断」は345頁です。健全な感情については351頁からを参照のこと。「愛」は352頁、「喜び」は366頁、「成功（達成感）」は360頁、「自由」は356頁です。癒しを早めるのに役立つお勧めの色は、「インディゴ」375頁、「赤」374頁、「青」373頁です。

【食道】

❖ 考えられる要因 ❖

深い悲しみ、怒り、心の痛みを飲み込むこと。必要なものや欲しいものを頼むのが苦手だという思い。自分は二番手だと考えること。自分の発言は重視されないという思い込み。

❖ヒーリング・プロセス❖

食道を思い浮かべて、そこに意識を合わせましょう。あなたの食道は、よどみなく健康そうですか？それとも重苦しく、エネルギーが詰まっているように見えますか？

自分の思いを伝え、自分を大切にしなければいけません。誰に対して怒りや憤りを感じていますか？誰に傷つけられたと思っているのでしょう？　その人（たち）が目の前にいると想像してください。相手に知って欲しいことを、声に出して言ってみましょう。たとえば、「〇〇〇さん（わだかまりがある相手の名前や体験を言ってください）、あなたに言いたいことがあります。（ここで思っていることを言いましょう）」といった風に。一切隠し立てせず、思っていることを全部吐き出してしまいましょう。言葉にすることで自分が抱え込んでいたことが明らかになり、何を言いたかったのか自覚できます。

次のように唱えましょう。「神聖なる癒しの叡智よ、胸の奥に潜んでいる悲しみ、怒り、傷ついた心、劣等感、行き詰まり感をすべて溶かして、食道から消し去ってください。この状態を招くあらゆる考え方やパターン、ポジティブな思い入れ、ネガティブな思い入れも手放せますように」。何か変化が感じられるまで、「クリア」という言葉を繰り返してください。

次の様子を視覚化しましょう。オレンジ色の光線が食道全体を駆け巡り、あらゆる滞り、衰えや不調が生じている部分を解消してくれます。

次のように唱えましょう。「神聖なる癒しの叡智よ、楽に呼吸できるよう助けてください。コミュニケーション能力を高め、自分を大切にできるよう力を貸してください。そして、自分の思いを余すところなく、勇気を持って穏やかに伝える力を高めてください。ありがとうございます」

まるで光の輪のように、オレンジの光線がくるくる回って食道を再生してくれます。

次のように唱えましょう。「神聖なる癒しの叡智よ、食道とその関連器官すべてを癒し、そこに最高の健康、バイタリティ、満たされた状態を取り戻してください。ありがとうございます」

☞不健全な感情への取り組みについては313頁からを参照のこと。「悲しみ」は327頁、「欲求不満」は350頁、「低い自尊心」は347頁、「圧倒される思い」は317頁です。健全な感情については351頁からを参照のこと。「許し」は364頁、「思いやり」は353頁、「励まし」は361頁です。癒しを早めるのに役立つお勧めの色は、「オレンジ」376頁、「緑」386頁、「青」373頁です。

【神経系】

❖考えられる要因❖

神経にさわる発言をすること。攻撃された感覚。脅威。羞恥心、罪悪感、きまりの悪さを引きずること。将来への不安、または過去への執着によって神経を締めつけること。強いるような行為。神経を張りつめること。争い、奮闘。神経質、敏感さ。緊張感。心配。バランスを崩すこと。休息、リラックスが足りていない状態。過労。無理な約束をしている状態。極限状態。感情の高まりや興奮を求めること。煙草やドラッグなどの中毒に陥りやすい傾向。

❖ヒーリング・プロセス❖

座って、両手を腿の上に置きます。手を開いて手のひらを上に向けましょう。目を閉じて、肩、首、背中に意識を集中させます。何度か深呼吸して、肩の力を抜きましょう。もう一度深く息を吸って、頭に青い光線が降り注ぎ、それが背中を通り抜けて神経系全体を包み込むのを視覚化します。息を吐きながら、神経の緊張がほぐれて、よどみやストレスが体を抜けていくところを想像しましょう。これを八回から十回繰り返します。

次のように唱えましょう。「神聖なる癒しの叡智よ、批判・判断する気持ち、攻撃や脅しを受けたという思いを解き放って、神経系を再生できるよう助けてください。神経系にとどまっている羞恥心、罪悪感、心配事、きまりの悪い思いをすべて消し去ることができますように。この状態を招くあらゆる考え方やパターン、ポジティブな思い入れ、ネガティブな思い入れも手放せますように」。何か変化が感じられるまで、「クリア」という言葉を繰り返してください。

両手の人さし指と中指を伸ばし、薬指と小指を親指の上に置きます。この状態で目を閉じ、五分から十五分間、ゆっくり深呼吸をしながら体をリラックスさせてください（手の位置は、やりやすい位置ならどこでもかまいません）。気持ちが和らぐ音楽をかけても良いでしょう。何か心が落ち着くことに意識を集中させます。緑色の光が背骨と神経系全体を包み込んで再生するところを視覚化します。真っ青な海にプカプカと浮かぶ自分の姿、浜辺でくつろぐ自分の姿が描けるでしょうか？　太陽の暖かい日差しが緊張をほぐしてくれます。最高の一日を思い描くのも良いでしょう。あなたにとって最高の一日は、どのように始まって、誰と会い、何をしますか？　どのような気持ちがするでしょう。

次のように唱えてください。「神聖なる癒しの叡智よ、あらゆる緊張をすんなり手放せるよう助けてください。そして、平穏、明晰性、静けさ、安息を神経系にもたらしてください。ありがとうございます」

「神聖なる癒しの叡智よ、神経系の緊張を和らげて、そこに最高の健康、バイタリティ、幸福感を取り戻してください」

☞不健全な感情への取り組みについては313頁からを参照のこと。「攻撃」は「批判」348頁参照、「恥」は343頁、「罪悪感」は332頁、「圧倒される思い」は317頁、「ストレス」は337頁です。健全な感情については351頁からを参照のこと。「敬意」は353頁、「サポート」は355頁、「明晰性」は364頁、「リラックス」は367頁、「自由」は356頁です。癒しを早めるのに役立つお勧めの色は、「青」373頁、「緑」386頁、「金色」379頁、「白」381頁です。

【心臓】

❖ 考えられる要因 ❖

閉塞感。無気力。退屈。落胆。憂鬱な気分、気の重さ。ストレス。人生は厳しすぎて、立ち向かいたくないという思い。心を閉ざした感覚。心の痛み。拒否された気分。無感覚。冷淡。自分は愛されるに値しないと思い込んで、愛をあきらめること。たびたび生じる自己批判、自己卑下。自分は平凡な人間だという思い。怒り。苦々しい感情。沸点に達するまで自分の感情を抑え込むこと。責任を背負い込み、ストレスや不安を抱えること。制御できなくなるほど献身的に自分を捧げ、追い込むこと。心の声を無視するような行為。満たされない思い。失望。けなされた気分。孤独感。傷つけられること、もしくは失望させられることに対する根深い恐怖心を持ち続けること。場合によっては、人の成功に対する羨望や嫉妬心も要因となります。

❖ヒーリング・プロセス❖

目を閉じて、心臓に意識を合わせます。心の目で心臓を視覚化してください。どのように見えますか？幸福感で満たされ、喜んで愛を与えたり受けとったりしているでしょうか？　それとも、萎縮してストレスや疲れを感じ、制限されているように見えますか？

想像してください。あなたは澄んだ癒しの液体が入ったホースを手にしています。このホースを使って、暗い部分、滞り、ストレスをすべて心臓から洗い流しましょう。

次のように唱えてください。「神聖なる癒しの叡智よ、障害物、憂鬱、重苦しさ、退屈、被害者意識、怒り、拒否された感覚、滞りをすべて心臓から消し去ってください。この状態を招くあらゆる考え方やパターン、ポジティブな思い入れ、ネガティブな思い入れも手放せますように」。何か変化が感じられるまで、「クリア」という言葉を繰り返してください。

最高に美しいバラ色の光を想像しましょう。この光は無条件の愛、やさしさ、思いやりのエネルギーに溢れています。この崇高な光から放たれる愛のエネルギーが、心臓に注がれます。心臓の緊張がほぐれ、こわばりや防御の姿勢が溶けはじめるのを感じてください。心臓の無条件の愛に守ってもらいましょう。たとえ過去に傷を負っていたとしても、あなたの心臓が知恵を培ってきたこと、そして可能な限り最高の愛を経験させてくれることを信じてください。

次のように唱えましょう。「私の心臓に伝えます。あなたは私にとって大切な、大切な存在です。私を生かすために、あなたは絶え間なく働いてくれています。あなたのおかげで、深く感じることができます。愛、喜び、幸福を実感できます。そして自分の命に感謝できます。あなたのかけがえのない働きに、心から『ありがとう』」

心の中にある愛を深めるには、両手をこすり合わせて、最高に美しい赤紫色（マゼンタ）の光が手から放たれるところを想像します。手をリラックスさせ、ピリピリする感覚がしてきたら心臓の上に手を置いて、温もりと赤紫色（マゼンタ）の光で心臓を包み込みましょう。

次のように唱えてください。「神聖なる癒しの叡智よ、心の知恵に耳を傾け、その導きに従う能力を高めてください。愛、思いやり、やさしさ、情熱、楽しみ、深い喜びに心を開くことができますように。ありがとうございます」

「神聖なる癒しの叡智よ、心臓とその関連器官すべてを癒し、そこに最高の健康状態、バイタリティ、幸福感を取り戻してください」

☞不健全な感情への取り組みについては313頁からを参照のこと。「落ち込み（憂鬱）」は325頁、「行き詰まり感（停滞感）」

は３２０頁、「判断」は３４５頁、「嫉妬」は３３４頁、「憎しみ」は３４１頁、「恐れ」は３２３頁です。健全な感情については３５１頁からを参照のこと。「愛」は３５２頁、「幸福感」は３５４頁、「喜び」は３６６頁、「自由」は３５６頁、「平穏」は３６２頁です。癒しを早めるのに役立つお勧めの色は、「モーブ（藤色）」３８８頁、「マゼンタ（赤紫色）」３８６頁、「ピンク」３８４頁、「緑」３８６頁です。

【腎臓】

❖考えられる要因❖

罪悪感、後悔、憤り、非難、過去から受け継いだ悲しみを抱えて生きること。昔からの否定的な信念や記憶にしがみつくこと。過去にとらわれて忘れっぽくなり、記憶力に支障をきたすこと。疲労。浮かない気分。無感覚。身がすくむような恐怖。人生の否定的な側面に注目してしまうこと。人を信頼できないこと。困難な状況への対処が苦手だという思い。プレッシャーで疲れきってしまうこと。断念。

❖ヒーリング・プロセス❖

両手をこすり合わせて、少し離します。緑色のエネルギーのボールを二つ、手の中に視覚化しましょう。エネルギーが高まっていきます。

次のように唱えましょう。「神聖なる癒しの叡智よ、私の癒しの力を活性化させ、緑の癒しの光が手から腎臓へ流れていくよう力を貸してください」

背中の腎臓があるあたりに手を当て、緑のエネルギーを吸い込みましょう。深呼吸しながら、集中して緑の光を腕や手へと送り込み、癒しのエネルギーが腎臓へ勢いよく流れていくよう促します。

次のように唱えましょう。「神聖なる癒しの叡智よ、罪悪感、無感覚、憤り、ネガティブな考えや感情、疑い、後悔をすべて腎臓から解き放ってください。この状態を招くあらゆる考え方やパターン、ポジティブな思い入れ、ネガティブな思い入れも手放せますように」。何か変化が感じられるまで、「クリア」という言葉を繰り返してください。

人さし指と中指で目の下あたりをゆっくりとやさしくタッピングしましょう。目尻から始めて鼻側へと向かい、次に逆方向に戻ります。ゆっくりと深呼吸しながら、このタッピングを三十秒間行います。このプロセスによって、腎臓を浄化させるだけでなく、目の下のくまやむくみも解消できます。

次のように唱えましょう。「神聖なる癒しの叡智よ、自分の人生に責任を負い、過去の過ちを許し、自信を新たにしてポジティブに前進できますように。ありがとうございます」

「神聖なる癒しの叡智よ、腎臓とその関連器官すべてを癒して再生し、活性化してください。そこに最高の健康、バイタリティ、幸福感を取り戻してください」

☞不健全な感情への取り組みについては313頁からを参照のこと。「悲しみ」は327頁、「怒り」は318頁、「罪悪感」は332頁、「恐れ」は323頁です。健全な感情については351頁からを参照のこと。「許し」は364頁、「純真」は358頁、「尊重」は361頁、「喜び」は366頁です。癒しを早めるのに役立つお勧めの色は、「オレンジ」376頁、「銀色」380頁、「緑」386頁です。

【膵臓】

❖考えられる要因❖

人生の美しさを味わう余裕がないこと。過剰な愛情を息苦しく感じること。過保護にされている、もしくは十分な世話をしてもらえていないという思い。過剰に気をもむこと。絶望感、無力感。自制心を失うこと。人に影響されやすい性格。低い自尊心。苦々しい思い。混乱。不公平感。甘い言葉や親切心、やさしさを渇望すること。いつもその場しのぎの解決法を求めて、結局は失望すること。だまされやすく、簡単に惑わされる性格。頑固で自分を曲げない性格。

❖ヒーリング・プロセス❖

両手の中指をぴったり合わせて、残りの指を組みます。ゆっくりと深呼吸しながら、三分から四分間、両手をそのまま太陽神経叢の前（みぞおちのあたり）で保ちます。

次のように唱えましょう。「神聖なる癒しの叡智よ、苦々しい思い、過剰な心配、絶望感、無力感、混乱をすべて膵臓から解き放ってください。この状態を招くあらゆる考え方やパターン、ポジティブな思い入れ、ネガティブな思い入れも手放せますように」。何か変化が感じられるまで、「クリア」という言葉を繰り返してください。

目を閉じて、意識を膵臓に集中させます。心の中で膵臓を思い浮かべると、どのように見えますか？　澄んで、健康そうに見えますか？　それとも暗くて重苦しいですか？

暗くて重苦しい感じなら、次のように想像してみてください。掃除機を手にしたあなたは、膵臓の暗く重苦しい部分を吸い出します。不純物がなくなるまで続けましょう。

一分間、両手をこすり合わせます。手を少し離して、明るいオレンジ色の光線を手の中に視覚化しましょう。膵臓の上に両手を当てて、オレンジの光が体の中へ深く浸透していくのを感じてください。光が膵臓を癒して再生し、再び活性化してくれます。「癒して浄化し、再生してください」と、二分間繰り返します。

次のように唱えましょう。「神聖なる癒しの叡智よ、人生の美しさ、育むこと、喜びを体験できるよう導いてください。強さ、自信、力を備え、人から尊重され、大切に扱われる人になれますように。ありがとうございます」

「神聖なる癒しの叡智よ、膵臓とその関連器官すべてを癒し、そこに最高の健康状態、バイタリティ、幸福感を取り戻してください」

☞ 不健全な感情への取り組みについては313頁からを参照のこと。「悲しみ」は327頁、「絶望感」は339頁、「罪悪感」は332頁、「コントロール」は330頁、「拒否」は328頁です。健全な感情については351頁からを参照のこと。「明晰性」は364頁、「自信」は356頁、「自由」は356頁、「喜び」は366頁です。癒しを早めるのに役立つお勧めの色は、「オレンジ」376頁、「黄色」378頁です。

【脛(すね)】

❖考えられる要因❖

怒り。弱々しさ。裏切られたという思い。被害者意識。不誠実。罪悪感、自分を罰すること、自己犠牲的な思いを引きずること。復讐心。正義と公正を求めること。

❖ヒーリング・プロセス❖

次のように唱えましょう。「神聖なる癒しの叡智よ、怒り、罪悪感、自分を罰する気持ち、被害者意識、裏切られたという思いをすべて脛から解き放ってください。この状態を招くあらゆる考え方やパターン、ポジティブな思い入れ、ネガティブな思い入れも手放せますように」。何か変化が感じられるまで、「クリア」という言葉を繰り返してください。

次のように唱えましょう。「神聖なる癒しの叡智よ、精神力、内面の強さ、自分を労る感覚をもたらしてください。無垢な心、純真さ、喜びを取り戻せますように。ありがとうございます」

「神聖なる癒しの叡智よ、脛、脚、足首を癒し、そこに最高の健康、バイタリティ、幸福感を取り戻してください」

▼▽▼▽▼「足首」「脚」の項も参照のこと。

☞不健全な感情への取り組みについては３１３頁からを参照のこと。「罪悪感」は３３２頁、「怒り」は３１８頁、「判断」は３４５頁です。健全な感情については３５１頁からを参照のこと。「許し」は３６４頁、「尊重」は３６１頁、「サポート」は３５５頁です。癒しを早めるのに役立つお勧めの色は、「緑」３８６頁、「ピンク」３８４頁です。

【精巣】

❖考えられる要因❖

脅威。さらし者にされている感覚。不安。人生で直面する難局に対応できないこと。性的なことに対する心地の悪さ。罪悪感、羞恥心、怒りを手放そうとしないこと。許して前進することができないという思い。

❖ヒーリング・プロセス❖

あなたは誰に対して怒っているのですか？　その怒りを解き放つにはどうすれば良いでしょう？　前を向いて生きていくには、どのような道筋をたどる必要がありますか？　胸の痛みや怒りを解き放つ心の準備ができたら、許しのプロセスを行います。許す相手があなた自身だったとしても、行ってください。

次のように唱えましょう。「神聖なる癒しの叡智よ、精巣に保存されているネガティブな感情、不安、罪悪感、怒り、脅威、羞恥心をすべて解き放ってください。この状態を招くあらゆる考え方やパターン、ポジティブな思い入れ、ネガティブな思い入れも手放せますように」。何か変化が感じられるまで、「クリア」という言葉を繰り返してください。

立って、背筋をまっすぐに伸ばしましょう。両手をこすり合わせて、少し離します。手のひらから緑色の光が放たれるのを視覚化しましょう。指の間はくっつけた状態で、中指が精巣に触れるように両手をおろします。ゆっくりと深呼吸しながら、緑の光で精巣にエネルギーと再生力を与えることに集中します。これを三分から五分間行ってください。

次のように唱えましょう。「神聖なる癒しの叡智よ、性欲や男らしさを素直に受けとめられるよう力を貸してください。気を楽にして、軽やかに、自信を持って人生を歩んで行けますように。ありがとうございます」

「神聖なる癒しの叡智よ、精巣を癒し、そこに最高の健康、バイタリティ、満たされた状態を取り戻してください」

☜不健全な感情への取り組みについては313頁からを参照のこと。「恥」は343頁、「罪悪感」は332頁、「恐れ」は323頁、「怒り」は318頁です。健全な感情については351頁からを参照のこと。「許し」は364頁、「尊重」は361頁、「平穏」は362頁、「自由」は356頁です。癒しを早めるのに役立つお勧めの色は、「緑」386頁、「オレンジ」376頁、「黄色」378頁です。

【脊椎（背骨）】

❖考えられる要因❖

弱々しい感覚。混乱。恐怖心。不安。人とのコミュニケーションや自分の要望を伝えることへの苦手意識。後ろ盾がないような気持ち、孤独感。助けをどこに求めればいいのか、誰に相談すればいいのか分からない状態。物騒な世の中だという思い。苦悩や苦痛から自分を守ろうとすること。抜け出せないパターン、または状況にはまり込んでしまった感覚。

◆頸椎――頸部

第一頸椎（C1）▼恐怖心。混乱。闘争・逃走反応、問題や責任から逃れたいという思い。不安。力量不足だという思い。人の意見に気をとられすぎること。人が抱えている問題に首を突っ込むこと。断ることへの苦手意識。人の心をもてあそぶこと。

身体レベルで起こりうる症状――交感神経系、下垂体、脳、中耳にネガティブな感情の影響が及ぶことによって生じる頭痛、偏頭痛、不眠、めまい、極度の疲労、神経衰弱、パニック発作。

第二頸椎（C2）▼拒否された感覚。「自分が一番よく分かっている」という頑固な思い。心を決められないこと。もどかしさや怒り、憤りを感じること。誰か身代わりを探そうとすること。落ち着かない気分。やる気をそがれる思い。暗い気分、無力感。霊的なエネルギーとのつながりを見失った感覚。

身体レベルで起こりうる症状――アレルギー、耳痛、難聴、失神。目や副鼻腔に現れる疾患。

第三頸椎（C3）▼人のネガティブな考え方を受け入れてしまうこと。自分や人を判断すること。不安。傷つきやすさ。優柔不断。自尊心の低さを味わうこと。拘束感。短気、苛立ち。歯ぎしりするほど怒る傾向。

身体レベルで起こりうる症状――耳、歯、顎などに現れる疾患。頭痛。にきび、吹き出物、湿疹などの皮膚疾患。耳に関係する症状としては、耳閉感、聴力の低下、耳鳴り、めまいなど。

第四頸椎（C4）▼人生は嫌なことばかりだという思い。特に身近な人に対する過去の罪悪感、癒えていない痛み、悲しい気持ちを引きずること。過剰なストレスを抱えて圧迫感をおぼえること。怒りを抑え込んだ結果、感情を爆発させること。

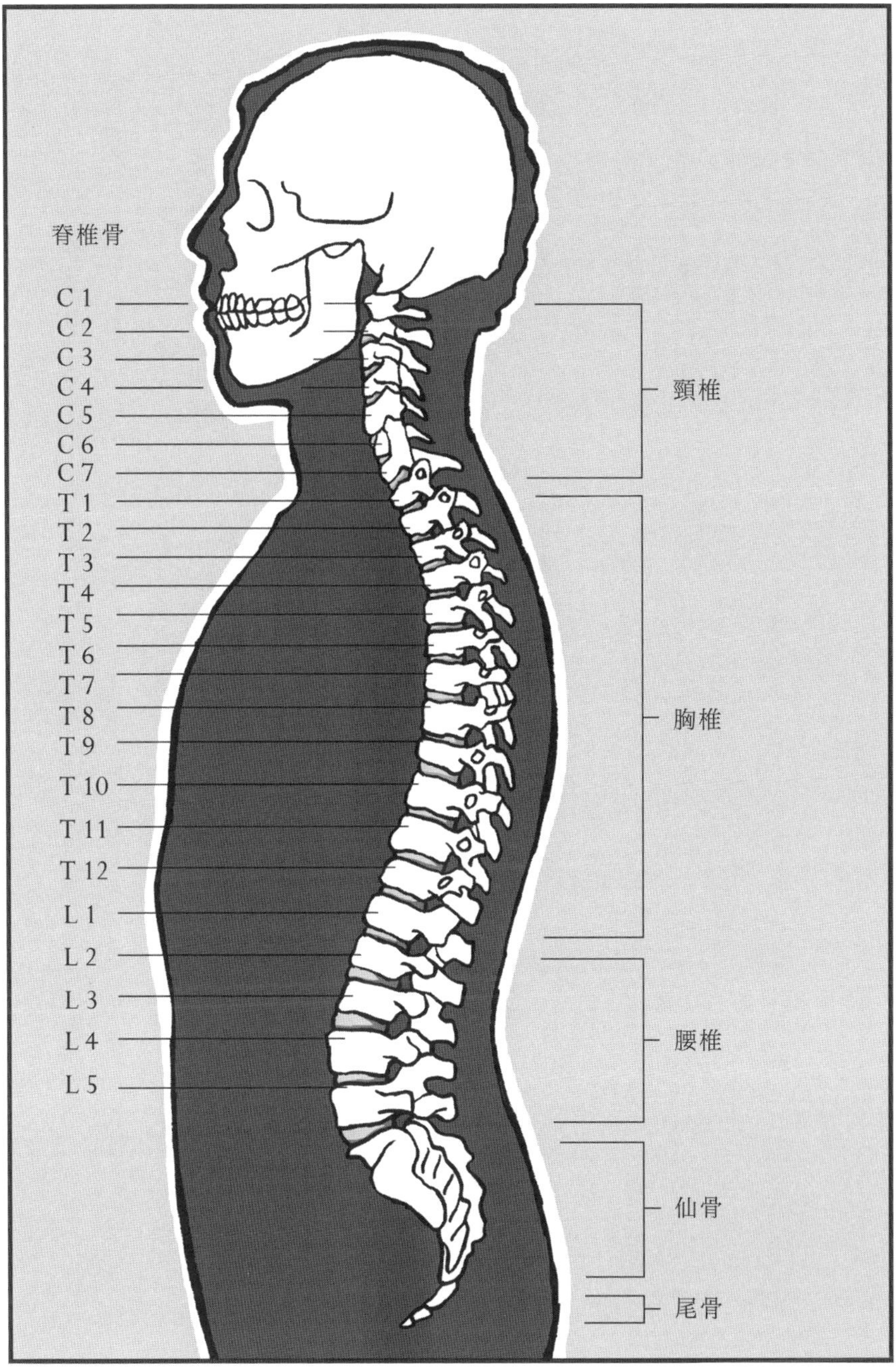

脊椎骨
C 1
C 2
C 3
C 4
C 5
C 6
C 7
T 1
T 2
T 3
T 4
T 5
T 6
T 7
T 8
T 9
T 10
T 11
T 12
L 1
L 2
L 3
L 4
L 5
頸椎
胸椎
腰椎
仙骨
尾骨

身体レベルで起こりうる症状——花粉症、鼻水、咽頭扁桃炎、難聴、口内炎、副鼻腔炎。

第五頸椎（C5）▼失敗への恐れ。恥をかくこと、失態を演じること、からかわれることに対する恐怖心。人がどう思うかを心配して、自分の意見を言えないこと。いつも自分を痛めつけてしまうこと、低い自己評価。幸運を受け入れられないという思い。過度な負担を抱え込み、緊張や制約を感じること。

身体レベルで起こりうる症状——声帯に現れる疾患、喉頭炎、嗄声（させい）、喉の痛み。

第六頸椎（C6）▼心配事や不安、ストレスで圧迫感をおぼえること。自分の問題をそっちのけにして他人の生活に干渉し、人のトラブルを解決したり、自分の問題から注意を逸らせようとすること。人生に抗うこと。行き詰まり感。過去の恐怖心を手放すことへの不安。変化を怖がること。

身体レベルで起こりうる症状——斜頸、肩の痛み、扁桃炎、百日咳。

第七頸椎（C7）▼疲れ。退屈。疲労感。緊張。頭が冴えない状態。ネガティブなこと、欠乏感、将来への不安によって、身動きがとれなくなること。無感覚。内なる真実やパワーの感覚を見失っている状態。

身体レベルで起こりうる症状——甲状腺疾患、風邪、肩の痛み、五十（四十）肩、肘に現れる疾患。

◆胸椎——背中の中央部

第一胸椎（T1）▼責任の重圧を感じること。逃げてしまいたい、誰かに代わってもらいたいという思い。手放して、信頼することができないという思い。自分の信念や価値観が分からないこと。

身体レベルで起こりうる症状——腕、手、手首、指の痛み。風邪、呼吸困難、息切れ。深刻な例としては、徐々に進行するぜんそくなど。

第二胸椎（Ｔ２）▼爪弾きにされた感覚。心から愛し愛されることができない性格。コントロール。傷つけられないよう自己防衛すること。過去の胸の痛みや心の傷にこだわり続けること。疑い深く、用心深い態度。誰かが自分の足を引っぱり、傷つけようとしているという思い込み。自分を愛すること、育むことができない性格。極度の不安や心配を抱え込むこと。まるで人生の犠牲者であるかのように、無力感や絶望感を抱くこと。

身体レベルで起こりうる症状――肺感染症、心臓弁・心臓動脈の合併症などの心疾患。

第三胸椎（Ｔ３）▼混乱。恐怖心。注意散漫。喪失感。自分の思いを伝える言葉が見つけられないこと。過去の悲しみや怒りを抑圧すること。奴隷のような態度をとって、みすみす相手につけ込まれること。いつも自分を後回しにし、疲れ果てて燃え尽きること。内なる知恵、ガイダンス、直観に従わず、人の意見に頼りすぎること。

身体レベルで起こりうる症状――胸部鬱血、インフルエンザ、上気道・下気道感染。

第四胸椎（Ｔ４）▼苛立ち、不快な気分。人生は苦悩に満ちていて、克服できそうにない障害だらけだという失望感。嫉妬心、自分と比べて人の人生は順調だという羨望。人生の嫌な面に注目して、自分や人を厳しく批判すること。過去の解消されていない痛みやトラウマを抱えている状態。ほかの生き方を知らず、癒しや解放を恐れること。

身体レベルで起こりうる症状――胆嚢疾患、黄疸（おうだん）、帯状疱疹（たいじょうほうしん）。

第五胸椎（Ｔ５）▼物事が正しい方向に進んでいないという行き詰まり感。外の世界と、そこから得られるべきものに気をとられること。向き合いたくない感情に蓋をするのではなく、その感情に気づいて対処するための時間をとる必要があること。自分に無頓着で、心身に極度のプレッシャーやストレスを与えてしまうこと。

身体レベルで起こりうる症状――肝機能障害、発熱、低血圧、血行不良、関節炎、食べ物への依存症。

第六胸椎（T6）▼過度の負担、ストレス、問題を抱え込むこと。誰かを愛してしまうと、常に相手のことを気にかけなければならなくなるという思い込み。人に圧倒され、支配されているという感覚。ほかに選択肢がないため現状に甘んじなければならないという思い込み。失望、失敗、拒否されることへの恐れ。自分より人が偉く思える一方で、見返してやりたいと秘かに考えていること。強力な決断、自分に力を与えるような決断をくだせないこと。

身体レベルで起こりうる症状――胃の疾患、消化不良、胸焼け、重圧感、肥満・体重の問題。

第七胸椎（T7）▼苦々しい感情、憤り、被害者意識を抱えること。自分は人生の恵みを受けるに値しないという思い。その場しのぎの解決法を性急に求め、結局うまくいかなかったと失望すること。人に認めてもらうために自分の力量を示そうとすること。人生を深刻に考えすぎて、過剰に身構えること。日々の生活における笑いとユーモアの必要性。

身体レベルで起こりうる症状――膵臓の疾患、十二指腸の疾患、糖尿病、潰瘍、胃炎。

第八胸椎（T8）▼人生に不満があるのに変化は好まないこと。一度決めたらテコでも動かないほど頑固である一方で、簡単に他人に影響されること。極めて繊細で傷つきやすく、人の発言を誤解しがちな性格。失敗や人前で失態を演じることへの不安。人を恨んで、その不満を誰かのせいにしようとすること。

身体レベルで起こりうる症状――脾臓の疾患、免疫系の障害、粘液の問題（鼻詰まりなど）、咳、エネルギーやバイタリティの欠乏。

第九胸椎（T９）▼自分や自分の欲求を尊重しないこと。ただ在ることよりも、行動を重視すること。人に好印象を与えようと背伸びをして、燃え尽きた感覚に陥ること。人に認められたいという欲求。人生と波長が合っていない感覚。大興奮と意気消沈、希望と絶望、喜びと悲しみの行ったり来たりを繰り返すこと。完璧主義。

身体レベルで起こりうる症状――副腎疾患、疲労、倦怠感、アレルギー、じんましん。

第十胸椎（T10）▼過去にこだわって、憤りや怒り、判断、非難を手放そうとしないこと。怒り続けていれば相手を苦しめられると考えて、実際には自分を傷つけ停滞させていることに気づかないこと。変化を拒み、人の考え方を認めないこと。自分勝手、傲慢。正義感。

身体レベルで起こりうる症状――腎障害、慢性疲労、動脈硬化。

第十一胸椎（T11）▼低い自己評価。その場に順応して馴染むことへの苦手意識。人に利用され、傷つけられることへの恐れ。自分にはどこか欠点があり、二番手にしかなれないという思い。人間関係において、自分の欲求を伝えられないこと。繰り返し虐待的な人間関係を引き寄せてしまうこと。

身体レベルで起こりうる症状――腎障害、にきび、吹き出物、湿疹。

第十二胸椎（T12）▼不安、恐怖心。喪失感。人生を受け入れられないという思い。たびたび自滅的な行動をとり、うまくいく可能性を駄目にすること。自分は悩み苦しむ運命なのだという根深い思い込み。過去の罪悪感を手放さずに、前進できずにいる状態。

身体レベルで起こりうる症状――小腸の疾患、リウマチ、不妊症。

◆腰椎——腰背部

第一腰椎（Ｌ１）▼憤りや停滞感、過去の未解決の問題によって気分を害すること。思考と言葉に行動が伴わず、戸惑いや憂鬱な気分、批判、悲しみが生じること。癒されるために、許して前進し、ポジティブに行動することが必要な状態。

身体レベルで起こりうる症状——便秘、大腸炎、下痢、ヘルニア。

第二腰椎（Ｌ２）▼選択肢がないという思い、あきらめの気持ち。外の世界や手に入らないものばかりに気をとられ、自分の内なる力に気づかないこと。幼少期の悲しい思い出や低い自尊心を解消する必要性。現状に無力感を抱き、自分を極限まで追い込むこと。

身体レベルで起こりうる症状——腹痛、太腿の痛み、虫垂炎、急激な腹痛、生理痛、呼吸困難、静脈瘤。

第三腰椎（Ｌ３）▼願望の欠如、または、はけ口のない過度の欲望。未解決の問題に対処しようとせず、見て見ぬふりをして気にしていない態度を装うこと。自分の感情を切り離して、抑圧している拒絶感、不安、怒り、欲求不満に蓋をしようとすること。怒りや批判的な思いを爆発させる傾向。人にどう思われるかを極端に気にする性格。女性の場合、女性らしいエネルギーを拒むこと。男性の場合、男性らしいエネルギーを拒むこと。人とのコミュニケーションや深い関わり合いに関する問題。大混乱。明晰性の欠如。抵抗。自分の考え方に固執すること。

身体レベルで起こりうる症状——膀胱障害、失禁、膝の痛み、性機能障害、生理痛や性的不能など生殖器系の問題。

第四腰椎（Ｌ４）▼職場や家庭で権威や主導権を奪われたような感覚。収入や扶養に関するプレッシャー。

経済的な困難。どうすればいいのか分からず動転し、困惑すること。自分を評価できないこと。自分の価値を人に決めつけられてしまうこと。現状維持の言い訳をあれこれ考えること。プロジェクトをやり遂げられないこと。失敗への恐れ。セックスを慎むこと、またはセックスに溺れること。

身体レベルで起こりうる症状――前立腺の疾患、腰痛、坐骨神経痛、排尿困難・排尿痛。


第五腰椎（L5）▼力が出ない感覚。混乱。打ちひしがれる思い。誰かに引き止められて、前へ進めないような感覚。裏切られた、見捨てられたという思いや孤立感を手放そうとしないこと。人を信頼して計画をやり通すことへの苦手意識。たびたび自分を傷つけること。怒り。不安。被害者意識を持つ傾向。

身体レベルで起こりうる症状――脚に現れる疾患、血行不良、足首の腫れや衰え、逃げ腰、こむら返り。

◆**仙骨**▼拠りどころのない感覚。家族の未解決問題を抱えること。幼少期の怒りや憤りを引きずること。自己信頼感や自信を必要とすること。自分の体や人生に対する不満。罪悪感、憤り、羞恥心を抱えること。
身体レベルで起こりうる症状――腰・臀部に現れる疾患、脊柱側弯（そくわん）症。

◆**尾骨**▼不安定な気分。「人生は不公平で欲しいものが手に入らない」という思いに気をとられること。困難に直面したり間違えたり失敗すると、人や環境のせいにすること。すぐに落ち込んだり、失望や幻滅を感じること。裏切られた、だまされたという思い。頻繁に自分を傷つけ、否定的な考えや恐れに浸ること。「人生は単調で同じことの繰り返しだ、たいした変化はない」という思い。方向性や自己信頼感を失うこと。
身体レベルで起こりうる症状――痔など、直腸・肛門に現れる疾患。

❖ヒーリング・プロセス❖

背骨の痛むところに手を当てて、深く息を吸います。行き詰まりや滞りを解き放つところを視覚化しましょう。次に、足の親指からかかとに向けてマッサージします。この部分は背骨と関連しています。痛みがあるところに集中してください。マッサージしていて痛むところがあれば、目を閉じて何度か深く息を吸いながら、緑色を意識します。黒ずんで見えるような部分があれば、そこを緑で解消するところを視覚化しましょう。次に、背骨の痛む部分に意識を向け、そこに息を送り込むようなイメージで呼吸をしながら、緑の光で満たします。

次のように唱えましょう。「神聖なる癒しの叡智よ、痛み、ストレス、緊張をすべて背骨から解き放ってください（痛みがある部分を特定したい場合は、たとえば「第二腰椎」など特定の部位の痛みが解消されるよう頼みましょう）。脊椎骨の各部位が正しく配列されますように」。何か変化が感じられるまで、「クリア」という言葉を繰り返してください。

▼▽▼▽▼「背中」の項も参照のこと。

☞不健全な感情への取り組みについては313頁からを参照のこと。対象となる脊椎骨に関連する感情に取り組みましょう。健全な感情については351頁からを参照のこと。「自信」は356頁、「リラックス」は367頁、「受容」は358頁、「サポート」は355頁、「満足感」は363頁です。癒しを早めるのに役立つお勧めの色は、「緑」386頁、「黄色」378頁、「青」373頁です。

【背中】

❖考えられる要因❖

拠りどころのない感覚。圧倒される思い。耐えきれないほどのプレッシャー。過去の抑圧された感情や未解決の感情を抱え続けること。

上背部▼大きな心労を背負い込むこと。やるべきことが多すぎてストレスを感じ、押しつぶされそうな感覚。信頼の欠如。延々と続く心配事。恐れ。マイナス思考。完璧主義。制約。世間や周囲の人から支持されていないという思い。考えすぎ。

中背部▼過去にとらわれること。罪悪感や憤りを手放そうとしないこと。息苦しさ、人生を受け入れられないという思い。情緒不安定。他人の信念や思考、判断、批判を気にしすぎる性質。自分または人が過去に犯した失敗を許せないという思い。善悪の「悪」のほうに気をとられすぎること。

腰背部▼経済的な自立に対する不安。いつも今後の暮らしを心配し、生活費の支払いに頭を悩ませること。幼少期の未解決の怒りを手放そうとしないこと。被害者意識。苦労。悩み。コントロール。限界や後ろ向きな考えにばかり意識を向け、解決法ではなく解決できない理由に気をとられること。

❖ヒーリング・プロセス❖

背中に集中してください。ゆっくりと大きく息を吸いながら、頭を少し後ろへ反らして背骨の下部を曲げます。息を吐きながら、頭を前に戻して背筋をまっすぐ伸ばしましょう。呼吸が安定して楽になるまで、このプロセスを数回繰り返します。

背中のどの部分がよどんだエネルギーやネガティブな考えにしがみついているのか気づいてください。その部分に手を置いて、そこに三回息を吸い込みます。あなたにメッセージはないか、背中に聞いてみましょう。メッセージは思考、感情、感覚、視覚イメージ、記憶などの形で現れることがあります。落ち着いてメッセージを認識し、受けとりましょう。受けとったメッセージを書き留めることで、これらのエネルギー、主張、感情がどのように痛みを起こしているのか、自覚できるかもしれません。

背中に力を入れてから、楽にします。これを五回から八回繰り返してください。そして、すべてのストレスや緊張を解き放つために、ゆっくりと深呼吸することに集中します。背中に抱えている重荷に気づいてください。この重荷は、日常生活で負っている責任、蓄積した心配事やストレス、または怒りや恐れかもしれません。誰か、たとえば家族、昔の恋人、同僚、友人などに裏切られたという思いに気づくこともあるでしょう。

背中に意識を集中させて、精神的な重荷をどれだけ抱えているのか自覚してください。そうした重荷、ストレス、あなたに突き刺さっているものは、思いきって紫色の光の炎の中に解き放ちましょう。よどんだエネルギーが背中から解き放たれて、炎の中へ消えていくところを視覚化してください。あなたに突き刺さっているもの、行き詰まり感、恐れ、痛みを実際に両手で体からつかみ出し、炎の中に投げ入れてもかまいません。

次のように唱えましょう。「神聖なる癒しの叡智よ、私が抱えているあらゆる心配事、怒り、苦労、悩み、衝突、被害者意識、感情的・精神的な重荷から背中を自由にしてください。この状態を招くあらゆる考え方やパターン、ポジティブな思い入れ、ネガティブな思い入れも手放せますように」。何か変化が感じられるまで、「クリア」という言葉を繰り返してください。

想像してみましょう。まばゆい金色の光が背中を駆け巡り、そこから緊張や滞りをすべて解き放ってくれます。緊張が解けたら、緑色の光に包まれている自分を思い描いてください。その光はあなたの背中と神経系をサポートするよう働いてくれます。

次のように唱えましょう。「神聖なる癒しの叡智よ、サポートされている感覚、自信、信頼、自由、豊かさ、達成感を実感し、体験できるよう導いてください。ありがとうございます」

「神聖なる癒しの叡智よ、背中とその関連器官すべてを癒し、そこに最大限の強さ、バイタリティ、柔軟性を取り戻してください。ありがとうございます」

☞不健全な感情への取り組みについては313頁からを参照のこと。「心配」は「恐れ」323頁参照、「怒り」は318頁、「ストレス」は337頁、「欲求不満」は350頁、「圧倒される思い」は317頁です。健全な感情については351頁からを参照のこと。「平穏」は362頁、「サポート」は355頁、「成功（達成感）」は360頁です。癒しを早めるのに役立つお勧めの色は、「金色」379頁、「緑」386頁です。

【前立腺】

❖考えられる要因❖

劣等感。行き詰まり感。羞恥心。抑圧感。無力感。警戒心。自信、信頼、安心感の欠如。自分の男性性や男らしさを否定すること。自分の感情をうまく表現できないという思い。根深い失望や憤り、罪悪感を抱えること。

❖ヒーリング・プロセス❖

自分のことをどう思っていますか？　ちゃんと思いを伝えようとしていますか？　それとも気持ちを押し殺していますか？　自分の人生はうまくいっている、目的も達成できたと思っていますか？　それとも人生の落伍者だという思いを抱え込んでいますか？

目を閉じて、前立腺に意識を集中させましょう。緑色の光で前立腺を包み込んでください。どのような感情、気持ち、体験が前立腺で行き詰まっているのでしょう？　雑草を引き抜くように、その行き詰まった感情や体験を前立腺から抜きとるところを想像します。抜きとったものは炎の中に投げ入れ、すべてが燃えていくのを見守りましょう。

次のように唱えてください。「神聖なる癒しの叡智よ、行き詰まり、抑圧、無力感、劣等感、憤り、羞恥心をすべて解き放ってください。この状態を招くあらゆる考え方やパターン、ポジティブな思い入れ、ネガティブな思い入れも手放せますように」。何か変化が感じられるまで、「クリア」という言葉を繰り返してください。

さあ、信頼の気持ちに集中してください。あなたに自信を与えてくれるような色があるとすれば、それは何色ですか？　その色を前立腺に注ぎ込みます。どのような考え方や言葉があなたに自信を与えてくれますか？　声に出して言ってみてください。自分の力を確信し、自信を感じることができた出来事や体験に意識を向けましょう。その時の気持ちを強くして、液体のようにイメージし、前立腺に注ぎ込んでください。

次のように唱えましょう。「神聖なる癒しの叡智よ、自信を高め、自分への信頼を増すことができるよう導いてください。幸せな人生、達成感のある生活、力に満ちた生き方を実現できるよう、ポジティブな行動をとる勇気を与えてください。ありがとうございます」

「神聖なる癒しの叡智よ、前立腺と前立腺に関連する分泌腺を癒し、最高の健康、バイタリティ、幸福感を取り戻してください」

☞不健全な感情への取り組みについては313頁からを参照のこと。「行き詰まり感（停滞感）」は320頁、「恥」は343頁、「絶望感」は339頁、「低い自尊心」は347頁です。健全な感情については351頁からを参照のこと。「許し」は364頁、「尊重」は361頁、「敬意」は353頁、「自信」は356頁です。癒しを早めるのに役立つお勧めの色は、「緑」386頁、「黄色」378頁、「オレンジ」376頁です。

【大腿部】

❖考えられる要因❖

新しいアイデアが出てこないこと。過度に批判的でネガティブな性格。手厳しく、了見が狭いこと。抑圧されている感覚。拒否された気分。行き詰まり感。恐怖心。なげやりな思い。自分を育み、慈しむのを苦手とすること。

❖ヒーリング・プロセス❖

大腿部を意識し、やさしくマッサージしましょう。マッサージしながら、大腿部に抱え込んでいる手厳しい批判や判断に気づいてください。否定的な思いが浮かぶたびに、その思いは取り払うべき雑草だと考えましょう。雑草を一本ずつ抜いていく自分の姿を思い浮かべてください。

次のように唱えましょう。「神聖なる癒しの叡智よ、批判、否定的な考え、判断、欠乏感、行き詰まり、恐れをすべて大腿部から解き放ってください。この状態を招くあらゆる考え方やパターン、ポジティブな思い入れ、ネガティブな思い入れも手放せますように」。何か変化が感じられるまで、「クリア」という言葉を繰り返してください。

では、自分の体を受け入れて味わい楽しむことに意識を向けましょう。大腿部に感謝の思いを伝えてください。あなたを支えて運んでくれる見事な仕事ぶりに感謝してください。

次のように唱えましょう。「神聖なる癒しの叡智よ、新しい創造的なアイデアが浮かぶよう力を貸してください。人生という冒険に、朗らかな気持ちで、ポジティブに楽しみながら参加できますように。ありがとうございます」

大腿部をマッサージします。力強い銀色の光が、大腿部を駆け巡りながら、活動力と再生力を与えてくれるところを視覚化します。

次のように唱えましょう。「神聖なる癒しの叡智よ、大腿部を癒し、そこに最高の健康、バイタリティ、幸福感を取り戻してください」

☞不健全な感情への取り組みについては313頁からを参照のこと。「拒否」は328頁、「行き詰まり感(停滞感)」は320頁、「恐れ」は323頁、「判断」は345頁です。健全な感情については351頁からを参照のこと。「信頼」は359頁、「自由」は356頁、「サポート」は355頁、「幸福感」は354頁です。癒しを早めるのに役立つお勧めの色は、「オレンジ」376頁、「緑」386頁、「銀色」380頁です。

【大腸】

❖考えられる要因❖

涙が止まらないような状態。混乱。苛立ち。欲求不満。停滞。怒り。何をやってもうまくいかないという思い。現実から逃げ出して隠れてしまいたいという思い。自分は人と違う、誰にも分かってもらえないという感覚。人の考え方が理解できないという思い。議論において、自分の立場を突き通そうとする独善的な態度。神経質すぎる性格、敏感すぎる性格。

❖ヒーリング・プロセス❖

次のように唱えましょう。「神聖なる癒しの叡智よ、苦痛、苛立ち、欲求不満、混乱、停滞をすべて大腸から解き放ってください。この状態を招くあらゆる考え方やパターン、ポジティブな思い入れ、ネガティブな思い入れも手放せますように」。何か変化が感じられるまで、「クリア」という言葉を繰り返してください。

次のように唱えましょう。「神聖なる癒しの叡智よ、思いついたことを最後までやり通せるよう力を貸してください。心を開き、柔軟な考え方ができる人になれますように。そして、人の個性と創造性を受け入れられますように。ありがとうございます」

「神聖なる癒しの叡智よ、大腸とその関連器官を癒して再生し、活性化してください。そこに最高の健康、バイタリティ、満たされた状態を取り戻してください」

▼▽▼▽▼「腸」の項も参照のこと。

☞不健全な感情への取り組みについては313頁からを参照のこと。「ストレス」は337頁、「欲求不満」は350頁、「怒り」は318頁、「判断」は345頁です。健全な感情については351頁からを参照のこと。「自由」は356頁、「励まし」は361頁、「幸福感」は354頁です。癒しを早めるのに役立つお勧めの色は、「オレンジ」376頁、「黄色」378頁、「茶色」382頁、「青」373頁です。

【胆嚢】

❖ 考えられる要因 ❖

憤り。男性、あるいは自分の男性性、社会的な業績などに関する悩みや悲嘆。焦燥感。落ち込み。優柔不断。混乱。怒り。心の傷。自分を落伍者だとみなし、成功のチャンスを駄目にすること。自分は二番手だという思い。無視されたような感覚。自分は取るに足りない存在だという思い。被害者意識。苦悩や苦難、欠乏感を生み出すような、過去のトラウマや苦痛を手放そうとしないこと。

❖ ヒーリング・プロセス ❖

胆嚢に意識を集中させましょう。胆嚢はどのような色だと思いますか？　健康的な色でしょうか？　不健康な色でしょうか？

胆嚢は、体の毒素や滞りを処理する袋のようなものです。心の目に浮かぶ胆嚢の中身が詰まっているか空になっているかチェックしましょう。

詰まっているのなら、袋を空にすることに集中してください。毒素や結石をすべて紫色の炎に投げ入れるところを想像します。胆石がある方は、赤とオレンジ色の光線で消していきましょう。赤い光線が胆石を溶かし、オレンジ色の光線が残留物を一掃する様子を視覚化してください。

次のように唱えましょう。「神聖なる癒しの叡智よ、憤り、悲しみ、自分を傷つけるような言動、混乱、無視されたような感覚、怒り、苦痛をすべて胆嚢から解き放ってください。この状態を招くあらゆる考え方やパターン、ポジティブな思い入れ、ネガティブな思い入れも手放せますように」。何か変化が感じられるまで、「クリア」という言葉を繰り返してください。

緑色の光に包まれた胆嚢を心の目に浮かべてください。緑の光が胆嚢を伝わりながら再生していきます。胆嚢のあるあたりに手を置いて、集中しながらゆっくりと深呼吸します。できるだけ胆嚢をリラックスさせましょう。手を置いたまま、円を描くように周囲をやさしく撫でます。「癒し、浄化し、再生してください」と三分間ほど繰り返します。

次のように唱えましょう。「神聖なる癒しの叡智よ、明確で強力な決断、成功につながる決断をくだす能力を高めてください。心を開いて、豊かさ、安心、流れ、自分への愛情を味わうことができますように。ありがとうございます」

「神聖なる癒しの叡智よ、胆嚢とその関連器官すべてを癒し、そこに最高の健康、バイタリティ、満たされた状態を取り戻してください」

数日間、純粋な水と栄養のあるものを摂取し、胆嚢を解毒・再生しましょう。

☞ 不健全な感情への取り組みについては313頁からを参照のこと。「悲しみ」は327頁、「行き詰まり感（停滞感）」は320頁、「憤り」は321頁、「落ち込み（憂鬱）」は325頁です。健全な感情については351頁からを参照のこと。「思いやり」は353頁、「許し」は364頁、「尊重」は361頁、「信頼」は359頁、「成功（達成感）」は360頁です。癒しを早めるのに役立つお勧めの色は、「オレンジ」376頁、「赤」374頁、「緑」386頁です。

【膣】

❖ 考えられる要因

女性的なエネルギーから切り離された状態。男性、特にパートナーに対する怒り。過去に感じた羞恥心や屈辱を手放せないこと。自分は魅力がない、愛されない、何かが足りないという思い。パートナーに拒絶された、または傷つけられたという思い。過労。自分の時間をそっちのけにして過剰に人の世話を焼き、疲れ果ててしまうこと。自分に楽しみを与えないこと。親密な関係や傷つけられることへの恐れ。自己否定、欲求不満、今あるものを変えたいという思い。金銭面での損得だけを考えて行動し、好ましくない結果になること。「可哀想な私。あの人たちは嫌がらせをしてくる。私は悪くないのに」といった被害者意識。

❖ ヒーリング・プロセス ❖

自分の性を楽しんでいますか？　女性的なエネルギーとつながっているでしょうか？　趣味の時間を持つこと、たとえば読書、友人との外出、美容室へ行ったり、マッサージを受けたりする余裕がありますか？　セックスを楽しんでいますか？　性に対して恥ずかしさや罪悪感を抱いたり、膣は汚れているという思い込みを持ったりしていませんか？

膣と生殖器の驚くべき役割に気づいてください。生殖器に感謝し、自分を正しく評価すれば、膣も生殖器も癒されます。女性であることについて、感謝できることをリストアップしてください。今以上に女性らしさを感じられる方法、自分の性を楽しめる方法があれば、それも書き留めていきましょう。

想像してください。恥ずかしさ、罪悪感、怒り、「汚らわしい」という感情がすべて、膣と生殖器から解き放たれていきます。まるで黒い煙の輪のように消えていきます。

次のように唱えましょう。「神聖なる癒しの叡智よ、男性に対する怒りの感情、羞恥心、罪悪感、拒絶反応、喜びや楽しみの否定、欲求不満、傷ついた気持ち、屈辱感をすべて膣から解き放ってください。この状態を招くあらゆる考え方やパターン、ポジティブな思い入れ、ネガティブな思い入れも手放せますように」。何か変化が感じられるまで、「クリア」という言葉を繰り返してください。

視覚化してみましょう。生殖器が美しいピンクと赤紫色（マゼンタ）に満たされます。この美しい色彩が、膣と生殖器を再生しながら、あなたの内側をマッサージして浄化しているところを観察しましょう。ピンクや赤紫色（マゼンタ）の下着を身につけるのも良いでしょう。

次のように唱えてください。「神聖なる癒しの叡智よ、自分の女らしい一面とさらに結びつくことができるよう力を貸してください。自分のための時間をつくって、自分に感謝し休息できますように。私を傷つけた人を許し、胸が躍るようなエネルギー、喜びのエネルギー、性的エネルギーを取り戻せますように。ありがとうございます」

抵抗がなければ、下着を脱いで、鏡で膣を観察しましょう。膣への感謝を伝え、微笑みかけてください。意識して膣をリラックスさせ、空気を送り込むような気持ちで呼吸します。周辺に触れて、どのような感覚がするか確かめてみてもかまいません。自分に親密感を抱くよう心がけ、性への抵抗をなくしましょう。

次のように唱えてください。「神聖なる癒しの叡智よ、膣と生殖器系を癒し、そこに最高の健康、バイタリティ、幸福感を取り戻してください」

☟不健全な感情への取り組みについては313頁からを参照のこと。「怒り」は318頁、「批判」は348頁、「判断」は345頁、「恥」は343頁、「拒否」は328頁、「圧倒される思い」は317頁です。健全な感情については351頁からを参照のこと。「思いやり」は353頁、「受容」は358頁、「サポート」は355頁、「愛」は352頁です。癒しを早めるのに役立つお勧めの色は、「オレンジ」376頁、「緑」386頁、「マゼンタ（赤紫色）」386頁、「ピンク」384頁です。

【乳房】

❖考えられる要因（両胸共通）❖

人に目一杯の愛情を注ぐ一方で、自分を慈しむ穏やかな愛情が不足していること。自分は人から与えられるに値しない、支えてもらうに値しないという思い込み。

右胸▼いつも忙しなく、じっとしていられない性格。仕事中毒の傾向。断ることへの苦手意識。自分が何とかしなければ世界が終わってしまうかもしれないという考え。誰からも気に入られようとして、身を引き裂かれるような思いに陥ること。時折、奴隷の典型のような役割を演じてしまうこと。常に被害者意識を感じていること。「なぜ私がこんな目に？」という自問。幼少期に家族から受けた苦痛にこだわり続けること。人に圧倒され、押し切られる感覚。動揺しないために、必要以上にコントロールしようとすること。すぐに虐待関係に陥ってしまうこと。男性に対する怒り、男性から受けた苦痛を常に抱えている状態。破綻した人間関係に対する悲しみ。親である場合、子どもと理想の関係を築けないことへの失望、心の痛みなども要因として考えられます。

左胸▼自分の女性性とつながることができない状態。愛情、好意、親切を受け入れることへの苦手意識。何でも自分でやれるから人からの援助は不要だという思い。責任を抱えすぎて自分を限界まで追いやった結果、不安や疲労を感じること。人との境界線をうやむやにしてしまうこと。拒否された感覚、恥、失望、不安、恐れを手放そうとしないこと。あらゆる人や物事を常に心配すること。人に好かれたい、気に入られたいという強い願望。失うことへの深刻な恐れ。過去の選択に関する後悔。過去に生き、現状を否定したい気持ち。

❖ヒーリング・プロセス❖

乳房に集中してください。乳房を慈しみ、大切に思っていますか？　それとも、あらを探して否定していますか？　自分の乳房や胸に対して不満、苦痛、恥ずかしさがありますか？　鏡の前で服を脱ぎ、乳房を観察してください。批判的な思いをすべて手放すことに集中し、新たに愛と感謝を持って乳房を見つめてみましょう。

すべての滞り、エネルギーのナイフ、ロープ、攻撃的な思いを両手で乳房から取り出し、炎を想像してそこに投げ込みます。乳房が心地良く軽やかに感じられるまで、あらゆるレベルで不要なものを解き放ってください。

次のように唱えましょう。「神聖なる癒しの叡智よ、困難、失望、自分の願望との隔たり、拒否された感覚、疲れ、喪失感、被害者意識をすべて乳房から解き放ってください。この状態を招くあらゆる考え方やパターン、ポジティブな思い入れ、ネガティブな思い入れも手放せますように」。何か変化が感じられるまで、「クリア」という言葉を繰り返してください。

乳房を手のひらで包み込み、緑色の癒しの光を送ることに集中してください。この光は乳房に活力を呼び戻してくれます。光を送ったら、自分を抱きしめて、乳房を慈しみ育くむことに集中しましょう。

次の文章に言葉を補ってください。「私は自分の乳房を愛しています。なぜなら――だからです」。完成させた文章を五回唱えます。あなたが自分の乳房を愛おしいと思う理由をすべて伝えてください。たとえば、こんな風に。

乳房は喜びをもたらしてくれます。
乳房のおかげで、女性らしい気分になれます。
乳房のおかげで、子どもを育てることができます（できました）。

次のように唱えましょう。「神聖なる癒しの叡智よ、自分を愛し、育くみ、自分の思いに耳を傾けることができるよう助けてください。偏りのない人生観を持てますように。内なる力を高めて、自分を解放できるよう導いてください。ありがとうございます」

毎日、愛情や慈しみの気持ちを示してください。ほんの一瞬でもかまいません、自分に微笑みや褒め言葉をかけたり、休息、読書、ダンスなどのほか、何か気分が良くなることをしてみるのもいいでしょう。

次のように唱えてください。「神聖なる癒しの叡智よ、乳房とその関連器官すべてを癒し、そこに最高の健康、バイタリティ、満たされた状態を取り戻してください。ありがとうございます」

☞不健全な感情への取り組みについては313頁からを参照のこと。「行き詰まり感（停滞感）」は320頁、「恐れ」は323頁、「批判」は348頁（「攻撃」も「批判」を参照）、「拒否」は328頁、「コントロール」は330頁、「判断」は345頁、「罪悪感」は332頁、「低い自尊心」は347頁です。健全な感情については351頁からを参照のこと。「許し」は364頁、「サポート」は355頁、「純真」は358頁、「自信」は356頁、「愛」は352頁です。癒しを早めるのに役立つお勧めの色は、「緑」386頁、「ピンク」384頁、「金色」379頁、「オレンジ」376頁です。

【腸】

❖考えられる要因❖

古くて時代遅れの信念を捨てられないという思い。自分は正しく人が間違っているという批判的な考え。「私のやり方が気に入らないなら出て行って」という態度。人を自分の思い通りにしたいという願望。「あの人たちが変わってくれれば私の人生もうまくいくのに」という思い。いつも人にあれこれ指図して、生き方を指南しようとすること。完璧主義。人の忠告に耳を貸さない態度。行き詰まり感。欲求不満。変化に対する恐怖心、未知への恐れ。

❖ヒーリング・プロセス❖

便秘または下痢の症状があれば、両手の人さし指をゆっくりとマッサージしましょう。指の付け根から先に向かって、反対の手の人さし指と親指でほぐします。それぞれ数分間ずつ行ってください。ゆっくりと深呼吸しながらマッサージしましょう。

目を閉じて、黄色い光線が腸内を伝わりながら、老廃物や毒素を洗浄していくところを思い描きます。次の質問をして、自分が何にしがみついているのか明らかにしていきましょう。

私は終わった関係にこだわっている？
私は辞めるべき仕事にしがみついている？
私は過去に受けた痛みを引きずっている？
私は過去の怒りをまだ気にしている？

同様の質問を続けてください。破滅的なパターン、習慣、人、状況に自分がしがみついていることに気づいたら、手を握りしめて、こだわりの感覚がどのようなものか全身で感じてみましょう。自分に聞いてみてください。「ネガティブなものにしがみつきながら、ほかのものを人生に引き寄せられるだろうか？」

次のように唱えましょう。「神聖なる癒しの叡智よ、判断や批判、独善的な態度、完璧主義、変化に対する恐れ、行き詰まり感をすべて腸から解き放ってください。この状態を招くあらゆる考え方やパターン、ポジティブな思い入れ、ネガティブな思い入れも手放せますように」。何か変化が感じられるまで、「クリア」という言葉を繰り返してください。

手をほどいて、手のひらをリラックスさせます。手放す気になったと感じたら、よどみと緊張を手から吹き飛ばしましょう。人生から行き詰まり感や停滞感を解放するのは、どんな気分ですか？　自分に聞いてみてください。「さあ、どんなすばらしいチャンスが今から巡ってくるだろう？」

次のように唱えましょう。「神聖なる癒しの叡智よ、人生を好転させる力を高めてください。癒しと励みをもたらす神聖な体験を人生に迎え入れられますように。ありがとうございます」

まだ便秘が治らないようなら、次のプロセスを試してください。指先で、顎先の真ん中あたりにあるくぼみを探しましょう（手のひらは顔側に向いている状態です）。くぼみに中指を当て、ほかの四本の指はまっすぐに伸ばし、手のひらを曲げないように保ちます。四十五秒間、小さな円を描くように顎先をしっかりマッサージします。少し休んでから、同じプロセスを二回から三回繰り返しましょう。活力に溢れた緑色の光が腸を包み込んでいる様子を視覚化してください。

次のように唱えましょう。「神聖なる癒しの叡智よ、腸とその関連器官すべてを癒し、そこに最大限の強さ、バイタリティ、健康を取り戻してください。ありがとうございます」

☞不健全な感情への取り組みについては313頁からを参照のこと。「行き詰まり感（停滞感）」は320頁、「判断」は345頁、「コントロール」は330頁、「恐れ」は323頁です。健全な感情については351頁からを参照のこと。「柔軟性と動き」は357頁、「自由」は356頁、「リラックス」は367頁です。癒しを早めるのに役立つお勧めの色は、「茶色」382頁、「黄色」378頁、「緑」386頁です。

【爪】

❖考えられる要因❖

ありふれた日常の課題を億劫がること。厄介でいらいらさせるような信念や思考、経験が自分の中にとどまって離れようとしない状態。停滞感。張り合いのない感覚。ストレスや心配事が浮上して、無駄に時間をとられること。親しい友人、家族、パートナーに対する憤慨や苛立ち。誰かが自分の安全圏を侵そうとしているようなストレスや圧迫感を感じること。

❖ヒーリング・プロセス❖

腹が立つ相手や対象に気づきましょう。誰を避けていますか？　あなたを苛立たせるものは何ですか？　感情を押し殺すのではなく、嫌な相手や対象と向き合うことを学ばなければいけません。まずは、自分の気持ちを認めましょう。

何か変化が生じている爪があれば、その爪に注目します。そこに蓄積されている感情に気づいたら、反対の手でその感情を抜き出すところを想像しましょう。爪から感情を一つひとつ取り出しながら、「恐れ」「怒り」「非難」など、その感情を声に出して言います。そしてこのネガティブな感情を赤い炎の中に入れて、炎の色が白または緑に変化するまで、感情が炎の中で消えていくのを見守ります。明るい癒しの色をした再生力のある液体で爪を塗るところを想像しましょう。

次のように唱えてください。「神聖なる癒しの叡智よ、守られていない感覚、圧迫感、行き詰まり感をすべて解き放ち、思考や感情をうまく処理できない焦りも一掃してください。この状態を招くあらゆる考え方やパターン、ポジティブな思い入れ、ネガティブな思い入れも手放せますように」。何か変化が感じられるまで、「クリア」という言葉を繰り返してください。

次のように唱えましょう。「神聖なる癒しの叡智よ、人生の舵を取り、どのような困難にも力強く前向きに向き合い、健全な方法で対処できるよう導いてください。自分の思いをはっきりと穏やかに上手に伝える言葉を与えてください。人にちゃんと話を聞いてもらい、理解してもらえますように。ありがとうございます」

「神聖なる癒しの叡智よ、爪を癒し、そこに完全な健康、力、満たされた状態を取り戻してください」

☞不健全な感情への取り組みについては313頁からを参照のこと。「欲求不満」は350頁(「苛立ち」も「欲求不満」を参照)、「心配」は「恐れ」323頁参照、「ストレス」は337頁です。健全な感情については351頁からを参照のこと。「平穏」は362頁、「サポート」は355頁、「明晰性」は364頁です。癒しを早めるのに役立つお勧めの色は、「赤」374頁、「白」381頁、「緑」386頁です。

【手】

❖考えられる要因（両手共通）❖

人生に対処する能力の欠如。「物事に対処できない」という口癖。自分のことは放っておいて、困っている人にばかり救いの手を差し伸べること。体が硬直し、拳を握りしめるような体験。激しい批判や大きな心配事（手の関節炎の要因となります）。将来に対する不安（人は先行きに不安を感じていると、手を握りしめたり、創造力に対する信頼を失います）。場合によっては、人を救えないことへの落胆（癒しの手を持つ人は他者を癒そうとするものですが、世界、そしてあらゆる人を救えるわけではありません。相手が心を開いてはじめて、癒しの手は他者の力になることができるのです。こうした「救えない」という思いや経験も、手に保存されて影響を及ぼすことがあります）。

右手▼多くの人は右手が利き手で、ものを作るのにも右手を使います。

右手に保存されると考えられる要因――喪失感。創造性を失った感覚。将来への不安。苦悩、失望の体験。仕事の能力、お金を稼ぐ才覚、家族を養う力などに対する疑問。頼れる存在だと思っていた人に失望させられること、もしくは裏切られたという思いを味わうこと。人を信じて助けたのに、拒絶されてしまうこと。

左手▼左手はより女性的なエネルギーを握っています。

左手に保存されると考えられる要因――家族、母親、姉妹、妻、娘などから受けた心の傷への執着から生じる複雑な状況。孤立感、孤独感。自分を労る方法が分からないこと。明るい道、方向を見つけられないこと。人生に抵抗するような行為。責任を持って状況に対処し、そこから学んで能力を高めるという選択をせずに、ただ与えられることを当てにすること。

❖ヒーリング・プロセス❖

手のひらには、神聖なる癒しのエネルギー、そして体から放たれる癒しのエネルギーにアクセスする力があります。両手をこすり合わせて、体が本来備えている癒しのエネルギーを活性化しましょう。それから、両手を少しだけ離して、ピリピリする感覚を確かめてください。

次のように唱えましょう。「これから神聖なる癒しのエネルギーを呼び起こします」

金色の癒しの光が手のひらで活性化されるところを想像してください。この輝かしい光が広がって、手全体に伝わり、血液中の障害物や毒素をすべて浄化し、手を再生してくれます。

次のように唱えましょう。「神聖なる癒しの叡智よ、私の手の中にある不安、頑固さ、抑制、抵抗、孤独、孤立感、緊張をすべて解き放ってください。この状態を招くあらゆる考え方やパターン、ポジティブな思い入れ、ネガティブな思い入れも手放せますように」。何か変化が感じられるまで、「クリア」という言葉を繰り返してください。

一分から二分間、手を振ったりマッサージをして、滞りを解き放ちます。そして、手のひら同士が合わさるようにして指を組みます。しばらく両手を合わせたまま癒しのエネルギーを高め、手を再生します。

次のように唱えましょう。「神聖なる癒しの叡智よ、自分の行動に責任を持って、あらゆる状況に難なく優雅に対処できるよう力を貸してください。人生経験から学び、能力を高められるよう助けてください。ありがとうございます」

両手の柔軟性が増して、リラックスすればするほど、体も健康になります。手には多くの経路（ツボ）があり、それぞれが体の各器官と関係しています。

次のように唱えましょう。「神聖なる癒しの叡智よ、手、指、手首を癒し、そこに最大限の健康状態、強さ、柔軟性を取り戻してください」

👇不健全な感情への取り組みについては313頁からを参照のこと。「コントロール」は330頁、「行き詰まり感（停滞感）」は320頁、「恐れ」は323頁、「欲求不満」は350頁です。健全な感情については351頁からを参照のこと。「柔軟性と動き」は357頁、「自由」は356頁、「自信」は356頁、「満足感」は363頁です。癒しを早めるのに役立つお勧めの色は、「ピンク」384頁、「金色」379頁、「緑」386頁です。

【手首】

❖考えられる要因❖

拘束されている感覚。行き詰まり感。過労。考えを変えられないこと。人の考えを理解できないこと。苦痛やストレス、自分を縛りつけている恐れを手放そうとしないこと。間違いたくない、自制心を失いたくないという思い。

❖ヒーリング・プロセス❖

時計やブレスレットをしている方は、数日間はずして手首をリラックスさせましょう。

手首に意識を向けてください。自由を感じますか、それとも違和感や行き詰まり感がありますか？

三十秒間、手を振ってすべての滞りを払い落としましょう。そして三十秒間休みます。これを五回繰り返してください。

目を閉じて、手首に意識を合わせます。鎖や手かせが手首に巻きついていますか？　その鎖はどこにつながっているのでしょう？　仕事？　家族？　友人？　それとも何かの約束事？

次のように唱えましょう。「神聖なる癒しの叡智よ、すべての鎖、滞り、ストレス、恐れ、正義感、コントロールを手首から解き放ってください。この状態を招くあらゆる考え方やパターン、ポジティブな思い入れ、ネガティブな思い入れも手放せますように」。何か変化が感じられるまで、「クリア」という言葉を繰り返してください。

鎖や手かせから手首を自由にするところを視覚化しましょう。想像してください。自由になった手首を完全にリラックスさせて、温かく美しい黄色の液体の中に浸します。手首に力が増してきました。

次のように唱えましょう。「神聖なる癒しの叡智よ、私を拘束しているエネルギーから自由になれるよう助けてください。リラックスして、落ち着いた人になれますように。柔軟で寛大な人になれますように。ありがとうございます」

「神聖なる癒しの叡智よ、手首を癒し、そこに最高の力、柔軟性、健康を取り戻してください」

☞不健全な感情への取り組みについては313頁からを参照のこと。「ストレス」は337頁、「恐れ」は323頁、「コントロール」は330頁です。健全な感情については351頁からを参照のこと。「柔軟性と動き」は357頁、「リラックス」は367頁、「自由」は356頁です。癒しを早めるのに役立つお勧めの色は、「黄色」378頁、「ピンク」384頁、「緑」

386頁です。

【臀部（でん）】

❖ 考えられる要因 ❖

不信感。失望。自尊心の欠如。将来性の欠如。恐れ。無知。パワーの喪失。安定性や安心感の欠如。ストレスや過去の根深い怒り、罪悪感を手放そうとしないこと。性的エネルギーの低下、自分には魅力がないという思い。行き詰まり感。新しい経験、内なる知恵、生来の創造力に対する恐怖心。

❖ ヒーリング・プロセス ❖

多くの人が、ストレスや恐れ、緊張を抱え込んだ状態で、常に臀部に力を入れて歩いています。意識して、臀部をリラックスさせてください。まずはゆっくりと息を吸いながら臀部に力を入れ、五秒間息を止めます。そしてゆっくりと息を吐きながら、臀部の力を緩めます。このプロセスを八回から十回繰り返しましょう。さらに、臀部をやさしくマッサージするか、揺すってリラックスさせます。臀部が緊張しているかリラックスしているか、いつも気にかけてください。力が入っている時は、このエクササイズを行います。

次のように唱えましょう。「神聖なる癒しの叡智よ、憤り、異性に対する緊張、不信感、失望、欠乏感、恐れ、無知、怒り、罪悪感、パワーのない状態をすべて臀部から消し去ってください。この状態を招くあらゆる考え方やパターン、ポジティブな思い入れ、ネガティブな思い入れも手放せますように」。何か変化が感じられるまで、「クリア」という言葉を繰り返してください。

自分の後ろ姿を鏡で見て褒めることを、毎日一週間続けてみましょう。自分の臀部の好きなところをすべてチェックしてください。そして、「自分のお尻が大好き」と自分に言い聞かせます。この言葉を口にすると、腰から臀部にかけての緊張がほぐれ、リラックスして、痛みや歩きづらさも和らぐはずです。

次のように唱えましょう。「神聖なる癒しの叡智よ、安定感、純真な気持ち、性の喜びをもたらしてください。楽しさ、遊び心、歓びを体験できますように。ありがとうございます」

「神聖なる癒しの叡智よ、臀部とその関連器官すべてを癒し、そこに最高の健康、バイタリティ、満たされた状態を取り戻してください。ありがとうございます」

☞不健全な感情への取り組みについては313頁からを参照のこと。「恐れ」は323頁、「ストレス」は337頁、「怒り」は318頁、「罪悪感」は332頁です。健全な感情については351頁からを参照のこと。「許し」は364頁、「純真」は358頁、「リラックス」は367頁、「喜び」は366頁です。癒しを早めるのに役立つお勧めの色は、「オレンジ」376頁、「緑」386頁、「青」373頁、「赤」374頁です。

【動脈】

❖ 考えられる要因 ❖

自分の心とつながっていない感覚。人のネガティブな考え方や制約を受け入れてしまうこと。過去に傷ついた経験から、人を愛することを恐れる気持ち。人生から閉め出されたような退屈感。無理をしすぎること。家庭もしくは職場での衝突。自己表現や創造性を制限すること。滋養が足りていない感覚。コミュニケーションの拒否。人とのつながりを断つこと。喪失感。無力感。倦怠感。自分の直観や欲望を無視すること。場合によっては、自己嫌悪、恐れ、非難なども要因として考えられます。

❖ヒーリング・プロセス❖

次のように唱えましょう。「神聖なる癒しの叡智よ、愛を与えることを妨げているものがあれば、すべて取り去ってください。あらゆる負の感情、衝突、制約、自己嫌悪、恐れ、非難を動脈から一掃できるよう助けてください。この状態を招くあらゆる考え方やパターン、ポジティブな思い入れ、ネガティブな思い入れも手放せますように」。何か変化が感じられるまで、「クリア」という言葉を繰り返してください。

両手をこすり合わせましょう。手を少し離して、その間にピンクの光を視覚化してください。胸に両手を置いて、このピンクの光を吸い込みます。光が動脈を包み込み、穏やかに癒してくれます。

次のように唱えましょう。「神聖なる癒しの叡智よ、愛を実感し、内なる知恵との深い結びつきを体験できるよう導いてください。自分を愛し、人を愛することを学ぶ心の準備ができました。愛と喜びに満ち、互いを尊重して敬い合える関係を人生に引き寄せます。ありがとうございます」

「神聖なる癒しの叡智よ、動脈とその関連器官すべてを癒し、そこに完全な健康状態とバイタリティを取り戻してください。ありがとうございます」

▼▽▼▽▼「心臓」の項も参照のこと。

☞不健全な感情への取り組みについては313頁からを参照のこと。「恐れ」は323頁、「憎しみ」は341頁、「判断」は345頁です。健全な感情については351頁からを参照のこと。「自信」は356頁、「愛」は352頁、「許し」は364頁です。癒しを早めるのに役立つお勧めの色は、「ピンク」384頁、「緑」386頁、「モーブ（藤色）」388頁です。

【脳】

❖考えられる要因❖

マイナス思考、心配、ストレスといった精神的なウイルスをダウンロードして、体のコンピューターである脳をないがしろにすること。自制心を失ったような感覚。落ち込み。退屈。意気消沈。無関心。落胆。眠気、もうろうとした気分。注意散漫。葛藤。混乱。

❖ヒーリング・プロセス❖

目を閉じて、脳に集中します。意識して頭をリラックスさせましょう。一分から二分間、「イー」という音を発してください（meと発音する時の「イー」です）。この音は脳をリラックスさせ、雑念を払って理解力を高めてくれます。勉強を始める前、試験の前、新しいことを学ぶ前、重要な決断をくだす前などに、この効果的なエクササイズを行いましょう。

想像してみてください。脳は、様々なプログラムを同時に実行するコンピューターです。もう役に立たなくなった信念体系やプログラムに意識を集中させてください。脳内のコンピューター画面に、その不要となったプログラムもしくは信念が映し出されます。削除キーをイメージして押しましょう。ネガティブなプログラムを画面上からすっかり消し去ってください。

次のように唱えましょう。「神聖なる癒しの叡智よ、否定的な思考やプログラムをすべて脳から削除してください。あらゆる心配事、ストレス、落ち込み、退屈感、放心状態も消去してください。この状態を招くあらゆる考え方やパターン、ポジティブな思い入れ、ネガティブな思い入れも手放せますように」。何か変化が感じられるまで、「クリア」という言葉を繰り返してください。

削除したプログラムの代わりに何か新しいプログラムを作りたければ、新しいポジティブな信念をコンピューター画面に映し出し、保存するところを描いてください。

次のように唱えましょう。「神聖なる癒しの叡智よ、明晰性、信頼、平穏、創造性、自分を表現する力をもたらしてください。最も強力な決断を、迷わず迅速にくだすことができますように。ありがとうございます」

何度か深呼吸して、紫色で脳を包み込むところを想像しましょう。紫は、よどんだ残留物をすべて解放し、明晰性、勇気、成功を運んできてくれます。

集中力と記憶力を高めて頭を覚醒させるには、次のプロセスを試してみましょう。親指の先と人さし指の先を合わせて、残り三本の指はまっすぐに伸ばします。両手でこの形を作り、二分から五分間保ちます（手の位置は、やりやすい位置であればどこでもかまいません）。毎日何度か行ってください。

次のように唱えてみましょう。「神聖なる癒しの叡智よ、脳とその関連器官すべてを癒し、そこに最高の健康、バイタリティ、満たされた状態を取り戻してください。ありがとうございます」

☞不健全な感情への取り組みについては313頁からを参照のこと。「批判」は348頁、「判断」は345頁、「コントロール」は330頁、「行き詰まり感（停滞感）」は320頁です。健全な感情については351頁からを参照のこと。「明晰性」は364頁、「リラックス」は367頁、「自由」は356頁です。癒しを早めるのに役立つお勧めの色は、「紫」387頁、「バイオレット（すみれ色）」384頁、「黄色」378頁です。

【喉】

❖考えられる要因❖

コミュニケーションを苦手とすること。低い自尊心。自己不信。自分を傷つけるような言動。閉め出された感覚。誤解されたという思い。引き止められている感覚。恐怖心。もどかしさ。行き詰まり感。自分は恵みを受けるに値しないという思い。内面の葛藤から、頻繁に意見が変わること。人を信頼できないという思い。惨めな気分。悲しみ、絶望感。自分はありきたりで創造力がないという思い。退屈。

❖ヒーリング・プロセス❖

喉を意識しましょう。息を吸って、喉に空気を送り込みます。想像してみましょう。喉の奥を囲むように炎が燃えています。炎に集中して、あらゆる心の痛み、苦痛、恐れ、低い自尊心、疑い、判断、欠乏感をその赤い炎の中に入れてしまいましょう。全部、燃えてしまいます。

次のように唱えましょう。「神聖なる癒しの叡智よ、自分は平凡な人間だという思い、悲しみ、自己不信、選択肢のなさをすべて喉から解き放ってください。この状態を招くあらゆる考え方やパターン、ポジティブな思い入れ、ネガティブな思い入れも手放せますように」。何か変化が感じられるまで、「クリア」という言葉を繰り返してください。

では、想像してください。喉の前を大きな青い泡が取り囲んでいます。この泡に集中しましょう。泡が、柔らかくて青い雲のように、喉を包み込んでくれます。柔らかい感触が喉に漂ってきます。喉に自信と表現力がみなぎってきました。強く、正直に、やさしく、そしてはっきりと話せる能力です。

次のように唱えましょう。「神聖なる癒しの叡智よ、コミュニケーション能力を磨き、高められるよう力を貸してください。胸が躍るような新しいチャンス、すばらしい人間関係、自分に対するさらなる自信を心から受け入れられますように。ありがとうございます」

雲が喉の前で拡声器に姿を変えていきます。あなたの声があらゆる人に届くようになりました。発する言葉が相手のためにも自分のためにもなるよう、心から力強いメッセージを届けなければなりません。

喉が痛い場合は、ヨガのライオンのポーズが、癒しを促す助けになるでしょう。両膝を床につけ、かかとを立ててその上に座ります。背筋は伸ばし、手のひらは両膝にしっかり置いて、できるだけ大きく指を広げます。鼻から息を深く吸い、口を大きく開けて、舌を出して顎先に向かって伸ばします。目は大きく見開いて、指に力を入れましょう。「ハー」と吠えるように音を出しながら、ゆっくりと口から息を吐き出します。これを五回から六回繰り返しましょう。

次のように唱えましょう。「神聖なる癒しの叡智よ、喉を癒し、そこに最高の健康、バイタリティ、幸福感を取り戻してください」

☞不健全な感情への取り組みについては313頁からを参照のこと。「ストレス」は337頁、「恐れ」は323頁（「心配」も「恐れ」を参照）、「圧倒される思い」は317頁です。健全な感情については351頁からを参照のこと。「励まし」は361頁、「自信」は356頁、「明晰性」は364頁です。癒しを早めるのに役立つお勧めの色は、「ターコイズ」382頁、「青」373頁、「オレンジ」376頁です。

【歯】

❖考えられる要因❖

羞恥心、罪悪感、恐れ、怒り、非難、苦々しい思いを手放そうとしないこと。強力な決断をくだせないこと。自分を疎かにする行為。幼少期の未解決の問題。たびたび自分を傷つけること。圧倒される感覚。ストレス。自分の考えをはっきり伝えられないもどかしさ。

❖ヒーリング・プロセス❖

歯を意識し、目を閉じます。想像してみましょう。あなたは小さな掃除機を手にしていて、歯からよどみや毒素を根こそぎ吸いとることができます。よどんだ重苦しいエネルギーが歯から出て行くところを見守りましょう。

次のように唱えてください。「神聖なる癒しの叡智よ、羞恥心、罪悪感、恐れ、怠慢、非難、怒り、苦痛をすべて歯から解き放ってください。この状態を招くあらゆる考え方やパターン、ポジティブな思い入れ、ネガティブな思い入れも手放せますように」。何か変化が感じられるまで、「クリア」という言葉を繰り返してください。

歯が痛むなら、まず親指と小指の先を合わせて、残り三本の指をまっすぐに伸ばします。両手ともこの形を作り、安堵感が訪れるまで十分から十五分間保ちます（手の位置は、やりやすい位置ならどこでもかまいません）。まばゆい真珠色の物質がそれぞれの歯に入っていくところを視覚化しましょう。この真珠色の物質が歯を再生し、強く健康にしてくれます。

次のように唱えましょう。「神聖なる癒しの叡智よ、内なる知恵に従って、癒しとパワーをもたらす優れた決断がくだせるよう導いてください。その決断によって、より充実した人生を送ることができますように。ありがとうございます」

「神聖なる癒しの叡智よ、歯と歯茎を癒し、そこに最高の健康、バイタリティ、満たされた状態を取り戻してください」

☞不健全な感情への取り組みについては313頁からを参照のこと。「恥」は343頁、「罪悪感」は332頁、「恐れ」は323頁、「怒り」は318頁です。健全な感情については351頁からを参照のこと。「純真」は358頁、「許し」は364頁、「平穏」は362頁、「自由」は356頁です。癒しを早めるのに役立つお勧めの色は、「白」381頁、「青」373頁です。

【肺】

❖考えられる要因❖

悲しみ、切望、泣きそうな思い。苦悩。疲労。抑圧。自分を表現すること、もしくは自分の立場や意思を主張することへの苦手意識。人の欲求や欲望を優先して、力尽きるまで自分を酷使する傾向。断る勇気の欠如。息が詰まるような思い、または過保護に扱われている感覚。自立できないこと。頭の混乱。ぼんやりした考え。常に励ましや支援を求めること。

❖ヒーリング・プロセス❖

両手をこすり合わせて、少し離します。手のひらの中にオレンジ色の光線を視覚化してください。両手を肺の上に当てて、このオレンジの光を呼吸しましょう。光が肺を温め、毒素を浄化し消し去ってくれます。次のように唱えましょう。「神聖なる癒しの叡智よ、悲しみ、苦悩、抑圧、依存、疲労感をすべて肺から解き放ってください。いつも自分のことを後回しにして人に尽くしすぎ、断ることができない性格を手放せるよう助けてください。この状態を招くあらゆる考え方やパターン、ポジティブな思い入れ、ネガティブな思い入れも手放せますように」。何か変化が感じられるまで、「クリア」という言葉を繰り返してください。

両手の人さし指と中指をそれぞれ唇の両端の縁に置きます。痛くない程度に内側へ押し、円を描くように動かします。最初は時計回りに三十秒間、次に反時計回りに三十秒間、最後に二十秒間リラックスします。このプロセスを四回繰り返しましょう。

ゆっくりと息を吸いながら、頭を少し後ろにそらせます。息を吐きながら頭を前に戻しましょう。息を吸う時は、緑色の癒しの光が肺に入っていき、再生してくれる様子を視覚化しましょう。息を吐く時は、あらゆる毒素やよどみが解放されるところを視覚化します。

次のように唱えましょう。「神聖なる癒しの叡智よ、自分を余すところなくクリエイティブに表現する力、自信を持って意見を述べる力を高めてください。自分の価値を認めて尊重し、自立心を持てますように。ありがとうございます」

「神聖なる癒しの叡智よ、肺とその関連器官すべてを癒し、そこに完全な健康、バイタリティ、柔軟性を取り戻してください」

▼▽▼▽▼「胸」の項も参照のこと。

☞不健全な感情への取り組みについては313頁からを参照のこと。「悲しみ」は327頁、「欲求不満」は350頁、「低い自尊心」は347頁、「圧倒される思い」は317頁です。健全な感情については351頁からを参照のこと。「平穏」は362頁、「喜び」は366頁、「自由」は356頁、「リラックス」は367頁です。癒しを早めるのに役立つお勧めの色は、「オレンジ」376頁、「緑」386頁、「ピンク」384頁、「マゼンタ（赤紫色）」386頁です。

【歯茎】

❖ 考えられる要因 ❖

自信が持てないこと。自分がくだした決断に対する迷い。プロジェクトを最後までやり通さないこと、すぐにあきらめること、先延ばしにすること。注文ばかりつけること、自分勝手。変化に対する拒絶。行き詰まり。恐怖心。せっかちな性質。不安定さ。疑い。

❖ ヒーリング・プロセス ❖

目を閉じて、歯茎に集中しながら次のように視覚化してください。赤い光線が歯茎を通り抜け、感染、滞り、障害物をすべて浄化し、消していきます。歯茎がヒリヒリするような感覚があるかもしれません。次のように唱えましょう。「神聖なる癒しの叡智よ、煮え切らない思いや迷い、自分を傷つけるような言動、身勝手さ、滞りをすべて歯茎から解き放ってください。この状態を招くあらゆる考え方やパターン、ポジティブな思い入れ、ネガティブな思い入れも手放せますように」。何か変化が感じられるまで、「クリア」という言葉を繰り返してください。

白い光線が歯茎を通り抜けて、浄化し再生する様子を視覚化しましょう。

顔と歯茎をマッサージします。まず、唇の上、歯茎があるあたりに指先を当てて、六十秒間マッサージします（指先でマッサージしにくい場合は、指関節でもかまいません）。力強く、かつ痛めないようにマッサージして、三十秒間休みます。気持ちが良ければ、さらに四十五秒から六十秒間マッサージしましょう。次に、唇の下、歯茎があるあたりに指先を当てて、同じようにマッサージを行います。

次のように唱えましょう。「神聖なる癒しの叡智よ、強力な決断をくだし、プロジェクトをやり遂げられるよう力を貸してください。粘り強くなり、ポジティブな変化・変容に心を開けるよう導いてください。ありがとうございます」

「神聖なる癒しの叡智よ、歯茎と歯を癒し、そこに最大限の強さ、バイタリティ、健康を取り戻してください」


☞不健全な感情への取り組みについては313頁からを参照のこと。「欲求不満」は350頁（「苛立ち」も「欲求不満」を参照）、「恐れ」は323頁、「行き詰まり感（停滞感）」は320頁です。健全な感情については351頁からを参照のこと。「明晰性」は364頁、「自信」は356頁、「平穏」は362頁、「喜び」は366頁です。癒しを早めるのに役立つお勧めの色は、「赤」374頁、「白」381頁、「青」373頁です。

【鼻】

❖考えられる要因❖

愛情や注目を求めること。直観を無視すること。気づいてもらえない、存在感が薄いという思い。軽く扱われる、相手にされないという思い。倦怠感。疲労感。圧迫感。人のことに干渉する傾向。詮索好き、噂好き。批判的で、人を傷つけるような態度。

❖ヒーリング・プロセス❖

手をそっと鼻先に置いてみましょう。どんな感じがしますか？　鼻で楽に呼吸できますか？　それとも何かが詰まっていたり、ムズムズするような感覚がありますか？

鼻が詰まっているために、体調が悪いと感じたり、人を寄せつけたくないと思うことはよくあることです。身近な人をどのように思っていますか？　多くの動物は、嗅覚を直観的に信用します。あなたは直観を高めること、直観に従うことについてどう思っていますか？　思いもよらぬこと、見たくないこと、経験したくないことを直観が示している時でも、その直観を受け入れていますか？　鼻はあなたに、何に気づいて欲しいのでしょう？

次のように唱えてください。「神聖なる癒しの叡智よ、直観を無視してしまう傾向、圧迫感、自己卑下、自己憐憫、自己価値の低さをすべて解放してください。疲労感や拘束感もすべて鼻から解き放つことができますように。この状態を招くあらゆる考え方やパターン、ポジティブな思い入れ、ネガティブな思い入れも手放せますように」。何か変化が感じられるまで、「クリア」という言葉を繰り返してください。

鼻をすっきりさせるには、親指、人さし指、中指の先を合わせ、残り二本の指は曲げて手のひらに当てます。もう片方の手も同じようにして、五分から十分間、そのまま両手を胃の高さに保ちます。これを一日、三回から四回行いましょう。

次のように唱えてください。「神聖なる癒しの叡智よ、直観と内なる知恵につながることができるよう、力を貸してください。自分を大切にし、自ら引き寄せている新しい絶好のチャンスの価値を感じとることができますように。ありがとうございます」

目を閉じて、想像しましょう。インディゴの光線が鼻を通り抜け、鼻水や鼻詰まりを根こそぎ解消してくれます。澄んだ空気を鼻からゆっくり吸うことに集中してください。鼻で呼吸する感触を楽しみましょう。次のように唱えてください。「神聖なる癒しの叡智よ、鼻を浄化し、癒して、そこに最高の健康状態、バイタリティ、幸福感を取り戻してください」

☞ 不健全な感情への取り組みについては313頁からを参照のこと。「判断」は345頁、「批判」は348頁、「圧倒される思い」は317頁です。健全な感情については351頁からを参照のこと。「愛」は352頁、「受容」は358頁、「敬意」は353頁、「尊重」は361頁です。癒しを早めるのに役立つお勧めの色は、「インディゴ」375頁、「紫」387頁、「バイオレット（すみれ色）」384頁です。

【膝】

❖ 考えられる要因（両膝共通）❖

コントロール。非難、判断。怒り。憤り。欲求不満。頑固さ。行き詰まり感。過去に遭遇した人、問題、状況に向き合えないこと。抑圧された欲望、実現しなかった夢。家庭の未解決の問題。決断をくだせないこと、責任を果たせないこと。前進への恐れ。今後起こることを知っておきたいという強い思い。

右膝▼自分にとって重要な男性、たとえば父親、兄弟、叔父との折り合いが悪いこと。キャリアの面で前進できないこと。狭量な考え。失敗に対する恐れ。「自分はどのような場面で頑なになってしまうのだろう?」という自問。

左膝▼自分にとって重要な女性、たとえば母親、姉妹、叔母との折り合いが悪いこと。過去の悲しみや心の傷、喪失感を手放そうとしないこと。被害者意識。たびたび生じる批判的な思い。本心を隠すこと。

❖ヒーリング・プロセス❖

立って、自分に聞いてみましょう。

自分や人を押さえつけ、責め立て、批判するような行為を、私は進んで手放そうとしているだろうか?信頼、愛、確信を持って、次の段階に進もうと思えるだろうか?

この疑問に対する答えがイエスなら、恐れ、非難、頑固さをすべて解き放つところを視覚化しましょう。コントロールという名の鎖から解き放たれる自分の姿、または恐れという名の岩が体のあらゆる部分から取り除かれ、海へ投げ捨てられる様子を思い描いても良いでしょう。

次のように唱えてください。「神聖なる癒しの叡智よ、非難、判断、恐れ、怒り、混乱、苦痛、喪失感、悲しみ、頑固さを膝から解き放ってください。この状態を招くあらゆる考え方やパターン、ポジティブな思い入れ、ネガティブな思い入れも手放せますように」。何か変化が感じられるまで、「クリア」という言葉を繰り返してください。

「私にはどんな可能性があるだろう?」と自分に聞いてみましょう。無限の選択肢、柔軟性、流れのある喜びに満ちた人生を想像してください。さあ、一歩前へ踏み出しましょう。本当の自由を体験し、どんなことにも対応できる力、今この時を流れる人生を満喫しましょう。深呼吸して、人生が展開していくのを楽しんでください。

次のように唱えましょう。「神聖なる癒しの叡智よ、深い気づき、柔軟性、確信、自由をもたらしてください。自らの行動に責任を持ち、新たなすばらしいチャンスを受け入れ、心機一転、輝かしい生き方ができますように。ありがとうございます」

では、座って両手をこすり合わせてください。手に温もりやピリピリするような感覚があるでしょう。両手から力強い緑色の光線が放たれるところを視覚化します。手を膝に当てて、この緑の光線が膝を通り抜け、滞りやよどみを解き放ちながら、膝を再生するのを感じてください。膝が浄化されたと感じるまで、手を当てたままにしておきます。

次のように唱えましょう。「神聖なる癒しの叡智よ、膝を癒し、そこに最高の力、柔軟性、満たされた状態を取り戻してください」

☞不健全な感情への取り組みについては313頁からを参照のこと。「怒り」は318頁、「コントロール」は330頁、「批判」は348頁、「憤り」は321頁、「行き詰まり感（停滞感）」は320頁です。健全な感情については351頁からを参照のこと。「柔軟性と動き」は357頁、「励まし」は361頁、「自信」は356頁、「平穏」は362頁、「許し」は364

頁です。癒しを早めるのに役立つお勧めの色は、「緑」386頁、「ピンク」384頁、「オレンジ」376頁です。

【肘】

❖考えられる要因（両肘共通）❖

停滞。制約。欲求不満。怒り。嫉妬。自分の欲求に対する無自覚。体と心のこわばり。人生は苦悩と試練ばかりだという思い込み。方向性を見失うこと。

右肘▼人から肘で押しのけられたり、嫌味を言われたような感覚。自分の生活に干渉してくる人たち。苦しめられた、嫌がらせをされた、利用された、からかわれた、だまされたという思い。過去に受けた傷や、感じた怒りを手放せないという思い。

左肘▼後ろ盾がなく、弱い立場にいるという思い。人に対する過剰な依存。優柔不断。ストレスを抱えて押しつぶされそうな感覚。感情的になりすぎること、もしくは感情を抑えすぎること。

❖ヒーリング・プロセス❖

次のように唱えましょう。「神聖なる癒しの叡智よ、停滞、こわばり、苦悩、試練、弱さ、緊張、痛み、怒りをすべて肘から解き放ってください。この状態を招くあらゆる考え方やパターン、ポジティブな思い入れ、ネガティブな思い入れも手放せますように」。何か変化が感じられるまで、「クリア」という言葉を繰り返してください。

四十五秒間、両手をこすり合わせます。手を離して、手のひらの中に緑色のエネルギーのボールを視覚化しましょう。肘を痛めている時は、肘に手を当てて、緑色の光が肘の中へ入っていき、再生するところを視覚化してください。数分間、気分が軽くなってくるまで「癒して修復し、再生してください」と繰り返します。

次のように唱えましょう。「神聖なる癒しの叡智よ、気づき、自信、進むべき明確な方向性、支えられているという感覚、内なる力、自由をもたらしてください。ありがとうございます」

「神聖なる癒しの叡智よ、肘、腕、手、骨を癒して、そこに最高の強さ、柔軟性、健康を取り戻してください。ありがとうございます」

☞不健全な感情への取り組みについては３１３頁からを参照のこと。「欲求不満」は３５０頁、「怒り」は３１８頁、「嫉妬」は３３４頁です。健全な感情については３５１頁からを参照のこと。「柔軟性と動き」は３５７頁、「信頼」は３５９頁、「受容」は３５８頁、「自信」は３５６頁です。癒しを早めるのに役立つお勧めの色は、「緑」３８６頁、「黄色」３７８頁、「銀色」３８０頁です。

【脾臓】

❖ 考えられる要因 ❖

無力感。女性らしいエネルギーと切り離された感覚。恐怖心、心が凍りつくような感覚。怒り。欲求不満。極端に繊細で惑わされやすい性格。人のあら探しばかりして、相手をコントロールしたり変えようとすること。自分の問題に向き合い、人生にしっかり関わるのを嫌がること。常に人の心配をし、人のことでストレスを感じている状態。

❖ ヒーリング・プロセス ❖

目を閉じて、両手をそれぞれ握りしめます。親指は薬指の上に置いてください。脾臓をはじめ、体に溜まった怒りや欲求不満、無力感、恐れを意識します。深呼吸しながら、これらの感情と完全につながりましょう。そのまま三十秒から六十秒間、感情に集中します。

次に、体全体に力を入れます。十秒から二十秒後、完全に体をリラックスさせて手を開きます。さらにリラックスできるまで、このプロセスを何度か繰り返してください。

次のように唱えましょう。「神聖なる癒しの叡智よ、無力感、恐れ、欲求不満、コントロール、不満をすべて脾臓から解き放ってください。この状態を招くあらゆる考え方やパターン、ポジティブな思い入れ、ネガティブな思い入れも手放せますように」。何か変化が感じられるまで、「クリア」という言葉を繰り返してください。

あなたが望むあらゆるサポート、力、自信、充足感を宇宙から受けとることに集中してください。すべてが両手に流れ込んできます。次のように視覚化しましょう。両手に様々な色彩が流れ込んできます。あなたがより幸福で健康になるために必要なもの、求める資金や資源はすべて、あなたのもとに注ぎ込まれます。豊かさと可能性のエネルギーを体中に満たしましょう。

両手を脾臓の上に置いて、数分間マッサージしながら「癒し、浄化し、再生してください」と唱えます。

次のように唱えましょう。「神聖なる癒しの叡智よ、内なる知恵を受けとれるよう導いてください。癒しとパワーをもたらし、より充実した人生へと導く最高の決断をくだせるよう助けてください。ありがとうございます」

「神聖なる癒しの叡智よ、脾臓とその関連器官すべてを癒し、そこに最高の健康、バイタリティ、幸福感を取り戻してください」

☞不健全な感情への取り組みについては３１３頁からを参照のこと。「ストレス」は３３７頁、「恐れ」は３２３頁（「心配」も「恐れ」を参照）、「怒り」は３１８頁です。健全な感情については３５１頁からを参照のこと。「平穏」は３６２頁、「リラックス」は３６７頁、「喜び」は３６６頁、「愛」は３５２頁です。癒しを早めるのに役立つお勧めの色は、「緑」３８６頁、「バイオレット（すみれ色）」３８４頁、「オレンジ」３７６頁です。

【皮膚】

❖考えられる要因❖

守るべき対象を守れなかった経験、または守ってもらえなかった経験。苛立ち。恐れ。誰か、または何かが気にさわっていらいらすること。自分を否定、批判すること。自分は平凡な人間だと思い、時には自分を憎んでしまうこと。臆病、引っ込み思案、弱気な性格。自分は二番手だという思い。自分に対する過小評価。ありのままの自分に対する心地の悪さ。居場所がないという感覚。自分を守るために壁を築くこと。

❖ヒーリング・プロセス❖

あなたは誰に腹を立てていますか？　何が気にさわっているのでしょう？　言いたいのにぐっとこらえていることは何ですか？　確かめるために、まず鏡の前に立ってみましょう。目を閉じて、想像してください。あなたのことを愛している人が横に立っています。その人の目を通して自分を見ることができるとしたら、自分のどのような美点を見つけるでしょう？　ポジティブな気持ちになれたら目を開けて、愛の視点から自分を見つめてください。自分が違って見えますか？　どんな風に？　あなたを愛している人は、あなたのことをどのように見ているでしょう？　自分は愛すべき存在だということを認めてください。

では、横たわるか椅子に腰かけるかして、目を閉じます。あなたは色とりどりに輝くレーザー光線を手にしています。肌に炎症、乾燥、腫れ、痒(かゆ)み、発疹を起こしているところがあれば、そこにレーザー光線を当てるところを視覚化します。レーザーが当たっている部位によって、光線の色が変わっていく様子を観察しましょう。皮膚に赤みがあるところにレーザーを当てると、赤に反応して光が青くなるかもしれません。乾燥していれば、光はピンクに変わって、その部位を再生するでしょう。腫れている部位にはオレンジ色の光線が最適で、腫れを引かせてくれます。痒みがある部位に黄色の光線を当てると、痒みが和らぎます。怒り、欲求不満、自己批判、苛立ち、自己嫌悪をすべて手放すことに集中してください。

次のように唱えましょう。「神聖なる癒しの叡智よ、皮膚が抱え込んでいる苛立ち、怒り、欲求不満、批判、自己否定、不安をすべて解き放ってください。この状態を招くあらゆる考え方やパターン、ポジティブな思い入れ、ネガティブな思い入れも手放せますように」。何か変化が感じられるまで、「クリア」という言葉を繰り返してください。

皮膚がきれいになり、輝きはじめる様子を心の目で観察しましょう。肌に艶が出て、柔らかくきらめいてきます。新しい皮膚の感触はどうですか？　深く息を吸い、きれいになった肌を受け入れ、味わいましょう。

次のように唱えてください。「神聖なる癒しの叡智よ、ありのままの姿に満足し、幸福と安心を感じることができるよう導いてください。自分を愛して労り、自分の美点や真価を認められますように。ありがとうございます」

きれいになった肌に満足し、胸のつかえをとりましょう。

肌の調子を整えるには、まず親指の先で薬指の先に触れます。ほかの指は真っ直ぐに伸ばしましょう。ゆっくりと深呼吸しながら、この状態を二分から三分間保ちます（手の位置は、やりやすい位置ならどこでもかまいません）。このプロセスを毎日、二回から三回行いましょう。

次のように唱えましょう。「神聖なる癒しの叡智よ、毒素、バクテリア、不純物、ストレスをすべて肌から解き放ってください。皮膚とその関連器官すべてを再生し、最高の健康状態、バイタリティ、幸福感を取り戻してください」

すぐに改善されなくても、このプロセスを続けて、ありのままの自分に満足できるようになりましょう。肌にも自分に対する思いにも変化が生じるはずです。

☞不健全な感情への取り組みについては313頁からを参照のこと。「ストレス」は337頁、「恐れ」は323頁(「心配」も「恐れ」を参照)、「圧倒される思い」は317頁です。健全な感情については351頁からを参照のこと。「平穏」は362頁、「満足感」は363頁、「自信」は356頁、「幸福感」は354頁です。癒しを早めるのに役立つお勧めの色は、「黄色」378頁、「青」373頁、「白」381頁、「インディゴ」375頁、「紫」387頁、「ターコイズ」382頁です。

【副腎】

❖ 考えられる要因 ❖

エネルギーの欠乏や倦怠感。満たされて幸せを感じていたかと思うと次の瞬間には悲しみ絶望しているというような、情緒不安定な状態。頻繁な被害妄想やパニック発作、恐れ、不安(多くの場合、こうした症状や感情は「人生の選択を間違えたかもしれない」という思いに関係しています)。決断できないという思い。闘争・逃走反応を起こして、行き詰まっている感覚。場合によっては、落ち込み、虚しさ、役に立たないという思い、疲労感なども要因として考えられます。

❖ヒーリング・プロセス❖

鼻から大きく息を吸い、口からゆっくりと吐き出します。これを三回繰り返してください。次に、息を大きく吸って、副腎にエネルギーを送ることに集中しましょう。副腎が鮮やかな緑色のエネルギーに満たされているところを想像します。息を吐きながら、あらゆる恐れ、滞り、ストレスを手放すことに集中しましょう。暗くて重苦しいものが副腎から出て行く様子が見えるかもしれません。これを五回から八回繰り返します。

次のように唱えましょう。「神聖なる癒しの叡智よ、恐れ、不安、絶望、疲労、倦怠感、ストレス、滞りをすべて副腎から解き放ってください。この状態を招くあらゆる考え方、ポジティブな思い入れ、ネガティブな思い入れ、制限のあるパターンも手放せますように」。何か変化が感じられるまで、「クリア」という言葉を繰り返してください。

次のように唱えましょう。「神聖なる癒しの叡智よ、エネルギー、躍動、平穏、信頼を実感できるよう導いてください。ありがとうございます」

両手に集中してください。あなたは今、いくつものオレンジ色をしたエネルギーのボールを手にしています。副腎に手をかざすと、このオレンジのボールが副腎に染み込んでいきます。さあ、あらゆるよどんだ残留物を浄化し、過去のストーリーや記憶をすべて解き放ちましょう。疲労感や倦怠感も手放します。体のホルモン、水分、ストレス反応を安定させてください。力強いエネルギーが人生に戻ってくるのを感じましょう。そして、正しい方向へ進むことに集中します。では、質問してみてください。「どうすれば、最高の自分に出会える方向へ進んでいけるでしょう？」「どうすれば、内なる神聖なガイダンスとつながることができますか?」。答えが訪れるのを待ちましょう。何かひらめくかもしれません。書物や体験などを通して答えを受けとることもあります。焦らずに、ゆだねてください。

次のように唱えましょう。「神聖なる癒しの叡智よ、副腎とその関連器官すべてを癒し、そこに完全な健康状態とバイタリティを取り戻してください。ありがとうございます」

☞不健全な感情への取り組みについては313頁からを参照のこと。「悲しみ」は327頁、「絶望感」は339頁、「行き詰まり感(停滞感)」は320頁、「落ち込み(憂鬱)」は325頁です。健全な感情については351頁からを参照のこと。「幸福感」は354頁、「自由」は356頁、「明晰性」は364頁です。癒しを早めるのに役立つお勧めの色は、「オレンジ」376頁、「緑」386頁です。

【副鼻腔】

❖考えられる要因❖

苛立ち。他人への不満。自分だけの場所を必要とすること。毅然とした態度をとり、自分の信念を伝えることへの苦手意識。忙しない状況に身を引き裂かれるような思いをし、疲れ果てること。内なる知恵や感情に注意を払わず、頭で考えてばかりいること。

❖ヒーリング・プロセス❖

次のように唱えましょう。「神聖なる癒しの叡智よ、苛立ち、欲求不満、自信のなさ、気持ちの乱れ、疲労感をすべて副鼻腔から解き放ってください。この状態を招くあらゆる考え方やパターン、ポジティブな思い入れ、ネガティブな思い入れも手放せますように」。何か変化が感じられるまで、「クリア」という言葉を繰り返してください。

風邪、咳、ぜんそくなど、副鼻腔に生じる症状を緩和するには、まず手のひらを合わせて指を組みます。片方の親指だけ真っ直ぐ立て、反対の手の親指と人さし指で囲みます。ゆっくりと深呼吸しながら、その状態を五分から十五分間保ちます。これを一日何度か行いましょう。

次のように唱えてください。「神聖なる癒しの叡智よ、安心感、守られている感覚、明晰性、満足感、人生の安定感を得られるよう導いてください。自分の価値を認め、自分をやさしく労ることができますように。ありがとうございます」

「神聖なる癒しの叡智よ、副鼻腔と呼吸器系を浄化して癒し、最高の健康、バイタリティ、幸福感をもたらしてください」

▼▽▼▽▼「鼻」の項も参照のこと。

☟不健全な感情への取り組みについては313頁からを参照のこと。「ストレス」は337頁、「恐れ」は323頁（「心配」も「恐れ」を参照）、「圧倒される思い」は317頁、「低い自尊心」は347頁です。健全な感情については351頁からを参照のこと。「平穏」は362頁、「リラックス」は367頁、「敬意」は353頁、「自信」は356頁です。癒しを早めるのに役立つお勧めの色は、「紫」387頁、「インディゴ」375頁、「バイオレット（すみれ色）」384頁です。

【腹部】

❖ 考えられる要因 ❖

人生を受け入れられないという思い。過去の不快な感情や思考、受けた傷にこだわる傾向。今現在に苦悩と葛藤をもたらすほどの、将来に対する絶え間ない不安や心配。自分の行動や選択に関してたびたび生じる不安や混乱。根深い劣等感。拒絶されることや失敗することに対する恐れ。「注目は浴びたいけれど、批判はされたくない」という思い。

❖ ヒーリング・プロセス ❖

鼻から大きく息を吸って、口からゆっくりと吐き出します。できるだけ腹部の緊張を緩めてリラックスしましょう。腹部に痛みがある時は、まず掃除機を持っている自分を想像しましょう。そして、その掃除機であらゆる毒素、滞り、痛みを腹部から吸いとるところを視覚化します。

次のように唱えましょう。「神聖なる癒しの叡智よ、不快な考えや感情、過去のつらい経験、滞り、葛藤、拒絶感をすべて腹部から解き放ってください。この状態を招くあらゆる考え方やパターン、ポジティブな思い入れ、ネガティブな思い入れも手放せますように」。何か変化が感じられるまで、「クリア」という言葉を繰り返してください。

では、両手をこすり合わせてみましょう。温かくピリピリした感覚がしてきたら、両手を腹部に当ててください。

次のように唱えましょう。「神聖なる癒しの叡智よ、安心、くつろぎ、自由の感覚と経験を与えてください。私は今、癒しのエネルギー、愛のエネルギー、力強いエネルギーを人生に受け入れます。ありがとうございます」

神聖なる癒しの叡智とあなたの両手から、健やかなエネルギーを体に受け入れましょう。心身ともに健康で、自信に溢れ、不安のない状態を想像してみてください。どう思いますか？　どのように感じるでしょう？　どのような人生経験が待っているでしょう？　立ち居振る舞いは変わりましたか？　周りの反応は？　そのような状態を見て、感じて、体験してみましょう。

それでは、外へ出て石を探してください。見つけた石を握って、先ほどの視覚化プロセスを繰り返します。もう一度、より健康で自信に溢れた自分の姿を思い描いてみましょう。今度はプロセスをさらに強化します。一ヶ月間、その石を持ち歩きましょう。もっと自信を深めたい時、癒しのエネルギーを高めたい時は、いつでもその石を握りしめてください。

次のように唱えましょう。「神聖なる癒しの叡智よ、腹部とその関連器官すべてを癒し、そこに完全な健康状態とバイタリティを取り戻してください。ありがとうございます」

☞不健全な感情への取り組みについては313頁からを参照のこと。「恐れ」は323頁、「欲求不満」は350頁、「拒否」は328頁です。健全な感情については351頁からを参照のこと。「平穏」は362頁、「リラックス」は367頁、「自由」は356頁です。癒しを早めるのに役立つお勧めの色は、「黄色」378頁、「オレンジ」376頁です。

【ペニス】

❖考えられる要因❖

自信の欠如。親密な関係に対する恐怖心。拒否された感覚。怒り。罪悪感。被害者意識。愛する人、または愛していた人から傷つけられたという思い。人を信用できないという思い。傷つきやすさ。孤独感。恐怖心。愛されないという思い。落ち込み。批判や非難の気持ちをたくさん抱えて手放そうとしないこと。喜びや楽しみを我慢すること。父親、母親、兄弟姉妹、妻、恋人、我が子など、家族やごく近しい人に関する未解決の問題を数多く抱えること。

❖ヒーリング・プロセス❖

誰に傷つけられたと思っていますか？　誰に対して罪悪感や怒り、恨みを持っていますか？　その相手を許し、感情の障害になっているものを手放すために、どのような方法なら前向きに取り組めますか？　昔から抱いている罪悪感、恐れ、拒否された感覚、怒り、憤りを生殖系全体から解き放つところを視覚化しましょう。まるで灰色の煙が輪になって解き放たれていくようです。前に進むことを、自分に許してください。

次のように視覚化しましょう。ターコイズ色の光が体全体に行き渡り、生殖器官を再生しながら、自信、喜び、楽しみ、つながりの感覚を蘇らせてくれます。迷いを捨て、喜びを感じてみましょう。

次のように唱えてください。「神聖なる癒しの叡智よ、拒否された感覚、怒り、苦痛、被害を受けたという思い、親密な関係に対する恐れ、孤立感をすべてペニスと生殖器系から解き放ってください。この状態を招くあらゆる考え方やパターン、ポジティブな思い入れ、ネガティブな思い入れも手放せますように」。何か変化が感じられるまで、「クリア」という言葉を繰り返してください。

次のように唱えましょう。「神聖なる癒しの叡智よ、私を傷つけた人たちを許せるよう助けてください。そして、喜びの感情、性的な感覚、自信と力を取り戻し、再び親密な関係や人とのつながりを経験できますように。ありがとうございます」

「神聖なる癒しの叡智よ、ペニスとその関連器官すべてを癒し、そこに最高の健康、バイタリティ、満たされた状態を取り戻してください」

☞不健全な感情への取り組みについては313頁からを参照のこと。「恐れ」は323頁、「罪悪感」は332頁、「怒り」は318頁、「憤り」は321頁、「拒否」は328頁です。健全な感情については351頁からを参照のこと。「許し」は364頁、「純真」は358頁、「敬意」は353頁、「満足感」は363頁です。癒しを早めるのに役立つお勧めの色は、「ターコイズ」382頁、「赤」374頁、「緑」386頁です。

【扁桃腺】

❖考えられる要因❖

好かれるために、相手の機嫌をとろうとする行為。人が自分に対して怒っている、もしくは批判していると感じ、無理して相手をなだめようとすること。表現力や創造性の流れをブロックしている状態。自分の感情を伝えた時の相手の反応を恐れること。

❖ヒーリング・プロセス❖

次のように唱えましょう。「神聖なる癒しの叡智よ、恐れ、気に入られたい願望、自己表現に対する苦手意識、創造性をブロックするものをすべて扁桃腺から解き放ってください。この状態を招くあらゆる考え方やパターン、ポジティブな思い入れ、ネガティブな思い入れも手放せますように」。何か変化が感じられるまで、「クリア」という言葉を繰り返してください。

次のように唱えましょう。「神聖なる癒しの叡智よ、自信、創造性、自分を表現する力、自分に対する愛情をもたらしてください。ありがとうございます」

「神聖なる癒しの叡智よ、扁桃腺を癒し、そこに最高の健康、バイタリティ、幸福感を取り戻してください」

▼▽▼▽▼「喉」の項も参照のこと。

☞不健全な感情への取り組みについては313頁からを参照のこと。「怒り」は318頁、「批判」は348頁、「判断」は345頁です。健全な感情については351頁からを参照のこと。「許し」は364頁、「明晰性」は364頁、「自信」は356頁です。癒しを早めるのに役立つお勧めの色は、「オレンジ」376頁、「青」373頁です。

【膀胱】

❖考えられる要因❖

気後れ。煮え切らない思い。要領の悪さ。不愉快な気持ち、苛立ち。悲しみ。罪悪感。無力感。欲求不満。パートナー、もしくは身近な人に対する怒りや失望。今いる場所以外のどこかに行ってしまいたいという願望。過去の苦労を忘れられず、前進できなくなっている状態。境界線の欠如。自分だけの居場所を確保する必要性。

❖ヒーリング・プロセス❖

数回、大きく息を吸ってください。膀胱に両手を置き、今感じていることに意識を集中させます。身近な誰かや何かに怒りや失望、苛立ちを感じていますか？　その苛立ちに人生を振り回されていませんか？

次のように唱えましょう。「神聖なる癒しの叡智よ、怒りの感情、煮え切らない思い、弱さ、苛立ち、無力感、心配事をすべて膀胱から解き放ってください。この状態を招くあらゆる考え方やパターン、ポジティブな思い入れ、ネガティブな思い入れも手放せますように」。何か変化が感じられるまで、「クリア」という言葉を繰り返してください。

両手をこすり合わせてみましょう。手を少し離すと、ピリピリするような感覚があるはずです。両手の間に、癒しのエネルギーでできた黄色いボールを想像してください。神聖なる癒しの叡智にお願いして、このエネルギー体の力を強めてもらいましょう。金色の太陽光線がこのボールにエネルギーを与えて活性化させるのが、見えたり感じられたりするかもしれません。どんどんエネルギーが増し、効力が上がっていきます。

両手を膀胱に置いて、ボールのエネルギーを深く浸透させましょう。金色のエネルギー体が、膀胱に蓄積した身体的・感情的・精神的なよどみと緊張を解放し、浄化してくれます。その間、エネルギー体の温もりに集中しましょう。膀胱が完璧な健康状態とバイタリティを取り戻すまで、観察してください。

次のように唱えましょう。「神聖なる癒しの叡智よ、自信、迷いのない心、強い意志、調和、幸福、ユーモア感覚、喜びを実感し、体験できるよう導いてください。ありがとうございます」

プロセスの効果をさらに上げたければ、「ウー」という音を膀胱に向けて静かに発してみてください（you と発音する時の「ウー」です）。膀胱に癒しと調和のエネルギーを注ぎ込むように、音を発してみましょう。一分から二分間、続けます。

次のように唱えてください。「神聖なる癒しの叡智よ、膀胱とその関連器官すべてを癒し、そこに最大限の強さ、バイタリティ、健康を取り戻してください。ありがとうございます」

☞不健全な感情への取り組みについては313頁からを参照のこと。「怒り」は318頁、「憤り」は321頁、「悲しみ」は327頁、「欲求不満」は350頁です。健全な感情については351頁からを参照のこと。「許し」は364頁、「幸福感」は354頁、「自信」は356頁です。癒しを早めるのに役立つお勧めの色は、「黄色」378頁、「緑」386頁です。

【骨】

❖考えられる要因❖

自ら課した制約。憤り。頑固さ。皮肉、非難。骨の変性は、自分を軽んじて体を粗末に扱うような行為が要因になります。骨の硬化は、自分に対する厳しい態度や、自分や人への過剰な期待に起因します。骨の衰えは、喪失感、力を奪われたような感覚、孤立感、心配、ストレス、羞恥心、思いやりのなさなどと関連しています。骨折は、極限状態にある時や、自分を傷つけたり罰したいという願望がある時に起ることがあります。また、根の深い痛みも要因として考えられます。

❖ヒーリング・プロセス❖

透明のグラスを用意し、オレンジ色のセロファンで周りを包んで水を入れます。水の上に手をかざして、こう唱えましょう。「神聖なるスピリットにお願いします。この水に結合と癒しと再生のエネルギーを注いでください。骨が癒され強く回復するように、エネルギーが持つ修復の力で水の結晶を活性化させてください。ありがとうございます」

グラスの水にオレンジの光を吸収させましょう。数時間グラスを太陽光に当ててから、水をゆっくりと飲みます。ひと口ごとに、オレンジ色の水が骨を浄めて修復するところを想像してください。

次のように唱えましょう。「神聖なる癒しの叡智よ、自ら課した制約、困難、憤り、頑固さ、皮肉、非難をすべて骨から解き放ってください。この状態を招くあらゆる考え方やパターン、ポジティブな思い入れ、ネガティブな思い入れも手放せますように」。何か変化が感じられるまで、「クリア」という言葉を繰り返してください。

次のように唱えましょう。「神聖なる癒しの叡智よ、内なる力、信頼、自信、感謝、受け入れる気持ちをもたらしてください。思いやりのある愛すべき人、自分も他人も尊重できる人になれますように。ありがとうございます」

このプロセスを毎日一ヶ月間、もしくは骨が強くなったと思えるまで続けてください。

骨折している場合は、患部の周りを緑色の光が包んで修復しているところを想像してみましょう。次のように唱えてください。「神聖なる癒しの叡智よ、骨を癒し、そこに最大限の強度、バイタリティ、柔軟性を取り戻してください。ありがとうございます」

☞不健全な感情への取り組みについては313頁からを参照のこと。「怒り」は318頁、「憤り」は321頁、「悲しみ」は327頁、「欲求不満」は350頁です。健全な感情については351頁からを参照のこと。「許し」は364頁、「柔軟性と動き」は357頁、「平穏」は362頁、「満足感」は363頁です。癒しを早めるのに役立つお勧めの色は、「オレンジ」376頁、「緑」386頁、「バイオレット（すみれ色）」384頁です。

【耳】

❖考えられる要因（両耳共通）❖

聞きたくないことに耳を塞ぐこと。内なるガイダンスと知恵に従わないこと。怒り、欲求不満、非難、罪悪感、憤りを手放そうとしないこと。聞き間違い、人に対する誤解。考えを変えようとしないこと。視野を広げようとしないこと。不安定な気持ち。頭の混乱状態。不注意、動揺。

右耳▼人の発言に対する苛立ち、怒り、不快感。人の発言によって傷つけられたという思い。大きな対立や言い争いに巻き込まれる体験。情報が多すぎるという思い。過去、特に幼少期から抱えている否定的な思い込みを手放そうとせず、その思い込みを何度も反芻（はんすう）すること。疲労感、倦怠感。人生、仕事、家族、環境に対する落胆の思い。

左耳▼自分の話は重要ではなく、聞いてもらう価値もないという思い。自分を批判・判断する人と一緒にいること。自己批判。

❖ヒーリング・プロセス❖

耳は、情報を吸収するスポンジのような存在です。一度に集中できる情報量は限られているため、あなたは周囲に溢れている音の多くに気づいていません。耳にすることの大半はネガティブなものです。ネガティブな内容は、耳だけでなく体の様々な部分に影響を及ぼします。周囲の音に注意を払い、その音が自分の耳に与える影響を意識してください。耳をふさいで逃げ出したくなりますか？　それとも座り直してちゃんと聞いてみようと思いますか？

自分に「何か聞きたくないことはあるだろうか？」と尋ねてみましょう。何か酷いこと、傷つくようなことを口にする人がそばにいる時は、次のように想像しましょう。左耳からインディゴの光線が入ってきて、よどんでいるもの、不透明なものをすべて右耳から押し出し、炎の中に入れてくれます。炎はネガティブなものを消滅させます。このプロセスを右耳から左耳の順でも行ってください。

次のように唱えましょう。「神聖なる癒しの叡智よ、ネガティブなもの、罪悪感、怒り、憤り、滞り、欲求不満、批判をすべて耳から消し去ってください。この状態を招くあらゆる考え方やパターン、ポジティブな思い入れ、ネガティブな思い入れも手放せますように」。何か変化が感じられるまで、「クリア」という言葉を繰り返してください。

右手の小指の付け根から指先に向かって、小さく円を描くように軽くマッサージします。左手の小指も同じようにマッサージします。

耳には百以上のツボがあります。ツボを押すことで生命力・活力に刺激を与え、体を再び活性化することができます。親指と人さし指で、両方の耳たぶをマッサージしましょう。耳たぶ上部から始めて、ゆっくりと一分間ほどマッサージしてください。

姿勢を正して座り、一分間ほど耳たぶを下に引っぱりましょう。次に三十秒間、リラックスして深呼吸します。このプロセスを三回繰り返してください。体から緊張、疲れ、ストレスが抜けていくでしょう。

手でそれぞれの耳をそっと覆い、内なる知恵・ガイダンスを聞きたいと願います。ゆっくりと深呼吸して、耳を澄ませてください。聴力が研ぎ澄まされて内なる知恵が聞こえてくるように、このプロセスを何度も練習しましょう。

聞く力を向上させるには、親指を中指の上に置いて、残り三本の指をまっすぐに伸ばします。両手ともこの形を作り、五分間維持しましょう（手の位置は、やりやすい位置ならどこでもかまいません）。耳が痛む時は、このエクササイズを日に何度か行ってください。

次のように唱えましょう。「神聖なる癒しの叡智よ、調和、平穏、明晰性、安定、自尊心の向上、愛、感謝を実感する方法を示してください。ありがとうございます」

「神聖なる癒しの叡智よ、私の耳と聴力を癒し、聞く力を最大限まで取り戻し、最高の健康状態をもたらしてください。ありがとうございます」

☞不健全な感情への取り組みについては３１３頁からを参照のこと。「罪悪感」は３３２頁、「憤り」は３２１頁、「怒り」は３１８頁、「恥」は３４３頁、「批判」は３４８頁です。健全な感情については３５１頁からを参照のこと。「許し」は３６４頁、「純真」は３５８頁、「喜び」は３６６頁、「敬意」は３５３頁、「満足感」は３６３頁です。癒しを早めるのに役立つお勧めの色は、「モーブ（藤色）」３８８頁、「インディゴ」３７５頁、「バイオレット（すみれ色）」３８４頁です。

【胸（胸部）】

❖ 考えられる要因 ❖

胸に重荷を抱えているような苦しさを味わうこと。見返りもないのに、人にエネルギーと自分自身を過剰に捧げること。権限を奪われたような感覚。疲労感。虚しさ。恐怖心。不安。消耗感。感情を表現できないという思い。安心感を得るために人や状況をコントロールしようとした結果、息苦しさや制約を感じること。自信、自主性、創造力の欠如。

❖ヒーリング・プロセス❖

椅子に座るか横たわるかしてください。ゆっくりと深呼吸しながら、体を完全にリラックスさせます。想像してみましょう。あなたはオレンジ色の癒しの液体を満たしたバスタブに横たわり、体の力を抜いてくつろいでいます。胸の中心部には、漏斗（じょうご）があります。

次のように唱えましょう。「神聖なる癒しの叡智よ、重荷、無力感、低い自尊心、抑圧した感情、不安、恐れをすべて胸から解き放ってください。この状態を招くあらゆる考え方やパターン、ポジティブな思い入れ、ネガティブな思い入れも手放せますように」。何か変化が感じられるまで、「クリア」という言葉を繰り返してください。

次のように唱えましょう。「重苦しさや衰え、感染、ストレスを抱えている体の中のすべての細胞を、この漏斗を通して紫の炎の中に解き放ちます」

有害で重苦しいエネルギーが、体から漏斗を通り抜けて紫の炎の中に消えていくところを観察しましょう。そして、右の手のひらの薬指と中指の間を、左手の親指でゆっくりマッサージします。一分から二分間かけて、円を描くようにやさしくマッサージしながら、ゆっくりと大きく息を吸って胸に酸素を満たし、息を吐きながらあらゆる不純物を胸と肺から放出します。同じプロセスを、今度は左の手のひらをマッサージしながら行います。

次のように唱えましょう。「神聖なる癒しの叡智よ、安らぎ、自由、創造性、愛に溢れた人生を歩む方法を示してください。心と精神に静けさと平穏を見つけられますように。ありがとうございます」
「神聖なる癒しの叡智よ、胸、肺、心臓を癒し、そこに最大限の強さ、バイタリティ、満たされた状態を取り戻してください。ありがとうございます」

☞不健全な感情への取り組みについては313頁からを参照のこと。「不安」は「恐れ」323頁参照、「コントロール」は330頁、「低い自尊心」は347頁です。健全な感情については351頁からを参照のこと。「平穏」は362頁、「リラックス」は367頁、「自信」は356頁、「自由」は356頁です。癒しを早めるのに役立つお勧めの色は、「オレンジ」376頁、「ターコイズ」382頁、「金色」379頁です。

【目】

❖考えられる要因（両目共通）❖

周囲で目にしていることに対する不満。人や出来事に対する疑い。障害や限界を目の当たりにすること。現状に対する不満。老いに対する強迫観念。人生を否定的な視点で見ること。行き詰まり感。一つの立場もしくは観点からしか物事を見ていないこと。将来に対する不安。人のものを欲しがること。

右目▼豊かさや繁栄の流れを妨げること。人間関係における問題。現状を変える方法が見えていない状態。

過去の心の傷を忘れられず、その痛みを未来に投影すること。何かと言い訳をして、物事がうまく運ばない理由を見つけること。自分や人に対する苛立ち。

左目▼人生の良い面を思い描けないこと。自分という存在の否定的な面、問題を抱えている面しか見ていないこと。喜び、楽しみ、創造力の欠如。人生は混沌としていて、厳しく、困難や苦悩ばかりだという思い込み。また、その思い込みを証明しようとすること。苦痛、不足、制約に気をとられること。恐れ、ストレス、心配事を抱え続けた結果、人生に必要なものは手に入るという信頼感を失うこと。

❖ヒーリング・プロセス❖

何か見たくないものを目にしていませんか？　たとえば、身近な人が苦しむ姿、悲しむ姿を見ていませんか？　その人を幸せにしてあげようと努力しているのに本人が変わろうとせず、希望を失ったり、くじけそうな気分になっていませんか？　視力を改善したければ、見たくないものに集中するのではなく、見て幸せになるものや人生に喜びをもたらすものに集中しなければなりません。自然の中へ散歩に出かけたり、海辺で過ごしたり、インスピレーションを与えてくれる人と会ってみましょう。心の中に美しい絵を思い浮かべたり実際に絵を描くなどして、クリエイティビティを発揮してみるのもいいでしょう。

日差しの中へ出かけてください。目を閉じて、両手を目の上に当てます。太陽の癒しのエネルギーに目を再生してもらいましょう。一度に数分間、一日に数回、太陽のエネルギーを受けとってください。

手をリラックスさせましょう。目を開けて、空の清々しい青い光線を見つめます。空が曇っていても、わずかな青い光が出ているところを探しましょう。では目を閉じて、次のように視覚化してください。青い光線があなたの目を通過し、あらゆる滞りや衰え、行き詰まり、困難を目から洗い流してくれます。目を開ける前に、さらに力を抜いてリラックスさせましょう。

目を開けて、三十秒間パチパチとまばたきして、潤いを取り戻します。

視力を改善するには、目の柔軟性も向上させなければなりません。左、右、上、下へと眼球を動かします。これを八回から十回繰り返しましょう。今度は右、左、下、上へと動かします。これも八回から十回繰り返しましょう。白内障を患っている場合は、薄いインディゴのサングラスをつけ、光を目に受けて再生してもらいます。

次のように唱えましょう。「神聖なる癒しの叡智よ、怒り、疑い、不信感、欲求不満をすべて過去から解き放ってください。あらゆるストレス、苛立ち、負の感情、困難、恐れ、障害、自分の心の投影にすぎない問題を、目から解放できるよう力を貸してください。この状態を招くあらゆる考え方やパターン、ポジティブな思い入れ、ネガティブな思い入れも手放せますように」。何か変化が感じられるまで、「クリア」という言葉を繰り返してください。

次のように唱えましょう。「神聖なる癒しの叡智よ、明晰性、信頼、忍耐、くつろぎ、やさしさ、柔軟性、平穏を実感し、体験できるよう導いてください。ありがとうございます」

「神聖なる癒しの叡智よ、目とその関連器官すべてを癒し、そこに最高の強さ、バイタリティ、柔軟性を取り戻してください。ありがとうございます」

☞不健全な感情への取り組みについては313頁からを参照のこと。「恐れ」は323頁（「心配」も「恐れ」を参照）、「ストレス」は337頁、「嫉妬」は334頁、「欲求不満」は350頁です。健全な感情については351頁からを参照のこと。「明晰性」は364頁、「思いやり」は353頁、「平穏」は362頁、「許し」は364頁です。癒しを早めるのに役立つお勧めの色は、「紫」387頁、「青」373頁、「インディゴ」375頁、「バイオレット（すみれ色）」384頁、「モーブ（藤色）」388頁です。

【免疫系】

❖考えられる要因❖

不安。内なる葛藤。自分を疎かにすること。ストレス、プレッシャー。脅威。操られている感覚。油断。人にみすみす利用されてしまうこと。外の世界に気をとられすぎること。ゆだねるのではなく、押し進めること。自分の品位を汚されているような気持ち。断り方が分からないこと。無視されている感覚、愛されていないという思い。「これには一体何の意味があるのだろう？」と物事の意義を問うこと。苦労しているのに欲しいものが得られないもどかしさ。自分に過度の負担をかけること。

❖ヒーリング・プロセス❖

目を閉じて、背中、胸、体に抱え込んでいる問題に気づきましょう。息を吸いながら、問題を認識します。息を吐きながら、その問題にまつわる緊張感を思いきって手放しましょう。天から解決法がもたらされるよう願ってください。自由の感覚が芽生えてくるまで、このプロセスを何度か繰り返します。

次のように唱えましょう。「神聖なる癒しの叡智よ、ストレス、不安、葛藤、操作、抵抗心、欲求不満、自分を疎かにする行為をすべて免疫系から解き放ってください。この状態を招くあらゆる考え方やパターン、ポジティブな思い入れ、ネガティブな思い入れも手放せますように」。何か変化が感じられるまで、「クリア」という言葉を繰り返してください。

体を振って、あらゆるストレス、抑圧、緊張を払い落としましょう。三十秒間体を激しく揺すって、ゆっくりと深呼吸しながら十五秒間休みます。このプロセスを三回から四回繰り返します。プロセスを楽しむために、ノリのいい音楽をかけて体をリズムに合わせましょう。

次のように唱えてください。「神聖なる癒しの叡智よ、安心感、安定感、明晰性、心地良さ、喜びをもたらしてください。理想の生き方を選ぶ勇気を与えてください。ありがとうございます」

免疫力を上げるには、次のポーズが有効です。薬指と小指を親指の先につけ、残り二本は立てるようにします。両手ともこの形を作り、五分から十五分間保ちます（手の位置は、やりやすい位置ならどこでもかまいません）。免疫力が低下している時は、これを一日三回行うと良いでしょう。

次のように唱えてください。「神聖なる癒しの叡智よ、免疫系を癒し、そこに最高の健康状態、活力、幸福感を取り戻してください」

▼▽▼▽▼「胸腺」の項も参照のこと。

☞不健全な感情への取り組みについては３１３頁からを参照のこと。「ストレス」は３３７頁、「罪悪感」は３３２頁、「欲求不満」は３５０頁、「拒否」は３２８頁です。健全な感情については３５１頁からを参照のこと。「平穏」は３６２頁、「許し」

は364頁、「リラックス」は367頁、「喜び」は366頁です。癒しを早めるのに役立つお勧めの色は、「緑」386頁、「青」373頁、「オレンジ」376頁、「紫」387頁です。

【指】

❖ 考えられる要因（すべての指に共通）❖

触る、握る、手放すなどの行為、与える行為、受けとる行為ができないこと。体にある五つの主要チャクラ（ルートチャクラ、仙骨のチャクラ、太陽神経叢のチャクラ、ハートチャクラ、喉のチャクラ）とつながるのが困難なこと。

◆右手

親指▼脳の松果腺と下垂体につながっていて、バランスを取り戻す働きがあります。
ここに保存される要因——創造力、性的エネルギー、生きる原動力の欠如。喪失感。退屈、倦怠感。バイタリティや意志力の欠如。ストレスや心配事を抱えた状態。
身体レベルで起こりうる症状——血行不良、血液疾患。

人さし指▼思考力を保持し、自分自身や人生、周囲の世界に対する考え方を司っています。力を探求する源です。
ここに保存される要因——コントロールしている、またはされている感覚。恐怖心。拒絶感。不安。
身体レベルで起こりうる症状——人生を受け入れがたいという思いから生じる、胃痛や胸焼け。

中指▼個人のパワーや人生で起こる数々の難題に対処する能力とつながっていて、個人的な責任を受け入れる方法を学ぶ鍵を握っています。
ここに保存される要因――制御がきかないという思い。疲労感、消耗感。戸惑い。
身体レベルで起こりうる症状――感情的な苦痛、悲しみ、怒り、恐れ、恨みを覆い隠すための体重増加。
薬指▼特にパートナーや近しい人との人間関係に関する信念や、そうした人たちとの誓いの数々が保存されています。また、人とのつながりを司っています。
ここに保存される要因――愛し愛されることに関する問題。
身体レベルで起こりうる症状――胸腺・甲状腺・副腎の合併症。
小指▼生存感覚、安全の感覚を保存し、家族や一族に関する信念が内在しています。幼少期に学んだことを保管している場所です。
ここに保存される要因――自分や人を信頼できないという問題。劣等感。自分は弱い、または弱虫だという思い。

◆**左手**
親指▼喉のチャクラとつながっていて、優れたコミュニケーション能力を与えます。
ここに保存される要因――自己主張、自尊心に関する問題。意見を主張しようとしない態度。感情を抑制すること。孤独感。心が凍りついたような感覚。無関心。
身体レベルで起こりうる症状――呼吸困難、副鼻腔炎、風邪と喉の痛み。

人さし指▼ハートチャクラとつながっていて、個性、帰属意識、自己像を司っています。また、直観やインスピレーションとつながる源です。
ここに保存される要因——直観や内なる知恵と切り離された状態。
身体レベルで起こりうる症状——腹痛、下痢、便秘などを含む大腸の問題。

中指▼太陽神経叢チャクラとつながっていて、意識が拡大する感覚や、行動を起こして成果を得る能力を維持しています。
ここに保存される要因——つらい体験。判断、批判。自分の限界に対するイメージ。
身体レベルで起こりうる症状——血液循環の問題や性的問題。

薬指▼仙骨のチャクラとつながっていて、インナーチャイルドとのつながりを司っています。
ここに保存される要因——罪悪感。非難。羞恥心。怒り。落ち着かない感覚、不安定感。ストレス、疲労感。幼少期から解消できていない心の痛み。
身体レベルで起こりうる症状——中毒、腰痛、不妊問題。

小指▼ルートチャクラにつながっていて、自尊心、社会に対する順応性、自己の権利に影響を及ぼします。
ここに保存される要因——自己基盤、または地球とのつながりに関する問題。自分のありのままの姿に対する不安や違和感。創造力や達成力の欠如。
身体レベルで起こりうる症状——中毒、憂鬱、腰痛、皮膚疾患。

❖ヒーリング・プロセス❖

ネガティブでよどんだエネルギーや感情をそれぞれの指から解放するには、まず目を閉じて、あなたの前で燃えている炎を想像しましょう。あらゆる厄介な問題を追い出すように、指を反対の手でやさしく引っぱります。そしてネガティブなもの（灰色の煙や鎖、雑草のように見えるかもしれません）を炎にくべてしまいます。指にはそれぞれ関係する色があります。その関係色を用いて、再びエネルギーの流れを生み出すこともできます。

◆親指（喉のチャクラ）――青
◆人さし指（ハートチャクラ）――緑
◆中指（太陽神経叢のチャクラ）――黄色
◆薬指（仙骨のチャクラ）――オレンジ
◆小指（ルートチャクラ）――赤

健全な感情を取り入れて高めるために、それぞれの指をやさしくマッサージするか握ってください。健やかな感覚を強めるつもりで行いましょう。次に、その指を関係色の中にゆっくりと浸します。マッサージする場合は、指の付け根から指先へと、ポジティブな感情を込めて行います。

次のように唱えましょう。「神聖なる癒しの叡智よ、指を癒し、そこに最高の健康状態、バイタリティ、柔軟性を取り戻してください」

☞不健全な感情への取り組みについては313頁からを参照のこと。それぞれの指に関連する感情に取り組みましょう。健全な感情については351頁からを参照のこと。それぞれの指に関連するポジティブな感情に取り組みましょう。色については、それぞれの指に対応するチャクラに関係する色、またはその時一番必要だと感じる色に取り組むと良いでしょう。

【卵管】

❖ 考えられる要因 ❖

新しい場所や環境に移ることへの苦手意識。悲しみ。喪失。羞恥心。落ち込み。子ども、または出産に関して罪悪感や恐れを抱くこと。女性らしさを失うことへの恐れ。出産適齢期を過ぎることへの不安。

❖ ヒーリング・プロセス ❖

卵管に集中してください。もし見えるとしたら、あなたの卵管は澄んでいて、丈夫そうですか？　それとも滞っていて、どこか悪そうに見えますか？　自分に聞いてみましょう。


私は今、何を抑え込み、何が起こるのを止めようとしているのだろう？

自分の女性らしい面を、どのように感じているだろう？

年齢を重ねること、私が健全な家庭を築くことに対して、周囲は否定的に考えるけれど、私はなぜ人の否定的な考え方に惑わされているのだろう？

人生のどの部分に行き詰まりを感じているのだろう？
前進するには、どんな決断、行動、手段が必要？

適切な質問をすると、行き詰まったり停滞しているエネルギーを解放することができます。オレンジ色の光線に集中して、次のように視覚化しましょう。オレンジ色の光線が卵管を通り抜けて、あらゆるブロックを消し去り、劣化を解消していきます。今度は黄色の光線です。この黄色の光線は卵管を駆け巡って浄化しながら、そこに完全な健康状態とバイタリティを取り戻してくれます。

子どもが欲しい方は、生殖能力、創造性、女性性を向上させる許可を自分に与えてください。子どもは欲しいけれど不妊症だという方は、妊娠という形であなたをサポートできない自分の体を許してあげましょう。生殖器系につながり、そこをピンク色の愛の光で包み込ます。「ほかの方法で、子どもを授かりますように」と神聖なる叡智にお願いしてみましょう。

次のように唱えてください。「神聖なる癒しの叡智よ、滞り、孤独感、羞恥心、悲しみ、落ち込み、喪失感をすべて卵管から解き放ってください。この状態を招くあらゆる考え方やパターン、ポジティブな思い入れ、ネガティブな思い入れも手放せますように」。何か変化が感じられるまで、「クリア」という言葉を繰り返してください。

次のように唱えましょう。「神聖なる癒しの叡智よ、人生を軽やかに前進できるよう助けてください。自分の女性らしさを存分に表現できますように。創造性と結びつき、若さ、活力、生命力の感覚を取り戻せますように。ありがとうございます」

「神聖なる癒しの叡智よ、卵管とその関連器官すべてを癒し、そこに最大限の強さ、バイタリティ、健康を取り戻してください。ありがとうございます」

☞不健全な感情への取り組みについては313頁からを参照のこと。「悲しみ」は327頁、「恥」は343頁、「落ち込み（憂鬱）」は325頁、「憤り」は321頁、「行き詰まり感（停滞感）」は320頁です。健全な感情については351頁からを参照のこと。「許し」は364頁、「尊重」は361頁、「平穏」は362頁、「思いやり」は353頁です。癒しを早めるのに役立つお勧めの色は、「オレンジ」376頁、「紫」387頁、「銀色」380頁、「黄色」378頁です。

【卵巣】

❖考えられる要因❖

過去に受けた傷、特に男性に傷つけられた心の痛みにこだわり続けること。自分の価値を下げること。直観に従わないこと。低い自尊心。無視されているという思い。被害者意識。自分の女性性、女性らしさの否定。女性らしさイコール弱さだという思い込み。あらゆる人や物事について心配する傾向。体力、美、魅力を失うなど、加齢に伴う現象を気にすること。性的なことや女性らしさを楽しむことを自分に許さないこと。場合によっては、生殖能力に関する問題も要因として考えられます。

❖ヒーリング・プロセス❖

女性であることについて、どのように思っていますか？　女性らしさや官能性を受け入れていますか？完全無欠の女性になろうとして、人に尽くしてばかりで自分の欲求を無視してしまっていませんか？　自分のものを買ったり、自分のために何かをしようとする時、こんな風に考えていませんか？　「自分のために買うなんてもったいない。でも夫（子ども、友人、犬、猫、車…）のためなら、悩まず買うわ」

自分の欲求や欲望に気づいてください。どんなすばらしいことが、自分の人生にふさわしいと思いますか？　それが今手に入らないのなら、一体いつ手に入るのでしょう？　自分を大切にせず、欲しいものも我慢していたら、誰があなたの欲求や欲望を満たしてくれるのでしょう？

自分の女性らしさ、官能性、体を楽しみ、慈しんでください。どのような服を着たら女性らしさを感じられ、綺麗だと思えますか？　自分が魅力的になれる服を買って、着てください。どのような言葉、イメージ、感情、行動が自信を持たせてくれるでしょう？　自分を鼓舞するようなことを考え、感じ、言葉にして、行動しましょう。女性であることを楽しんでください。自分の女性らしさを楽しむことは、美しく勇敢で、力強い行為なのだということに気づきましょう。

次のように唱えてください。「神聖なる癒しの叡智よ、自分を拒絶し、貶め、疎かにする行為、自分を軽んじる行動を止められるよう助けてください。自分は価値がなく、弱くて力のない存在だという思いや喪失感をすべて卵巣から解き放ってください。この状態を招くあらゆる考え方やパターン、ポジティブな思い入れ、ネガティブな思い入れも手放せますように」。何か変化が感じられるまで、「クリア」という言葉を繰り返してください。

卵巣がある下腹部に両手を当ててください。あなたの心から溢れる深く強い愛情と感謝の思いを卵巣に送りましょう。卵巣が担っているすばらしい役割に感謝してください。子どもがいる方、子どもが欲しいと思っている方は、命という贈り物を授けてくれる卵巣に感謝の気持ちを伝えましょう。月経がある方は、あなたを月のリズムや女性としてのサイクルとつなげてくれる卵巣を労ってください。

子どもが欲しいのに不妊症だという方は、あなたの願いを叶えられない卵巣を許してあげてください。「違う形で子どもを授かり、子どもと生活を共にする喜びを体験できますように」と宇宙の神聖なる叡智に願いましょう。

癒しの黄色い太陽光で卵巣を包み込んでください。光線が、あらゆる滞りを解消しながら卵巣まで深く浸透し、健康とバイタリティを修復してくれます。

次のように唱えましょう。「神聖なる癒しの叡智よ、自分の直観と聖なるガイダンスを信じて尊重し、従うことができるよう導いてください。自分の女性らしさ、官能性、肉体を楽しむことができますように。ありがとうございます」

「神聖なる癒しの叡智よ、卵巣とその関連器官すべてを癒し、そこに最高の健康状態、バイタリティ、幸福感を取り戻してください」

☞ 不健全な感情への取り組みについては313頁からを参照のこと。「怒り」は318頁、「判断」は345頁、「悲しみ」は327頁です。健全な感情については351頁からを参照のこと。「許し」は364頁、「思いやり」は353頁、「尊重」は361頁です。癒しを早めるのに役立つお勧めの色は、「黄色」378頁、「オレンジ」376頁、「金色」379頁です。

2
病が伝える秘密の言葉

このセクションでは、感情面・精神面・エネルギー面におけるブロック（妨害物）について述べています。これらのブロックは、体の不調や病気の要因になることがあります。病気や疾患は、思考、感情、エネルギーを餌にして、身体的なレベルで体を蝕んでいきます。けれども、あなたを邪魔しているブロックや制約に気づいた時に、それらを解放しはじめることができるのです。

私は仕事上の経験を通して、病気のそれぞれの症状について、一般的に関連づけられる感情があることに気づきました。このセクションで紹介している五十音順の「身体的疾患・症状のリスト」では、そうした感情についても述べています。ただ、ここでの内容は、あくまで一つの指針として活用してください。感情の例をいくつか挙げてはいますが、そこに列挙されている重苦しい、あるいは破滅的な感情や思考すべてがあなたに関係するわけではありません。このセクションに目を通しながら自分の体に意識を集中させ、自分が症状のどの側面あるいはどの感情に反応するか、確認してみましょう。それが、あなたの状況に最も当てはまるものです。

問題の要因となっていた思考や感情、態度に気づくだけで、癒しが起こりはじめるということがよくあります。なぜなら、問題の原因を自覚すると、新たな選択肢が見えてくるからです。選択肢が自分の人生を見つめ直す機会を与えてくれ、あなたは何が機能していないかに気づき、生き方を変えることができるようになります。ヒーリングは、身体の調子や健康、精神的な安定、心のありかた、エネルギーの充足、精神力など、あなたという存在のあらゆる側面に及びます。あなたの体は敵ではないということに気づいてください。体は、自分自身を深く理解できるよう手助けしてくれるメッセンジャーなのです。

癒しをもたらすためには、自分の問題に正面から向き合わなければならないこともあります。このセクションが、おそらくそういった問題を理解する手がかりとなるでしょう。癒しが起こると、必ず変容が訪れます。そのためには、役に立たない思考、感情、行動を、うまく機能するものに変えなければなりません。体に現れている問題や症状は、あなたが人生において関わっている問題を比喩的に表しているのだということに、どうぞ気づいてください。

私のもとへ相談にやって来たゼルダの話をしましょう。ゼルダは心臓に疾患があり、痛みの原因を知りたがっていました。そこで、彼女の人生に何が起こっているか一緒に見てみたところ、あるパターンが浮かび上がってきました。ゼルダの中には過去の痛みが埋もれたままになっており、それが原因で、仕事ではいつもストレスを感じ、身近な人たちの心配ばかりしていたのです。彼女は一人暮らしで、孤独も感じていました。また、失敗すると、それがほんの些細なことでも激しく自分を責めるような性格でした。

ゼルダはそれまで自分自身にしてきたことに気づき、自分の行動や態度が心臓疾患の原因になっていたことを心から理解した途端、過去に自分を傷つけた人たちを許しはじめました。埋もれていた痛みを手放すことにしたのです。仕事にどれだけ不満を感じていたかに気づいた彼女は、退職をしました。そして、より交友関係を広げ、リラックスする時間をとり、心を開放できるクリエイティブなことをするようになりました。自分に厳しくすることよりもユーモアと笑いを好むようになり、自分を責めなくなったのです。すると驚いたことに、医師から治らないと告げられていた心臓疾患が治ってしまいました。

ルースにも同様のことが起こりました。彼女は遠方に住んでいたため、遠隔ヒーリングを行うことにしました。ルースの体では下垂体腫瘍が増殖しており、プロラクチン（乳腺刺激ホルモン）の分泌が過剰になって、血流中へ漏出していました。それによる症状として、激しい頭痛と視力の障害が現れていました。ルースは医師から強力な薬物治療を勧められましたが、彼女は自然な取り組みを試してみようと思ったのです。

私は腫瘍の原因をルースに説明することができました。彼女の人生に何が起こっているのか正確に言い当てると、ルースは驚いていました。そして、本書でも紹介しているプロセスのいくつかを試すよう伝えたところ、六ヶ月後にルースから手紙が届きました。それは、結果に胸を躍らせているのが伝わってくる内容でした。遠隔ヒーリングを行った数日後には頭がすっきりして、その後一度も偏頭痛が起こっていないとのことでした。また、ルースが年に一度の健康診断に行った際には血中のプロラクチン濃度はほぼ正常値になっており、医師は説明のしようがない現象だと仰天し、ルースは彼女の自己治癒能力を証明する動かしがたい証拠だと感じたそうです。

私はこれまでこういったワークを教えるために様々な国を周りましたが、世界中からたくさんの反響が寄せられました。パキスタンの医療関係者からメールが届いたこともあります。彼が高血圧患者と糖尿病患者二十名に本書のプロセスをいくつか紹介したところ、三週間もしないうちに、プロセスを試した患者全員から「体の痛みがなくなった」「もう疲労を感じない」「元気一杯だ」との報告を受け、彼らは喉の渇きをおぼえることも、以前のように頻繁にトイレへ行く必要もなくなったとのことでした。効果があった患者のうち、九人はインスリン治療を受けていたのですが、それも必要なくなったそうです。

本書の内容と紹介しているプロセスを通して、読者の方々が明るく元気になれるようお手伝いしたいと、心から願っています。そして、この癒しの仕事――これは私たち「全員の仕事」です――を人々に広めることが、私の大きな願いです。あなたの体は、学び成長するチャンスを与えてくれるのです。一度このレッスンを習得してしまえば、体は治癒するでしょう。なぜなら、もう痛みを抱え続ける必要がなくなるからです。

身体的疾患・症状のリスト

【あ行】

RSI▼「反復運動過多損傷」の項を参照のこと。

RLS▼「レストレスレッグス症候群（むずむず脚症候群）」の項を参照のこと。

IBS▼「過敏性腸症候群」の項を参照のこと。

悪夢▼夢を通して明らかになるような、抑圧された恐れ、ストレス、不安。あなたに認識・解決して欲しくて表面化してくる不安。繰り返し浮上してくる、対処法が分からない問題。

顎の障害▼緊張、ストレス、抑圧を抱えること。自分の気持ちをうまく伝えられないこと。判断、批判された気分。恐怖心。毅然とした態度で自分の要望を伝えることへの苦手意識。後ろめたさ。非難、あら探し。閉じ込められたような感覚。

アジソン病▼極度のストレスを受けている状態。あらゆる物事や人について心配して、すべてを重く受けとめてしまうこと。気がかり。休憩や息抜きを自分に許さないこと。いつも慌ただしく事を起こそうとすること。人生の流れに逆らうこと。物事が思い通りに進まなくて、歯痒い思いをすること。楽しみ、喜び、笑いを拒むこと。

アスペルガー症候群（自閉スペクトラム症）▼場に馴染むことへの苦手意識。誰にも理解・共感してもらえないという思い。孤立感、孤独感、分離感。人に拒絶されることや嫌われることへの不安。人に馴染めない感覚、自分の気持ちをどのように伝えていいのか分からないという思い。関心、愛情、理解を得たいだけなのに、好戦的で強引だと思われてしまうこと。

アデノイド▼怒り。家族の口論。取り残された気分、または愛されていないという思い。負の感情や絶望感から目を逸らそうとすること。

アテローム性動脈硬化▼判断、批判、糾弾。自分の感情や心との結びつきを失うこと。心ではなく理性に従うこと。自分や人を愛することへの不安。自分を否定的な視点で見ること。人を遠ざけるような態度。過去の痛みを心に抱え込むこと。自分や人に対する厳しい態度。

脂性肌（あぶらしょう）▼心の調和が乱れている状態。今以上に物事をこなしたいという思い。早急に、無理にでも事を起こそうとすること。ありのままの自分に対する違和感をおぼえながら、その感情を隠そうとすること。必死になって人の輪に入り、気に入られようとすること。

アルコール中毒▼行き場のない抑圧された怒りや心の傷。自分を罰すること。退屈、停滞感、浮かない気分。解決法を必要とすること。考えすぎ。自ら生み出した問題に圧倒され、対処せず逃げようとすること。

アルツハイマー病▼パワーの喪失。人生に対処できない状態。たくさんの抑圧された感情。人生に圧倒され、別の時代に逃げてしまいたいと思うこと。思い出したくない、またはここにいたくないという気持ち。戸惑い、混乱すること。今の生活に対する不安。この世を去ること、手放すことへの不安。

アレルギー▼人から不愉快な思いをさせられ、腹を立てること。自分のパワーを譲り渡してしまうこと。自分のネガティブな反応を人や出来事のせいにすること。自分を傷つけた人に対する執念。許せないという思い。傷つけられた経験の中にあるプラスの面を見つけられないこと。人に支配されたり操られたりするのを許しておいて、のちに、その相手に愛情や親切心を与えないことで仕返しすること。人との境界線をどのように引いていいのか分からない状態。▽「食物アレルギー・食物過敏症」の項も参照のこと。

アンギーナ▼ストレス、欲求不満。将来への不安。感情を表すこと、特に愛情を示すことへの苦手意識。人生の流れから分離している感覚。怒り。批判的な思い。人生は不公平だという気持ち。

胃炎▼度重なる口論に対処できないこと。恐れ、欲求不満、負の感情を持て余すこと。拒絶された気分。失望、悲しみ。状況がめまぐるしすぎて、人生の困難を受け入れられない状態。すぐに苛立つこと。自分自身や将来に対する確信のなさ。

胃潰瘍▼「潰瘍（胃）」の項を参照のこと。

胃腸潰瘍▼「潰瘍（十二指腸）」の項を参照のこと。

いびき▼古い考え方や昔のやり方を手放したくないという思い。コントロールする必要性。言うべきことを表現できないという思い。変化への不安。

いぼ▼世界は醜く、脅威と敵意に満ちているという見方。ネガティブな考えや感情に気をとられること。好きなものや愛するものではなく、憎んでいるものや嫌いなものに意識を向けること。自分は不適任だという思い。自分はつまらない人間で、人生の恵みを受けるに値しないという思い。

咽頭炎▼本当はどう思っているかを伝えないこと。本心を隠すような態度。ストレス、欲求不満。怒り。恐怖心。内なる葛藤。人から受け入れてもらえないことへの不安。▽「連鎖球菌性咽頭炎」の項も参照のこと。

陰部ヘルペス▼自分に対する攻撃。拒絶された気分、見捨てられたような思い。自分は取るに足りない存在だという思い。愛されないという思い。性欲に対する大きな罪悪感。自分が受けた扱いに対する怒り。自分は罪深い、罰せられるべきだという思い込み。汚れた気分、羞恥心、屈辱感、名誉を汚されたという思い、乱暴されたという思い。

インフルエンザ▼体力的・精神的な弱さ、疲れ、虚弱。周囲の負の感情に圧倒されること。手に負えないほどの重荷を抱えなければならない感覚。自分という人間を否定された気分。内面の混乱、混沌状態。「休憩」が必要だという思い。▽「風邪」の項も参照のこと。

ウイルス▼落ち着かない気分。無防備な感覚。たやすく人に操られて影響されるという思い。批判や嫌がらせを受けた気分。脅威。攻撃された感覚。被害者意識。

うおのめ▼将来が気にかかること。前進することへの不安。人生の自然な流れに抵抗すること。失敗に対する恐れ。自分を認めて欲しくて必死に人を喜ばせようとすること。

（産後の）うつ病▼分離した感覚。見捨てられたような思い。空虚感。余計な責任を負うのが大変だという気持ち。打ちのめされた思い。孤立、孤独。悲しみ。自分は力量不足だという思い。自分の能力を信頼、信用できないこと。自滅的な考え方を受け入れてしまうこと。

エイズ▼「後天性免疫不全症候群」の項を参照のこと。

ＡＤＤ・ＡＤＨＤ▼「注意欠如・多動症」の項を参照のこと。

壊疽（えそ）▼人生など生きる価値もないという思い。負の感情を増長させる行為。常に不平不満を並べ立てること。自己嫌悪。人生に対する抵抗。喜びから切り離された感覚。生命力を衰えさせること。自滅。

エプスタイン・バーウイルス感染▼神経過敏な性格。力量不足だという思い、自信の欠如。移り気。抑圧されたエネルギーを抱えること。身近な人たちへの制御不能な攻撃性。一つのことをやり通せないことに対する後ろめたさ。本来の自分を見失っている状態。自分の夢ではなく、人の夢に心を注ぐこと。

遠視▼「目の疾患」の項を参照のこと。

炎症▼苛立ち、内なる葛藤。挑発的な態度。内心、怒りで煮えくり返っている状態、（名誉などを）傷つけられたような気持ち。理不尽な性格。目の前で起こっている不正に対する怒り。人が自分を支配・管理するのを許してしまうこと。自分を傷つけるような言動。▽「目の疾患」の項の「眼瞼炎」「角膜炎」および「骨髄の疾患」「憩室炎」「乳腺炎」「腎炎」「骨髄炎」の項も参照のこと。

老い（に対する恐れ）▼自分の価値を失うことに対する不安。病気や衰えが生じて当然だという思い込み。変化や変容に対する恐れ。気持ちを切り替えて人生の新しい局面を受け入れるよりも、現状のままでいたいという思い。

黄疸▼動揺、狼狽（ろうばい）。苛立ち。緊張。激怒。どこかへ行ってしまいたいという思い。誤解されること、拒絶されること、無視されること。人生は手を差し伸べてくれない、滋養を与えてくれないという思い込み。人生への抵抗。先祖から受け継いだ恐れや不安、怒りを抱えていること。

嘔吐（おうと）▼体が耐えきれないほどの重圧感、ストレス、停滞感を抱えること。

悪寒▼自分の安全圏から出て、新たな体験や状況に対処すること。無防備で傷つきやすく、守られていないような感覚。自由を奪われること。凍りつくような状態。次にどうすればいいのか分からないこと。内なる葛藤。間違った決断をすることへの不安。

おくび▼「げっぷ」の項を参照のこと。

おたふく風邪▼他人の限定された信念や意見を受け入れられないという思い。自分の内なる叡智に従わないこと。クリエイティブなアイデアを人に伝えることを妨げられている気分。内なる葛藤。本心を隠すこと。力量不足だという思い。性的関心や欲望に対する羞恥心。

【か行】

開口障害▼緊張感。汚されたような思い。行き詰まり感。抵抗感。自分の面倒を見られない状態、あるいは物事に対処できない状態。どこかに行ってしまいたいという願望。緊張、心配、プレッシャー。選択肢がないような、追い詰められた感覚。

疥癬（かいせん）▼人生の舵を取り、山積みの義務に対処するのが大変だという思い。現状から逃れたいと思いながら、どうしていいか分からないこと。他人が自分にあれこれ指示する権利があるように感じること。自尊心の欠如。内面の激しい攻撃性。傷ついた心。罰せられているという思い。

外斜視▼「目の疾患」の項を参照のこと。

外傷▼体に傷となって現れる、抑圧された痛み。被害者意識。自己批判、判断。許しがたいという感情。

潰瘍（胃）▼悲観的な態度。何も、誰も、自分を幸せにしてくれないという思い。欲しいものが分からない、あるいは自分をどう労ればいいのか分からないこと。喪失感。孤独感、孤立感。見捨てられたような気分、拒絶されたような思い。愛情、助け、豊かさをどのように受けとっていいのか分からないこと。過度の心労や不安。将来や変化に対する不安。

潰瘍（口内炎など小さいもの）▼不安。いつも自分を疑い、自分の能力を信用しないこと。本心を隠して、率直に話そうとしないこと。チャンスをみすみす逃すこと。後悔の念。もどかしさ。

潰瘍（十二指腸）▼怒り、恐れ、憎しみ、激情、失望、憎悪、悲しみを手放そうとしないこと。過度の心労。世間に対する不信。警戒心。コントロール。完璧主義。ふがいなさ、無力感、自分には値打ちがないという思い。圧倒されるような責任を抱えること。人のために何かをしなければならない状況、特に、相手が感謝をしない状況に対する苛立ち。自分を傷つけるような言動、自分で招いた苦痛。復讐心。見返りを求める気持ち。

潰瘍（消化性）▼極度の心配、不安、ストレス。自分の時間をうまく使いこなせないこと。早急に対応すべき事柄を後回しにしようとすること。何が機能していないのかを認識して前進しようとはせず、空虚感をもので埋めようとすること。怒り。傷ついた心。憤り。感情のはけ口がない状態。無理をしてやりすぎること。

角膜炎▼「目の疾患」の項を参照のこと。

過呼吸▼恐れ、不安、不信。人生は望み通りにならないという思い込み。変化への抵抗。不安定な気持ち。自制心を失ったような感覚。混沌とした感覚。めまぐるしい状況。心配事、ストレス、緊張感。

過食症（神経性過食症）▼愛情や世話を受けるのを苦手とすること。延々と続く自己批判、罪悪感、自分を傷つける行為。状況をコントロールしようとすること。問題と向き合わず、食べ物に目を向けて問題を押しやること。

過食症（非嘔吐過食症）▼抑え込んでいる、または締め出している破滅的な感情との闘い。感情や体が伝えようとしているメッセージをごまかそうとすること。感じることを自分に許すと気分が落ち込むかもしれない、感情が爆発するかもしれない、すべてが崩壊するかもしれないという恐れ。後ろめたさや羞恥心。コントロールする必要性。失敗への不安。空虚感を何かで埋め合わせようとする行為。

風邪▼注意散漫。やるべきことが山積みで、責任、プレッシャーが大きすぎる状況。体の声に耳を塞ぎ、ゆとりを持とうとしないこと。圧倒される感覚。働きすぎ。疲れ果てた気分。自分の時間を必要とすること。何を選択していいのか戸惑うこと。▽「インフルエンザ」の項も参照のこと。

滑液包炎▼同じパターンにはまり込んで身動きがとれない感覚。安全圏から抜け出せないという思い。恐れや不安、前進するためにやるべきことすべてに打ちのめされる思い。飽き飽きする思い。不満。怒り。退屈。自分を蝕む内なる葛藤を抱えること。方向性を見失うこと。無力感。

活動過多▼注意散漫。衝動性。退屈。常に刺激や変化を求めること。面白いことを見逃したくないために、集中力や注意力を保てないこと。

過敏性腸症候群（ＩＢＳ）▼精神的に不安定な状態。真面目すぎる性格、コントロールしすぎる傾向。ネガティブなことに注目すること。批判的。意固地。すぐに苛立つこと。人を信用できないこと。古い信念や考え方にしがみつくこと。混乱。方向性を見失うこと。途方に暮れた状態。

花粉症▼感情の抑圧。もどかしさ。怒り。罪悪感。行き詰まり。好きなことができないという思い。生きていくための資源、財源、愛情、思いやりなどが足りないことをひどく心配すること。自分のための時間がない状態。誰が苦手なのか、何が苛立ちや失望の原因なのかを知る必要性。

鎌状赤血球貧血▼行き詰まり感。不安。混乱。抜け出しにくい厄介な状況に陥ること。人生の流れを妨げること。物事を必要以上にややこしくしてしまうこと。争い事や物事のうわべに気をとられている状態。自分の本質を深く探求しようとしないこと。うわの空の行動。

痒み▼自分がしていること、居る場所が気に入らないこと。逃げたくてどうしようもない気分。すぐに腹を立てたりいらいらすること。不当な扱いを受けているような気分。不満。怒り、または憤り。

がん▼限界を感じること。怒り。恐怖心。自制心を失ったような感覚。過去に受けた心の傷を引きずっている状態。力量不足だという思い。心が萎縮して、内側から自分を攻撃すること。罪悪感、深い悲しみ、疑いが体を蝕んでいるような感覚。身構えてしまい、リラックスして手放すことがどうしてもできない状態。能力以上の量をこなそうとして、たびたび自分を追い込むこと。人に気に入られようとして、いつも人の承認を求めること。▽「黒色種」「骨肉腫」「子宮頸がん」「前立腺がん」「乳房嚢胞(のうほう)・乳房のしこり」「乳がん」「肺がん」「白血病」「膀胱がん」「卵巣がん」「リンパ腫」の項も参照のこと。

肝炎

◆肝炎全般▼疎外感。自意識過剰。自分や他人に批判的な性格。手厳しい性格。頑固。すぐにいらいらしたり怒ること。自分の思い通りにしたいという欲求。人の欠点が気になること。自己中心的な性格。変化や変容への恐れ。抵抗心。罪悪感。羞恥心。警戒心。

◆A型肝炎▼人に影響されやすいこと。批判的な態度。自分の思い通りにしたいという欲求。反抗的な言動。悲しみ。不安。もどかしさ。怒り。現状に耐えられないという思い。同じ状況が何度も起こっているような感覚。自分が進歩する機会を自ら繰り返し邪魔すること。

◆B型肝炎▼無力感。自分を見失ったような、自分が自分でないような感覚。世間に対する怒り。行き詰まって前進できないという思い、もしくは上のレベルに上がれないという思い。人の意見に耳を貸そうとせず、立ち入らせないこと。人生に対する失望・幻滅。自分の感情を麻痺させること。

◆C型肝炎▼自己批判的な性格。頑固。自分の思い通りにしたいという欲求。すぐにいらいらして怒ること。いつも人のあら探しをすること、人のせいにしようとすること。恐怖心。罪悪感。羞恥心。

◆D型肝炎▼過去にとらわれている感覚。現状を変える方法が分からなくて苛立つこと。自分以外の誰かになろうとして、仮面をかぶること。自己嫌悪。変化や変容への恐れ。用心深さ。自己中心的な性格。被害者のような振る舞い。相手の関心を求め、助けてもらおうとすること。

眼瞼炎▼「目の疾患」の項を参照のこと。

カンジダ症▼自己不信。注意散漫、ぼんやりした感覚。疲労困憊（こんぱい）。ストレス。罠にはめられた感覚。パートナーに対するもどかしさ。パートナーや身近な人を非難すること。欲しいものが手に入らないことに怒りをおぼえながらも、自分からは変化や行動を起こしたくないという気持ち。人を信頼、信用できないこと。

冠状動脈血栓症▼人生の流れを止めてしまうこと。人に心を閉ざすこと。自分は取るに足りない存在だ、愛される価値もないという思い。自分は役立たずだという思い込み。誰も気にかけてくれないという思い。人に裏切られたと感じ、心臓への血流をブロックするような心の痛みや悲しみを受け入れてしまうこと。喜びや生きることへの関心を失うような経験。

関節炎▼過去の怒りや憤りの感情を手放そうとしないこと。罪悪感、自責の念、羞恥心を抱えている状態。自分や人を許せないという思い。人生に関する愚痴。心配はしても、変化は起こしたくないという気持ち。行き詰まり感。制約のある感覚。

関節障害▼心の傷や悲しみ、挫折感を抑え込むこと、または押しやること。孤独感、守られていない感覚。心身の疲労感。古い考え方にはまり込んでしまうこと。柔軟な考え方や創造性の欠如。昇進することへの抵抗。独りよがり。

乾癬（かんせん）▼不安。拒絶されること。苛立ち。責任を取るよりも、誰か責める相手を探そうという思い。怒りが爆発する寸前まで感情を抑えること。深い失望を抱えること。自己嫌悪、自分を罰すること。自分の居場所が分からないような戸惑い。

感染▼攻撃された、侵入されたという思い。混沌とした感覚。苛立ち、不快感。脅威。衰弱。自分を守る力が弱くなること。攻撃を受けやすいという感覚。配慮や休息が必要な状態。

乾燥肌▼誤解されたという思い。どうやって自分を表現し、自分の考えに興味を持ってもらえるのか分からない状態。創造性やバイタリティを失うこと。取り残された思い、後回しにされた気分。

記憶喪失・健忘症▼納得がいかないこと。惨めな気分。人生に対する満たされない思い。つらい記憶を消してしまうこと。過去と向き合いたくないという思い。未解決の問題や抑圧された感情を抱え込んでいる状態。

気管支炎▼極度のプレッシャー。家庭内での対立や怒り。また、それが身近な人への苛立ちに発展すること。自分が解決できない問題、またはコントロールできない問題を他人のせいにすること。ひと休みして自分の時間をつくる必要性。感謝や愛情が欠けている感覚。人を寄せつけない態度。

気腫▼人生は闘いだという思い。困難や制約があるのは当たり前だという思い込み。被害者意識。取り残され、拒絶されたような感覚。何か良くないことが起こるのではないかという恐怖感。喜びのない生活。考えすぎ。今を生きることができないという思い。ストレスや心配事を抱えて疲れ果てること。

寄生体（寄生虫）▼人がたかってくるのを許してしまうこと。圧倒される思い。過小評価されたような気持ち。拒絶されたような思い。自分は汚れている、自分はどこかおかしいという思い。体への違和感。誰もが自分と関わりたがっているように思うこと。

寄生虫▼人が自分のエネルギーや生命力を奪うのを許してしまうこと。汚れた気分。ネガティブな感情や考え、批判、焦燥感がはびこっている状態。時間、エネルギー、愛情、助けがいつも足りていないという感覚。自分の欲求や欲望ではなく、他人のそれに応じてしまうこと。相応の評価や感謝を受けられないにもかかわらず、与えすぎてしまうこと。

吃音（きつおん）（どもり）▼不安。不適任だという思い。自意識過剰。制約がある感覚、閉じ込められているような気分。人とのコミュニケーションを苦手とすること。本心を隠して、自分がどう感じているかを伝えないこと。創造性を抑え込むこと。自分や自分の能力に関する人からの批判や狭量な考えを受け入れてしまうこと。

ぎっくり腰▼決断をくだせないこと。心の支えがない感覚。信頼の欠如。自分を押しとどめる感情的なブロック。自分の欲求を無視すること。過度のプレッシャーを抱えて、体を硬直させてしまっている状態。▽「椎間板ヘルニア」の項も参照のこと。

嗅覚喪失▼直観を無視すること。行き詰まり感。不快な人間やエネルギーに囲まれている状態。創造性や自発性の欠如。人前で必要以上に自分を抑えようとすること。完璧主義。

強迫症▼事態への対処能力に欠けること。コントロールしたい、起こりうることを事前に知っておきたいという強い思い。危険を感じること、恐怖心、不安、警戒心。物事や人に対する猜疑心。自分が変わるとすべてが間違った方向に進んで台無しになるかもしれないという恐れ。自分または身近な人に起こった厄介な出来事や嫌な出来事を、自分のせいにすること。

恐怖症

◆クモ恐怖症▼被害者的な無力感。内なるパワー、または回復力の欠如。たいていの場合、幼少期のクモにまつわるトラウマが関係しています。

◆高所恐怖症（高い場所、危険、死への恐怖心）▼自分は弱い、もろい、不安定だという思い。びくびくすること。手放し、信頼することが困難だという思い。自分がコントロールしてすべてを思い通りにしたいという強い欲求。考えすぎ。最悪の状況を思い浮かべること。死への恐怖。

◆死体恐怖症（死体や命を失ったものに対する恐怖心）▼「死体を避けていれば、死を免れることができるかもしれない」という考え。「死は無を意味する」という考えに対する恐れ。また、その考えを押しのけようとすること。場合によっては、誰かが死ぬところ、あるいは深刻な病に伏しているのを目撃することや、死に関する衝撃的な話を聞くことが関係しています。

◆対人恐怖症（判断、批判されることへの強い恐怖心）▼認められたい、愛されたいという欲求。取り残された気分、拒絶されたような思い、見捨てられたような感覚、孤立感。人の怒りを買うことへの不安、人の反応を恐れる気持ち。

◆飛行機恐怖症（飛ぶことへの恐怖心）▼たいていの場合、自分や家族に起こった飛行中の嫌な体験あるいは事故が関係していますが、飛行機墜落や飛行機事故の話を聞いたり、映像を見たりしたことが関係しているケースもあります。

◆広場恐怖症（人混みや公の場所に対する恐怖心）▼自制心を失うことへの不安。拠りどころのない感覚。人を信頼し、助けを求めることへの苦手意識。人に利用され、傷つけられるかもしれないという不安。被害者意識。体や心、環境に閉じ込められているような感覚。内面の苦痛や葛藤。鬱積した激情、抑圧された悲しみ、無力感、絶望感。人生にひどい打撃を与えられた感覚。隠れてしまいたいという思い。

胸部の鬱血▼本心を隠すこと。邪魔されたという思い。自分の気持ちを伝えること、欲しいものを求めることへの苦手意識。人が指図してくるのを許しておいて、あとで相手に怒りや憤りを感じること。

ギラン・バレー症候群▼攻撃や批判を受けたという思い。すくむような感覚、体がこわばる感覚。毅然とした態度をとれないこと。やることなすことうまくいかないように思えること。壁に頭を打ちつけて感情を追い払ってしまいたいような気持ち。現状に飽き飽きし、あらゆる苦難にうんざりするような思い。あきらめたい、降参したいという思い。

近視▼「目の疾患」の項を参照のこと。

筋ジストロフィー症▼衰弱。恐れや嘆き、悲しみの感情が自分を蝕むのを許してしまうこと。途方に暮れる思い、絶望感。人の問題や悩みを引き受けた結果、自分がそれに悩まされること。重くのしかかる責任を抱え込むこと。自分は取るに足りない存在だという思い。

唇のひび割れ▼失敗することや間違った印象を与えることへの恐れ。退屈。辛辣な言動。精神的不安、失われた自信。

クッシング症候群▼延々と自分を傷つけること。解決法が分からない問題に打ちひしがれること。人生に打ちのめされる思い。些細な失敗でもばったり倒れてしまうほど繊細なこと。あらゆることが困難で、誰もどうすることもできないという思い込み。

クラミジア感染症▼羞恥心。苛立ち。利用されたような感覚。人が自分に寄生虫のようにたかるのを許してしまうこと。怒り。拒絶されたような思い、孤独感。過小評価された気分。「自分のどこが悪いのだろう」と延々と考えること。自分の体や性に対する羞恥心。

グルテン不耐性▼人生の、特に幼少期における出来事を受け入れて理解することが難しいという思い。自分の局部を嫌悪すること。必死で対立を避けようとすること。自分自身や自分の感情を疎かにすること。行き詰まり感。拘束感、ずっと監禁されているような感覚。

車酔い▼自制心を失うことへの恐れ。選択肢がないという思い込み。だまされて混乱すること。

くる病▼満たされない思い。制約がある感覚。適切な滋養とサポートの欠如。関心、支え、助けを渇望すること。弱さ。自分のことは自分でしなければと苦闘すること。

クローン病▼後ろ向きな態度や批判的な思い。止まらない自虐。人生を悲観的、あるいは皮肉な目線でとらえる傾向。嫌な感情を、受け入れるよりも抑圧しようとすること。自分の繊細な面を常に隠そうとすること。他人の意見に内心は弱気になっているにもかかわらず、自信があるふり、気にしていないふりをすること。人を責め、自分は被害者だと思う傾向。

群発性頭痛▼もどかしさ。批判的な思い。怒り。陰で中傷されているのではないかと疑うこと。用心深さ。自分や人に対する失望。考えすぎ。毅然とした態度をとりたいのに、その方法が分からないこと。あらゆる方向から攻撃や批判を受けている気分。めまぐるしい状況。やめるタイミングが分からないこと。自信を必要とすること。▽「頭痛」「偏頭痛」の項も参照のこと。

憩室炎▼本心を隠すこと、感情の抑圧、秘密にすること。拘束されて自由がきかない感覚。恐れや不安を手放して自由になることができないという思い。「選択肢はなく、運命に従うしかない」という思い。延々と自分を傷つけること。「どうせ失敗するのに、何のための努力だろう?」と考えてすぐにあきらめようとすること。▽「炎症」の項も参照のこと。

（こむら返りなど、特に筋肉の）痙攣▼極度のストレスと緊張感。不安や葛藤に打ちのめされる思い。人生は厳しすぎるという思い込みを解消できないこと。くつろいだり、自分を解放することができない性格。落ち着かない気分。疲労感。注文ばかりつけて、物事をせっかちに求めること。もどかしさ、苛立ち。落胆。▽「腹部の痙攣」の項も参照のこと。

（腹部の）痙攣▼恐れ。怒り。傷ついた心。相手が攻撃してくるのを許してしまうこと。自分や人を非難すること。狭量な考えにとらわれて、現状から抜け出す方法が分からない状態。▽「痙攣」の項も参照のこと。

痙攣性大腸炎▼ストレス。不安、心配事。体が萎縮しているような感覚。問題の対処法が分からないこと。解決法ではなく問題そのものに気をとられること。信頼の欠如。気が変わりやすい性格。自分の直観を結果論で批判すること。人から攻撃や批判を受けたという思い。傷つきたくなくて身構えること。

痙攣・発作▼ストレス。不安、緊張。抵抗心。焦燥感。先行きに関する心細い気持ち。

外科手術（回復の遅れ）▼無力感。罪悪感。もどかしさ。拠りどころのない感覚。今以上の愛情や関心を必要とすること。自分の体を粗末に扱い、十分な休息をとらないこと。行き詰まり感。無感覚。体の治癒力を疑う気持ち。

血圧▼「高血圧症」「低血圧症」の項を参照のこと。

血液循環の問題▼何の変化もなく同じところをぐるぐる回っているような行き詰まり感。制限されている感覚、抑止されている感覚。大切な決断を人にまかせておいて、うまくいかないと相手を責めること。リスクを負うことへの恐れ。新しいことに挑戦せず、ただ教えられた通りに物事を行うこと。

結核▼気だるい感じ。劣等感。打ちのめされる思い。怒り。内面の混乱状態。苦闘。人から利用され、負かされるのではないかという不安。自分が傷つけられる前に相手を傷つけて自分を守ろうとすること。場合によっては、自己中心的な性格、独占欲の強さ、独占的な行動なども要因になります。

月経前症候群（ＰＭＳ）▼怒り。混乱。不安。恐れ。自己不信。「どうせ否定されるだろう」と思って、自分の考えを隠すこと。人に話を聞いてもらえないこと。もどかしさ、焦り。不愉快な気持ち。だまされたという思い。危険を感じること。阻害されている感覚。見下されているような気持ち、惨めな気分。過去に男性から受けた苦痛を忘れられないこと。引け目や劣等感。自分の女性的なエネルギーを否定すること。力や権力は男性に属するものという考えに起因する、男性のように力強くありたいという願望。

月経不順▼自分の女性性を拒絶すること。女性はか弱いという思い込み。延々と続く自己批判。被害者が感じるような、力を奪われた感覚。人が自分を振り回すのを許してしまうこと。毅然とした態度をとれないこと。人生を難しく考えすぎること。性的関心や欲望に羞恥心や罪悪感をおぼえること。

血栓▼創造性やエネルギーの流れを妨げる行為。人生に対する抵抗。制約にばかり意識が集中すること。自信の欠如。内面の混乱。深い失望。後悔。

血栓症▼行き詰まり感。自分の気持ちに従おうとしないこと。無理に押し進めたり、制限したり、先延ばしにして人生に抵抗すること。内なる知恵を見失っている状態。怒りや憤りを抱えること。脅かされている感覚。困難、苦闘、試練に意識が向いていること。

結腸炎▼人生を受け入れられないという思い。心細さ。つらい感情を処理せずに抑え込むこと。助けを求める叫び。打ち負かされたような無力感。あきらめたい、降参したいという思い。対処すべき問題が多すぎるという思い。人の考え方が理解できないこと。認めてもらいたい、間違いたくないという思い。

結膜炎▼「目の疾患」の項を参照のこと。

げっぷ▼自由がない生活。決定権を奪われたような感覚。重い関係、歩み寄るのが難しい関係に抵抗を感じること。物事を突き放そうとすること。人生に受け入れるものを制限すること。人生の恵みを受けとるのを苦手とすること。一度にあれこれ対処しなければならない気がして、圧倒されること。

血友病▼痛みや苦悩はあって当然だという、家族から影響された思い込み。もろさ。不安。警戒心。疲労。男性的な側面を否定すること。心の痛み。肉体的・精神的な悪化、衰え。

下痢▼自分がくだした決断に対する心地の悪さ。助けの求め方が分からないこと。無力感。戸惑い。拠りどころのない感覚。自信のなさ。頭の混乱。恐怖や不安を味わう体験。▽「赤痢」の項も参照のこと。

腱膜瘤（けんまくりゅう）▼人生を間違った方向に進むこと。自分の成長や飛躍を制限する決断をくだすこと。変化への恐れ。自分の創造力や成功する能力を信じられないこと。

号泣▼緊張感や長い間抱えていたストレスを解き放とうとすること。人生をこれまでとは違う視点で見直す機会。抑圧していた感情を認めて手放すことができた時に起こる、究極の癒し。自分の内面に浄化をもたらし、洞察のための場所をあけること。嬉し涙である場合もあります。

口腔カンジダ症▼「カンジダ症」の項を参照のこと。

高血圧症▼内心、怒りで煮えくり返っている状態。傷ついたという思い。復讐心。憎しみ、激情、怒りを手放そうとしないこと。極度のプレッシャーや過度の欲求を感じること。好かれたいという願望。人からの関心や賞賛を得たくて、気に入られようとすること。限界を超えるほど自分を追い詰めること。

口臭▼怒り。他人を寄せつけたくないという思い。許せないという思い。拒絶された気分。不快感。場に馴染むことへの苦手意識。

甲状腺機能亢進症▼常に突進するような勢いで、何もかも一日でやってしまおうとすること。頭の整理ができない状態。成功するために極度のプレッシャーやストレスにさらされること。いつも時間が足りない状態。物事を成し遂げなければ世界が終わってしまうという感覚。思うように物事をこなせず、常に気がとがめていること。自分以外の人にはいつでも協力を惜しまないこと。

甲状腺機能低下症▼「面倒くさい」という態度。考えがまとまらないこと。疲労。多くの重荷を抱えること。疲れ果てた感覚。情緒不安定。疲労困憊。コミュニケーションに対する苦手意識。目立たないようにして大切なことを人に決めてもらおうとすること。本心を隠すこと。何もかもが大変すぎるという思い。

甲状腺腫▼自分の本心を伝えることへの恐れ。生きたいように生きることへの不安。いつも目立たないようにして、人に気に入られよう、特に家族を喜ばせようとすること。そしりや批判への恐れ。自分の選択を拒否されることへの不安。自分の創造性や夢を実現させる力を見ないようにすること。欲しいものを求めるのではなく、おとなしくしているべきだという思い。

口唇ヘルペス▼欲しいものが手に入らない時に感じるような、奪われた感覚。拒絶されたり嫌われたりするのを恐れて自分の願望を伝えられないこと。違和感。失望。怒り。人が自分を支配し操るのを許しておきながら、あとで落ち込み、虚しさや失望感を味わうこと。

咬爪癖（爪をかむ癖）▼神経の高ぶり、緊張。自分に自信が持てない状態。無防備。低い自尊心。混乱。優柔不断。退屈。ストレスに苦しむこと。停滞感。気が動転すること。家族や友人への苛立ち。自分の境界線を越えて人が押し入ってくるような感覚。間近に迫った重要なイベントが気になっている状態。

後天性免疫不全症候群（AIDS）▼罪悪感。不当な扱いを受けたという思い。誤解されたという思い。失望感。汚れているような感覚。性的なことに対する羞恥心。不平等や不正、劣悪なものもあって当然だという思い。打ち負かされた気分。自分は平凡で取るに足りない存在だという思い。自己否定。内面の混乱、葛藤、弱さ。

喉頭炎▼本心を隠すこと。自分を表現できない性格。断れない性格。約束を抱え込んで無理をしている状態。自分の言動に対する罪悪感。内面の怒りや憤り。もどかしさ。挫折感。批判、拒絶、判断されることへの恐れ。▽「失声」の項も参照のこと。

口内炎（潰瘍性ではないタイプ）▼行き詰まり感。破滅的な信念や考え方に固執すること。新しいアイデアを受け入れようとしないこと。「人生は不公平だ」という考え方。怒りの感情を抑えて、のちに爆発させること。

更年期障害▼老いへの不安。自分は愛や関心を寄せられるに値しないという思い。自己憐憫。魅力を失うことへの恐れ。自分の女性らしい一面を否定すること。役立たずだという思い。自分の「消費期限」が過ぎてしまったような感覚。

硬皮症▼自分には魅力がない、値打ちがないという思い。拒絶された気分。自分は役立たずだという思い。人生に参加したくないという心境。あきらめること、または降参すること。ネガティブな考えや感情、制約、無力感に意識が向いている状態。やる気、または自信の欠如。無気力。閉じ込められているような感覚。人から脅されている感覚。また、その攻撃から身を守る手段が分からないこと。人生に抵抗した結果、心身のこわばりや精神の不自由を生み出すこと。

後鼻漏（こうびろう）▼怒り、失望、憤り、悲しみを飲み込むこと。本心を隠して、冷たく厳しく頑固だと人から見られてしまうこと。奥底に抑圧された苦痛や攻撃性。過去から抜け出せないでいること。空想や夢の中に生きていること。救われたいという強い願い。意識の拡大、進化にブレーキをかけること。

肛門からの出血▼無理をすること。成り行きにまかせるのではなく、物事を強引に押し進めようとすること。未解決の問題への対処を拒絶すること。自分の思い通りにしたいという願望。失うことへの恐れ。変化に対する抵抗。周りで起こっていることに対する怒り、もどかしさ、不満。けじめをつけられないこと。コントロールできないものをコントロールしようとすること。

肛門膿瘍（のうよう）▼抵抗感。激怒。非難。何かを恥ずかしく感じたり、何かに苦しめられたと感じること。また、そうした感情を隠そうとすること。罪悪感、申し訳ないという思い。汚らわしいという感覚。自分や人を罰すること。復讐心。気づきたくない感情に恐れや圧迫感をおぼえること。▽「膿瘍」の項も参照のこと。

股関節障害▼重すぎる責任。周りの人や問題を抱え込むこと。心の重荷。大きな挫折感と罪悪感。過小評価されている、認められていない、支持されていない、正当に評価されていないという思い。こき下ろされた気分。操られた、利用されたという思い。前進できないこと。

黒色腫▼無防備で守られていないという感覚。うまくいかない制限のあるものを選んで、頑なにその選択にこだわること。一気に表面化するような内面の攻撃性。人生に対する不満。「これだけしかないの？」という考え方。成長、変化、飛躍に対する抵抗。主導権を渡して、自分以外の権力者にルールを決めてもらおうとすること。自分を信頼できないこと。調査して、深く追求するのを拒むこと。取るべき行動、考え方、生き方を指示して欲しいという思い。▽「がん」の項も参照のこと。

五十（四十）肩▼感情を抑圧すること。過度の緊張感、ストレス、心配を抱える体験。人生の課題に「反応しない」ことで、対処を避けること。行き詰まり感。ゆだねるよりも、コントロールしようとすること。将来への不安。降参したいという思い。失敗者のような気分。トラブルに巻き込まれること。苦痛や悲しみをどのように癒せばいいのか分からない状態。こらえていた涙を流すこと。

鼓腸（胃腸内にガスが溜まること）▼本心を隠すこと。違和感。自分の気持ちをはっきりと表現できないこと。変化への抵抗。

骨髄炎▼人や出来事に対する激しい苛立ちや怒り。対立することへの抵抗。攻撃や不当な扱いを受けたという思い。信頼を裏切られたという思い。約束を破ってしまったという思い。孤立感。心配事、将来への不安。生きていくこと、自分の居場所を見つけることに関する内面の苦悩。自分を傷つけるような言動。▽「骨髄の疾患」「炎症」の項も参照のこと。

骨髄の疾患▼信念を失うこと。自分や人に対する失望。挫折感や不安を抱え込むこと。前進して、自力で物事に取り組むことへの不安。自分の才能や能力を隠して、成功への道を自ら閉ざす行為。人からの承認をしつこく求めること。▽「炎症」「骨髄炎」の項も参照のこと。

骨折▼自分の限界を超えるほど無理をすること。働きすぎ。困難な状況から抜け出そうとすること。自分を罰して当然だという思い込み。自分は身体的虐待、精神的虐待、または心的虐待を受けても仕方がないという思い。筋を通さないこと。限界に達すること。

骨粗しょう症▼だるい感じ。拠りどころのない感覚。制限されている感覚。罪悪感や憤りを手放そうとしないこと。自分の行動に責任を持ちたくないという心境。自分を軽視すること。心配。人の負担や重荷を抱えること。戸惑い。力を奪われたような感覚。孤立感。羞恥心。自分の世界が崩壊していくような感覚。率直に話したり、必要なものを頼んだりすることに対する苦手意識。

骨肉腫▼激しい怒り。トラウマ。不安。過去の根深い痛みや憤りを手放そうとしないこと。これ以上の痛みやプレッシャーに耐えられない状態。傷つきやすい感覚。生き残るために闘うこと。いつも自分を攻撃すること。自分を蝕んでいる数々の重荷や未解決の問題。▽「がん」の項も参照のこと。

骨変形▼自分の信条に反する行為。いつも人から言われるままに行動すること。自分の夢や目標から目を逸らすこと。人生で起こる出来事に打ちのめされる思い。深刻な裏切り。希望の喪失。延々と続く闘いのパターンにはまり込むこと。

（筋肉の）凝り▼限界。停滞。不安。優柔不断。支配的な言動。完璧主義。「私のやり方が気に入らないなら出て行って」という態度。独善的な言動、傲慢な態度。自分は何でも知っているという思い込み。難題や失敗に対して、建設的かつポジティブに取り組めないこと。

コリック▼恐怖感。拠りどころのない感覚。苛立ち。歯痒い気分。関心や愛情を求めること。

コレステロール（の数値異常）▼傷つきやすさ、守られる必要性。隠し事をすること。常に脅かされているように感じながら、いつでも応戦できるよう構えていること。何か悪いことが起こった時のために常に自己防衛していること。過去の痛みや制約を抱え込むことで、次に起きる衝撃を和らげようとすること。喜び、楽しみ、笑いのない生活。過度に神経質なエネルギーを抱えていて、すぐにいらいらすること。

昏睡▼どこかに行ってしまいたいという思い。将来への不安。今のままの人生に対応できないという思い。逃げ出したい、現状から抜け出したいという思い。

【さ行】

細菌感染症▼だるい感じ。すぐに人に影響されること。依存心の強い性格。何としてでも注目を浴びたいという思い。激怒。もどかしさ。苛立ち。物事を人と共有したり手放したり変えようとせずに、胸の内にしまい込むこと。

坐骨神経痛▼過去にとらわれること。生きていくことへの不安。経済的問題。幼少期の劣等感が解消されずに残っていること。自分を否定し、自分に多くの制約を課すこと。できないことへの言い訳を探してばかりで、どうすればできるか考えようとしないこと。正直になれば嫌われ、拒絶されるだろうと心底不安に思っていること。生きていけないのではないかという強い恐怖心。自分の創造性を殺してしまうほど責任や義務を抱え込み、負担を感じること。

死（への恐怖）▼自分の体や肉体としての生命に未練があること。霊的に次の段階に進む準備ができていないこと。信頼や信用の欠如。やり残したことがあるという思い。

痔▼自分を解放することができないこと。「人生は不公平だ」という考え方。過去にくだした決断に対する罪の意識、あるいは懸念。自分や人に対する強い批判。方向性や自信を失うこと。怒り、許せないという思い。経験から学べない性格。見捨てられた、裏切られたという思い。家族から影響された時代遅れの信念や不安を手放そうとしないこと。

子癇（しかん）（妊娠中の発作・ひきつけ）▼制限のある感覚。拘束されている感覚。行き詰まり感。どのように将来に対処していいのか自信がないこと。余計な責任を負うことへの不安。頼りない気分。心配。脅かされている感覚。良い母親になれないのではないか、赤ん坊をちゃんと世話できないのではないかという不安。自由や自意識を失うことへの不安。将来に対する無力感。

色盲▼「目の疾患」の項を参照のこと。

子宮頸がん▼人生の流れから外れている状態。自分の女性らしさを否定すること。女性として見下されているような感覚。必要とされていない気分。愛情不足、性的な葛藤。人間関係における深いつながりあるいは関心が欠けていて、失望すること。無視された気分。自分は取るに足りない存在だという思い。役立たずだという思い。虚しさ。だまされた気分。▽「がん」の項も参照のこと。

子宮内膜症▼不適任だという思い。許せないという思い。自分の女性らしさを拒絶すること。疲れ果てた気分。拠りどころのない感覚、地に足がついていない感覚。人からの拒絶、特に男性から拒絶されているという思いを振り払えないこと。自分を過小評価して疎かにすること。愛情や感謝の気持ちを拒むこと。

事故▼恐怖感。傲慢さ。反抗心。痛みや処罰はあって当然だという思い。内なる葛藤。情緒不安定、注意散漫、頭の混乱。延々と頭に浮かんでくる否定的な考えに圧倒されている状態。

歯根管（の炎症や感染）▼衰え。無感覚。自滅的行為。不安。自分は甘く見られているという思い。毅然とした態度をとることへの苦手意識。人の考えを鵜呑みにすること。羞恥心。劣等感。自分のルーツとつながっていない状態。自分のある一面を拒絶すること。

耳痛▼判断されたという思い。人を判断すること。自分の洞察力や知恵を信じないこと。耳にしていることを聞きたくないという思い。人を寄せつけないようにすること。人が自分をコントロールしたがっているように思えること。非難。もどかしさ。怒り。誤解。論争。自分の気持ちや考え方にこだわること。無視された気分、注目されないという思い。憤慨。不安定感。▽「難聴」の項も参照のこと。

失禁▼自制心を失った感覚。解放しなければならない感情の蓄積。不安。気後れ。圧倒される思い。自分を疑うこと。つきまとう罪悪感。手放せない負の感情や苦悩から生じるストレス。

失神▼不安に押しつぶされそうな感覚。一度に色々なことが起こっていて慌ただしく感じること、うまく対処できないこと、解決法を探している状態。疲労感、ストレス。

湿疹▼疎外感。隠れて、感情を抑えなければという思い。人との交流で腹を立てること。思い通りにならなくて怒りを爆発させること。固唾（かたず）を呑むこと。停滞感を味わうこと。

失声▼無力感、絶望感、行き詰まりを経験すること。自分の能力を超えるほどに無理をすること。内なるガイダンスに従おうとしないこと。自分の思いを人に伝えようとしないこと。声やパワーを失ったような感覚。頭の混乱。自分の感情に関する葛藤。▽「喉頭炎」の項も参照のこと。

失読症▼演じることや人を喜ばせることを求められていると感じること。両親や教師の期待に応えられないこと、あるいは平凡な発想しかできないことに対して、恥や屈辱、きまりの悪さを味わうこと。自分の思い通りにしたいという願望。深いレベル、魂のレベルで分かり合いたいという願望を、しばしば人に誤解されること。

失明▼周囲の出来事を見たくないという思い。人生や人に対して怖気づくこと。嫌なものに抵抗すること。見たくないものから目を逸らすこと。外の世界が苦痛ばかりのため、自分の内面に別の現実を探す必要性があること。▽「目の疾患」の項の「色盲」も参照のこと。

歯肉炎▼苛立ち。挑発された気分。地に足がついていない感覚。無防備な感覚。傷つきやすさ。怒り。羞恥心。体面を傷つけられたという思い。人生に対するふてくされた態度。先延ばしにすること。自分の時間がないと常に感じていること。

自閉症（自閉スペクトラム症）▼狭い世界に閉じ込められているように感じ、人に頼らざるを得ない自分に苛立つこと。疎外され、見下されている感覚。高みまで上って自分の独創性や才能を知らせたいという願望。笑われること、疎外されること、屈辱を受けることへの恐れ。自分の直観に気づく方法が分からないこと。

社会不安▼「恐怖症」の項の「対人恐怖症」を参照のこと。

斜頸（首筋のつっぱり、しこり、首を曲げると痛む症状など）▼対人関係でのトラブル。狭量な考えの中で行き詰まっている感覚。親密な関わり合いを苦手とすること。誰かに追い詰められているような、嫌なことを強制されているようなプレッシャー。考えすぎ。感じるのではなく分析しようとすること。

斜視▼「目の疾患」の項の「内斜視」「外斜視」を参照のこと。

（再発性）しゃっくり▼自分の本当の気持ちを身近な人に伝えられないこと。どう決断していいのか頭が混乱している状態。人から気に入られたいという強い願望と、反抗して自分の好きなようにやりたいという思いの間で葛藤すること。

十二指腸の疾患▼古い考え方、生き方、伝え方を手放そうとしないこと。めまぐるしい状況にどう対処していいか分からず、事態を押しやろうとすること。将来と今後起こりうることへの不安。

手根管症候群▼感じたくないという思い。やりたくないことをすること。人生のエネルギーの流れを妨げること。過去の嘆きや悲しみを手放そうとしないこと。極度のストレスや窮乏を感じて苦闘すること。お手上げだという思い。

酒(しゅ)さ▼羞恥心。困惑。後ろめたさ。注目されたい、認められたい、受け入れられたいという願望。表現することを許されない気がして、気後れすること。本当の自分を探求するよりも、良い人を演じて人に気に入られようとすること。常に自分を疑い、気が変わること。

出血▼自分を傷つけるような言動。自分は罰を受け、痛みを味わって当然だという思い込み。ネガティブなことに意識を向け、うまくいく方法ではなくうまくいかない理由に着目すること。成功には苦労が伴うべきだという思い。

腫瘍▼ショック、恐怖、トラウマ。自分を軽視すること。最後まで約束を守らないこと。自分との約束や人との取り決めを破る行為。胸の痛みを我慢すること。怒り。復讐心。憤り。人を信用・信頼できないこと。自分はつまらない人間だという思い。誰も自分のことを気にかけてくれないという思い込み。人に対して嫉妬や羨望をおぼえること。

消化不良▼経験したことを理解しきれないという思い。判断。怒り。非現実的な期待。失望。失敗への不安。変化を拒絶すること。意見の不一致。完璧主義。場合によっては、意固地、不安定な精神状態、独善的な態度も関係しています。

小結節▼もどかしさ、苛立ち。苦闘。何かが起こるのを待つことにうんざりしている状態。制約、制限されている感覚。激怒。劇的な出来事。

条虫（じょうちゅう）▼人のすねをかじること、または他人が自分を利用して自分の財産を使うのを許してしまうこと。人に生命力を吸いとられ、支配されているような感覚。「どうして他人の問題や事件に引っぱり込まれてしまうのだろう？」という思い。早急に自分の力を取り戻して、人生の軌道を修正する必要性。

静脈瘤（りゅう）▼愛されることへの苦手意識。前進する力を妨げること。行き詰まり感。恐怖心。無力感。拠りどころのない感覚。解決法が分からず身動きがとれない感覚。何をやっても無駄だ、どれだけ努力しても何も変わらないという思い込み。偽りの生活を送っているような感覚。自分の潜在能力を最大まで引き出せていないという思い。過度のプレッシャーやストレス、重すぎる責任。自分の足で立てなくなるほどの重荷を抱えること。失望感、特に仕事においてがっかりすること。

食物アレルギー・食物過敏症▼周囲の出来事に対する苛立ち。自分に対する人の態度や考えに過敏になること。世間に対する不快感を人に聞いてもらえない、分かってもらえないという失望感。人生に対する抵抗。好き嫌いにとらわれすぎること。自分という人間を存分に表現しようとしないこと。▽「アレルギー」の項も参照のこと。

食欲不振▼栄養摂取を自制して、人生をコントロールしようとする行為。強烈な怒り、憎しみ、自己否定。自分を罰して当然だという思い込み。不幸な幼少期、うんざりするような家庭生活。喜びや楽しみを否定すること。疎外感。自分の不安を伝えられないこと、不安に対処できないこと。衰弱。

白髪▼極度のストレスや不安。つきまとう心配事や懸念。老いや衰えに注目すること。「もう人生の下り坂だ」という思い。不安定な状況。ショック。抵抗心。▽「脱毛症」「抜け毛」の項も参照のこと。

腎炎▼家庭の未解決問題、時には世代に渡って続いている問題。深い孤独感。愛情や思いやりを渇望すること。日常の過度のプレッシャーと責任。感情におぼれ、次にどうしていいのか分からない状態。私生活もしくは職場での失望。大きな葛藤。▽「炎症」の項も参照のこと。

真菌症▼苛立ち。人との境界がない状態。人が土足で踏み込んでくるのを許してしまい、エネルギーを奪われること。古くてつまらない考え方を受け入れること。性に合わないことをすること。嫌な状況に陥れられた、または押し込められた気分。内心の苛立ちの原因になりうる、家庭の秘密。

神経質▼コミュニケーションの破綻。言いたいことが伝わらないこと。内なる声に耳を貸さないこと。自分自身や人から切り離されている状態。批判されること、拒絶されることへの恐れ。人に好印象を与えたい、気に入られたいという思い。自分自身や自分の能力に対して自信が持てないこと。失敗への不安。人を信頼しないこと。

神経衰弱▼人生にうまく対応する能力の不足。内面の混乱状態、戸惑い。人に多くを望まれている状態。圧倒される思い。緊張感。絶望感。激しい怒りや恐れ。自分に対する失望。あきらめ。失敗者のような気分。

心神喪失▼人生に対処できないこと。頭が働かない状態。「誰もが私の感情を逆撫でする」という思い。自分の境界線から押し出されてしまうこと。完全な混沌状態。絶望、無力感。神経衰弱。心を閉ざすこと。家族から疎外されているという思い、および（または）家族から虐待されているという思い。逃げ出す必要性。

腎臓結石▼厳しい言動。ネガティブな性格。劣等感。恐怖で動けなくなること。自分の思い通りにしたいという願望。後悔。融通がきかない性格。頑固。否定的な視点で人生をとらえること。過去に生きている状態。痛ましい思い出を抱えていること。人を信用できない性格。羞恥心。失望。失敗。ひどい目にあわされたような気持ち。▽「腎臓障害」の項も参照のこと。

腎臓障害▼低い自尊心。憤り。行き詰まり。極度の疲労。主導権を渡すこと。自分は取るに足りない存在だという思い。自分の欠点を人のせいにすること。誰かに罪を負わせようとすること。エネルギー不足。力を奪われたような感覚。不安。どうすべきか分からず途方に暮れること。人間関係におけるコミュニケーション不足、またはコミュニケーションの破綻。忘れられない昔の悲しみや恐れの感情。▽「腎臓結石」の項も参照のこと。

心臓発作▼頑固さ。ストレス。融通がきかない性格。反抗的な態度。「私のやり方が気に入らないなら出て行って」という態度。自己中心的な性格。無知。支配的な性格。お金、成果、勝利に心を注ぐこと。自分の健康や家族を疎かにすること。抑圧。羨望。無慈悲。間違いたくないという思い。愛されていないという思い。傷つきやすさ。罪悪感や後悔を手放そうとしないこと。自分は何でも知っている、誰の助けもアドバイスもいらないという考え。

心的外傷後ストレス障害（ＰＴＳＤ）▼過去にしがみついている状態。前進できないという思い。行き詰まり。ショック。罪悪感。後悔。脅された、傷つけられた、力を奪われたといった被害者意識。特に自分が人の心的外傷もしくは死を招いたという場合に、心の中に牢獄をつくり出すこと。自分を罰すること。人を遠ざける行為。助けを求めることへの不安。

心ブロック▼愛を遮断すること。拒絶されたという思い。不当な扱いを受けたという思い。不適任だという思い。裏切られた気分。失敗者のような気分。愛情や好意を受けとることへの苦手意識。希望を失うこと。埋もれていた苦痛。ストレス、心配事。「どうでもいい」という態度をとること。自分は人生の恵みを受けるに値しないという思い込み。人から切り離されたような感覚、孤独感、孤立感。自分や人に対する厳しい態度。仕事中毒。

じんましん▼強い恐怖、苛立ち、感情の爆発。手に負えない状況をどうすることもできず、打ちのめされるような思い。強い怒りや憤り。欲しいものが手に入らないような気持ち。

水分貯留▼過去の重苦しい感情や窮屈な思いを手放そうとしないこと。前進できないこと。悲しみや絶望感におぼれている状態。幸せに暮らす方法が分からないこと。延々と自分を傷つけること。自分の感情から学ぼうとせず、感情に抵抗すること。自分が欲するものを押しのけること。家庭内の衝突。

水疱（水ぶくれ）、疱疹▼自分の限界を超えるほど無理をすること。体の声を無視すること、または体を蔑ろにすること。外の世界から受けるストレスや心配事に気をとられすぎている状態。

髄膜炎▼攻撃や脅迫を受けたような気分、恐怖感。人生にうまく対処できないこと。内面の混乱、極度の疲労、困惑、混沌を味わうこと。まるで世界がひっくり返ったかのように人生の流れの中でバランスを崩し、周囲の何もかもがうまくいっていないように感じること。

睡眠時無呼吸▼世間を信用できないこと。自分を解放できないという思い。厄介事やプレッシャーに打ちのめされる思い。怒り、苛立ち、激情を抑え込むこと。内心、煮えくり返っている状態。人に承認されたいがために、機嫌をとろうとすること。

睡眠時遊行症▼睡眠時の抑えきれなくなったエネルギー。落ち着かない気分。本当の自分を見せることへの不安。自分には悪い面や暗い面があると考えること。また、そういった側面を人に気づかれたら否定され、からかわれ、見捨てられるだろうという思い。自分という人間を探求し、ありのままの姿を表に出す必要性。

睡眠障害（中途覚醒）▼考えすぎ。思考を中断する方法が分からないこと。無防備で危険だという思い。警戒心。「眠って自分を解放してしまうと、誰かに傷つけられたり利用されたりするかもしれない」と考えること。極度の恐怖や不安。脅かされ、自分ではどうすることもできないという思い。未解決の問題。

頭痛▼ストレス、疲労。真面目な性格。めまぐるしい状況、落ち着かない気分。圧倒される思い。息苦しい感覚。もどかしさ。名誉などを傷つけられたという思い。自己批判、自分を傷つけるような言動、自分に対する過小評価。自分や人に対する判断。考えすぎ、分析しすぎ。▽「群発性頭痛」「偏頭痛」の項も参照のこと。

生殖器系の疾患▼自分には価値がない、平凡な人間だという思い。自分や自分の能力に自信を持てないこと。クリエイティブな表現を自ら妨げること。子ども、自分の幼少期、家庭生活、過去の親密な関係にまつわる深い悲しみを心に抱えること。自分を受け入れられないという思い。自分を批判し裁くこと。

生殖能力の問題（不妊）▼自由を失うことへの不安。拠りどころのない感覚。良い親になれるか確信が持てないこと。親になるイメージがあまり湧かないこと。幼少期から抱えている未解決の問題。妊娠しようと必死になることで、かえってその過程を邪魔すること。子どもができないことに対する怒り、憤り、苦しみ、あるいは子どもができないかもしれないという不安。「ほかの人には子どもがいるのに自分にはいない」と嫉妬や苛立ちを感じること。自己批判。楽しみがない生活。人生を信用できないという思い。子どもとの交流を楽しむまいとする態度。

性病▼誘惑されたと感じること。落ち着かない気分。羞恥心、屈辱感。逃げて隠れてしまいたいという思い。何か罪深いことをしてしまったような後ろめたさ。拒絶や恐怖を味わうこと。自分の価値を否定すること。自分、またはパートナーに対する怒り。

咳▼人生において必要な変化を起こすことへの抵抗感。心配事や不安、ストレスなどに打ちのめされる感覚。他人の生活に干渉しようとすること。自分の問題に対処するよりも他人の問題解決に集中することで、自分への注目を逸らそうとすること。他人、特に身近な人に対してすぐに苛立つこと。自己批判。簡単に人に影響されること。

脊柱側弯症▼自分の本心を話したり明かしたりするのは危険だという思い。秘密主義、本心を覆い隠している状態。人を信頼できないこと。裏切られた気分、劣等感、低い自尊心を心に抱えていること。人生の重荷を感じること。重すぎる責任。いつも自分を批判してしまうこと。どんなことにも満足できない性格。完璧主義。人生や人に対する深い失望。内面の怒りや葛藤。場合によっては、憂鬱、制限されている感覚、失敗、無力感、絶望感なども関係しています。

脊柱湾曲症▼「脊柱側弯症」の項を参照のこと。

赤痢▼これ以上現状に対処できないという状態。体の反逆。何かを早急に変える必要性。自分の本質や内なる知恵とのつながりを見失って、どのようにして自分を奮い起こす決断をくだすのか分からなくなること。内面の無力感、激怒、憤り、非難。▽「下痢」の項も参照のこと。

窃盗癖▼落ち込み。無視された気分、受け入れられていないという思い。注目を必要とすること。自己嫌悪、罪悪感、羞恥心、自分を罰すること。内なる葛藤。惨めな気持ち。快感を欲すること。

セリアック病▼極度に神経質になること。傷つきやすさ。苛立ち。毅然とした態度をとれないこと。正しいことではなく、間違っていることばかりに気をとられること。批判にうまく対応できないこと。

セルライト▼心の平衡を失った感覚。気分の浮き沈み。人生は厳しく、困難ばかりだという思い込み。年を追うごとに直面すべき問題が増えてくるという思い。人生に抵抗し、問題をすぐに解決しないで後回しにすること。

線維筋痛症▼必要とされていないという思い。人生の難題に打ち負かされたような感覚。過度のストレス。立ち上がって進むだけの気力が湧かないこと。やるべきことが多すぎて、時間も活力も足りない状態。人生は闘いだという思い。行き詰まり感。成長、活動、探求への抵抗。悲しみや後悔、罪悪感、心配事で胸が一杯になっている状態。浮かない気分。抑圧感。警戒心。

ぜんそく▼人に気に入られようと必死になること。完璧でありたいという願望。断ること、毅然とした態度をとること、自分の気持ちを伝えることへの苦手意識。疲れ果てて息を切らすほど自分を極限まで追い込むこと。弱々しい感覚。不安。力を奪われたような感覚。人が自分をコントロールするのを許してしまうこと。傷ついた心。行き詰まり感。拘束されている感覚。

先天性欠損症▼この世で謙虚さと愛情を学ぼうという前世での決断。両親に関する極度のストレスや不安を子宮から抱えてくること。

腺熱▼面倒くさそうな態度。優柔不断。頭の混乱、混沌状態。疲れ果てること。落胆。人とのコミュニケーションを苦手とすること。欲しいものを言えない性格。人が自分を手荒に扱い、エネルギーを奪っていくのを許してしまうこと。人との境界がない状態。

前立腺がん▼仕事や経済状態に関する苦労。頭の混乱。優柔不断。圧倒される思い。自分は嫌な人間だという思い。拒絶された気分。肩身の狭い思い。無力感。老いへの不安。自分の真価を人が決めるのを許してしまうこと。失敗への不安。▽「がん」の項も参照のこと。

躁うつ病▼「双極性障害」の項を参照のこと。

双極性障害（躁うつ病）▼極度の平衡失調。ストレス。トラウマ。幼少期に受けたと考えられるショック（家族の死、離婚、事故、親しい友人や家族の難病など）。場違いな感覚。ここにいたくないという思い。管理・支配されているという思い。自由への願望。自分の中にどうしようもない邪悪な一面があるかもしれないという不安。自分では制御できないような内面の攻撃性や苛立ち。

早産▼自分の欲求を無視すること。働きすぎ。身近な人間関係において、極度のストレスや暴力、虐待、トラウマを経験すること。圧倒される思い。薬物摂取。苛立ち、膣感染症、不安な気持ちが早産の要因になることもあります。また、赤ん坊自身の焦り、不快感、危機感、出てくる必要性なども関係しています。

（腫瘍やしこりなどの）**増殖**▼抑圧、行き場のない感情、こらえた涙。問題に対処するのではなく、押しのけようとすること。昔抱いていた夢を隠したり、忘れようとすること。

【た行】

代謝異常▼情報を取り入れるのを苦手とすること。人を的確に評価できないこと。人を信頼できないという思い。生来の本能を無視すること。過去の心の傷にこだわり続けること。すぐに人に影響される性格。場合によっては、裏切られたという思いや失望を心に抱えることなども関係しています。

体臭▼違和感。人から拒絶されたという思い。からかわれた気分。受け入れられていないという思い。人に対する恐怖心。人からの評価を恐れること。根深い自己批判、自己嫌悪。

体重過多▼罪悪感。羞恥心。抑圧された感情。人の問題や重荷を抱えること。自分の傷つきやすい面をごまかそうとすること、心の傷や過去に受けた虐待を隠そうとすること。満足できないという思い。行き詰まり感。食べ物で自分を懲らしめること。人を遠ざけよう、人と距離を置こうとすること。自分の本当の美しさや本質が輝きを放つのを認めないこと。防御手段として体重を維持すること。いつも先延ばしにすること。▽「肥満」「太りすぎ」の項も参照のこと。

帯状疱疹▼低い自尊心。幼少期に起因する、自分は取るに足りない存在だという思い。自分は鈍くて頭が悪いという思い。恐怖心。過去の怒りや憤りを忘れられないこと。細かいことにこだわる性格。注文が多い性格。神経過敏。常に自分や人を細かくチェックすること。「自分は力量不足だ、あきらめたほうがいい」という同じ考えにいつもたどり着くこと。

ダウン症▼「大らかさ、心の自由、感受性、自然な感情を経験するために生まれ変わろう」という選択。社会的なプレッシャーから自由になることを人に教える目的。ダウン症児は、無条件の愛、無私、感情の解放とはどういうものかを両親に教えることができます。ダウン症という病気を気にして人目に触れないようにしたり、他人に依存したり、無力感、攻撃性、自制心の欠如、不安を経験することもありますが、ダウン症児にとって重要なのは、彼らが求めている安全、愛情、やさしさを経験することです。

たこ▼自分の感情に抵抗すること。態度の硬化。狭い考え方から抜け出せないこと。直観を信じることへの恐れ。自分を奮い立たせることへの不安。人への忠告は得意なのに、自分は忠告に従わないこと。

脱毛症▼過度のストレスと将来への不安。人を信頼できないという思い。事態をうまく処理してコントロールしようとすること。失望にうまく対処できないこと。もどかしさに髪をかきむしるような思い。▽「白髪」「抜け毛」の項も参照のこと。

多発性硬化症▼人のことや約束事を優先すること。無理をすること。働きすぎ。満足できないという思い。狭量な考え方を手放そうとしないこと。拒否すること。無視すること。自分を傷つけるような言動。自分自身や人と切り離されているような感覚。極度の疲労。心配。羞恥心。罪悪感。

打撲▼いらいらしながら人生に反応すること。頭が冴えない感覚。自分を責めたくなるような馬鹿げた失敗をすること。自分を罰すること。

たむし▼もう役に立たない古い信念をのさばらせて、自分が蝕まれること。過去の怒りや失望を忘れられないこと。欲しいものが手に入らなくて苛立ち、焦ること。どうしても直すことのできない短気、辛辣、狭量、横柄、高慢、傲慢な性質。▽「白癬（はくせん）」の項も参照のこと。

（過剰な）痰▼内面にも外の世界にも混乱を感じること。物事が制御不能に思えること。本当の気持ちを伝えることへの苦手意識。いい人になろうとして感情を抑えること。常に自分を抑えて人前での行動をセーブすること。

胆石▼凍りついたような悲しみ。憤り。苛立ち。絶望感。自分の社会的な業績に対する失望。怒りを隠すこと、あるいは爆発させること。傷つけられたと感じて、自分の心の痛みや苦悩を誰かのせいにしようとすること。許せないという思い。

膣炎▼性的関心や欲望に対する羞恥心や罪悪感。被害や恥辱、屈辱を受けたという気持ち。過去の関係で傷つけられたという思い。ばつの悪い思い、何か間違いを犯してしまったような気持ち。不当な扱いを受けたという思い。また、その相手を許して気持ちを切り替えられないこと。自分を貶めるような行為。人に対する非難や怒り。

チック・単収縮▼ストレス。心細さ、不安。興奮。状況にどう反応していいか分からないこと。ショック。将来への不安。▽「トゥレット症候群」の項も参照のこと。

乳房嚢胞・乳房のしこり▼過去の心の傷を手放そうとしないこと。過去にくだした決断に対する後悔。現在の展開に対する悲しみ。失った夢。人生に対する満たされない思い。頼みごとをするのが苦手だという思い。断れない性格。労りや慰めを必要とすること。世間や人から見放されたような気持ち。▽「がん」「嚢胞」の項も参照のこと。

注意欠如・多動症（ＡＤＤ・ＡＤＨＤ）▼集中できないこと、注意散漫。退屈、欲求不満。攻撃性。自分の感情を伝えたり共有する方法が分からないこと。嫌なことや興味のないことを強要されているような、はめられたような気分。

虫垂炎▼パワーの喪失。欲しいものが手に入らないという思い。人生を否定すること。落胆。恐怖心。

怒り。退屈。

中毒▼痛みやストレス、不安を取り除いてくれる何かを自分の外側に求めること。自分は悪い人間だと心の底で思っていること。問題から逃げ出すこと。自分を愛して受け入れることができないという思い。

椎間板ヘルニア▼極度のプレッシャー。やめるタイミングが分からないこと。変化への抵抗。必要とされたいという思い。自分を疎かにすること。助けを求めることへの苦手意識。狭量な考え。足りないという思い込み。▽「ぎっくり腰」の項も参照のこと。

痛風▼過度の緊張感、ストレス、心配事を抱える経験。人や状況を思い通りにしようとすること。強いプレッシャーを感じること。極度に頑固で独善的な性格。自分の視点でしか物事を見ていない状態。責任感や主義主張に縛られている感覚。

（極度の）つわり▼体の変化に対応できないという思い。身動きがとれなくなることへの不安。良い母親になれないのではないかという懸念。パートナーとの間にある未解決の問題や心の傷。

低血圧症▼だるい感じ。退屈。疲労感。もう充分だという思い。あきらめたい願望。自分以外の人が主導権を握って物事を決めるのを許すこと。自分を疎かにすること。被害者意識。

低血糖症▼「糖尿病」の項を参照のこと。

てんかん▼攻撃や批判を受けたという思い。運命を背負っているという思い。人生のバランスを崩している状態。無視された気分。不当な扱いを受けたという思い。見捨てられたような感覚。必要とされていないという思い。侵害されたという思い。自分はどこかおかしいという思い込み。

糖尿病（１型）▼やさしさ、関心、愛情、世話を求めること。不安。自分に自信が持てないこと。極度に愛情を求める性格。他者への依存心。自分のことばかり考え、自分の欠点にばかり気をとられること。なくてはならない存在だと思われたいという願望。否定的な話にばかり耳を傾け、ネガティブなものに取り囲まれていること。

糖尿病（２型）▼全力で生きることへの不安。強い支配欲、物事を把握したいという強い思い。関心や承認を激しく求めること。自分は愛情を受けるに値しないと思う一方で、常に愛を渇望していること。根深い罪悪感。生きていくには闘わなくてはならないという思い込み。人間関係において、たびたび自分を見失うこと。心の弱さや制約感、足りていないという思いをごまかすために、常に甘味を求めること。自分がつくり出した、制約と不足の世界で動けなくなること。

動脈瘤▼打ちのめされる感覚。「人生はつらすぎる、何をやってもうまくいかない」という気持ち。助けを求めることに対する苦手意識。事態は手遅れで、もう後戻りできないという思い。何としてでも現状から抜け出さなければならないという思い。死ぬほど働くこと。多くの問題や責任を抱え込むこと。頑固。

トゥレット症候群▼落ち着かない気分。抑えつけられている感覚。焦燥感。戸惑い。話すことへの恐れ。人から誤解されること。過去に受けた傷。被害にあうこと。悲しみ。寂しさ。意気消沈。自分自身や自分の体に対する不信。自分の内面には暗い面、悪い面があるのではないかと気にすること。事態に対処できなくなって感情が爆発する寸前まで問題を押しやり、後回しにしようとすること。▽「チック・単収縮」の項も参照のこと。

（身体的な）トラウマ▼自分の内なるガイダンス、普遍のガイダンスを無視すること。変化への強い抵抗。意識の目覚めを促すような警鐘の必要性。ネガティブな考えや感情に人生を支配させて、常に自分に制限をかけること。自分を傷つけるような言動。

（心的な）トラウマ▼自分はもろくて弱いという思い。まるで世界が崩れ落ちてしまったかのような喪失感。裏切り。失望。世話や支援が必要な状態。行き詰まり。身がすくむこと。寒々とした感覚。内なるガイダンスや崇高な目的から切り離されている状態。

呑酸（どんさん）（胃酸の逆流）▼人生を受け入れられないという思い。目にしているもの、感じていること、聞こえてくるもの、経験していることへの違和感。周囲で起こっていることをコントロールできなくて、苛立ちや不満をおぼえること。過去に関する後ろめたさ。過去に決めたことに対するやるせなさ。経験から学ぼうとせず、人生に抵抗しようとすること。

【な行】

内斜視▼「目の疾患」の項を参照のこと。

ナルコレプシー（睡眠発作）▼将来への不安。回避、逃避。うまくやっていく能力の欠如。絶望感。自暴自棄。過労。毎日がありきたりで代わり映えしないという思い。

難聴▼耳にしていることが嫌だという思い。負の感情に押しつぶされる感覚。耳を塞ぐ行為。いつも「そんな話は聞きたくない」と言ったり考えたりしていること。拒絶されたという思い。人を拒絶すること。被害者意識。「自分の発言はつまらなくて、誰も聞きたがらないだろう」と考えること。頑固で融通がきかない性格。支配的な態度。▽「耳痛」の項も参照のこと。

にきび▼ありのままの自分を受け入れられないという思い。不安。許せないという思い。拒絶された気分。

自分は力量不足だ、愛されるに値しないという思い。自己嫌悪感を手放そうとしないこと。過去の過ちを責めて、自分に罰を与えようとすること。コントロール。自分に非現実的な完璧さを求めること。繊細すぎる性格。▽「吹き出物」の項も参照のこと。

二重視▼「目の疾患」の項の「複視」を参照のこと。

日射病▼やめるタイミングが分からないこと。限界を押し広げようとすること。通常のルールは自分には適用されないという思い込み。反逆心。自分を疎かにすること。

乳がん▼人の問題ばかり引き受けて、自分の世話をできないこと。罪悪感。不当な扱いを受けたという思い。心配事や不安を抱え込むこと。自信の欠如。愛情不足。被害者意識。▽「がん」の項も参照のこと。

乳腺炎▼身がすくむような感覚。無力感。見捨てられたような思い、拠りどころのない感覚。変化への抵抗。自由の喪失。責任や期待を背負って身動きがとれない感覚。自分の感情を押しやろうとする行為。自分を疎かにしたり、犠牲にしたりすること。表面上は人を受け入れながら、内心は苛立っていること。取り残された気分。人生は不公平だという思い。▽「炎症」の項も参照のこと。

尿道炎▼傷つきやすい感覚。攻撃されたという思い。こき下ろされたという思い。失敗者のような気持ち。

自分の信条に反する行動。「人生は不公平で、自分は環境の犠牲者だ」という思い。解消されていない過去の悲しみや苦悩を手放そうとしないこと。

尿路感染症（ＵＴＩ）▼自分の問題や欠点を人のせいにしたくて、責める相手を探すこと。憤慨。苛立ち。怒り。苦々しい思い。途方もない罪悪感や不安を抱えること。自分はどこかおかしいという根深い思い込み。人が自分を操り支配するのを許してしまうこと。毅然とした態度で断るすべを知らないこと。性に関するプレッシャーや羞恥心。

認知症▼「アルツハイマー病」の項を参照のこと。

抜け毛▼ストレス。保護者、自信、自分への愛情、方向性などを失うこと。自分はつまらない人間だという思い。自分や人に対する数々の判断、批判。もどかしさ。罪悪感。憤り。怒り。人生の流れに身をまかせるのではなく、流れに逆らうこと。▽「脱毛症」「白髪」の項も参照のこと。

捻挫▼注意力や集中力が切れ、ぼんやりした感覚。注意深くある必要性。自分の限界を超えようとすること。せっかちで狭量な性格。人や物事に対する苛立ち。周囲で起こっていることに気づかない性格。愚かな失敗をすること。常に判断を誤ること。権威に対する反抗心。

（ウイルス性）脳炎▼圧倒されるほどの冷笑や苦難に囲まれている状態。考えすぎて、ネガティブな考えや挫折感を募らせること。途方に暮れること。圧倒される思い。神経過敏になること。すぐに環境に左右されること。逃げて隠れてしまいたいのに行き場がないこと。めまぐるしい状況。攻撃された、侵害されたという思い。批判、判断、糾弾されたという思い。

脳腫瘍▼自分自身との闘い。ネガティブなものや不安定なものに囲まれている状態。過去の失敗で自分を責めること。罠にはめられた感覚、または変化の起こし方が分からなくて自制心を失ったような感覚。

脳性麻痺▼世間に対する大きな不快感。行き詰まって身動きがとれない感覚。自分の気持ちを伝えられないこと。与えられた体に対する違和感。体の制御がきかない状態。生まれた時から抱えている、圧倒されるような思い。人生は闘いで、制御も予測もできないという思い。

脳卒中▼自分は役立たずだという思い。絶望感。不適任だという思い。圧倒されるようなプレッシャーやストレス。現状に対処できないこと。あきらめ。失敗者のような気分。一時休止。変化に対する拒絶。自分のしたことが失敗に終わった理由を理解できないこと。

嚢胞（のうほう）▼実現しなかった夢。後悔し続けて前へ進めなくなること。傷つけられ、利用されることへの不安。過去の失望や失敗を忘れられないこと。恐れや誤った考えを取り入れてしまうこと。疑いや制約に生活を支配されてしまうこと。▽「乳房嚢胞・乳房のしこり」「卵巣嚢胞」「類線維腫・子宮筋腫」の項も参照のこと。

嚢胞性線維症▼人生は複雑すぎるという思い込み。自分は成功できないという思い。何をやってもうまくいかず、誰にも理解・応援してもらえないこと。自分こそ被害者だという思い。憤りや怒りを引きずること。自分はどこかおかしい、自分が生まれてきたのは何かの間違いで、誰にも必要とされていないという思い込み。

膿瘍▼苛立ち、欲求不満。停滞感。うぬぼれ。古傷や過去に受けた批判をいつまでも反芻すること。人生に対する悲観的な態度。溜まって爆発した怒りの感情。見たくないものを抑え込んで、それが何度浮かび上がってきても鎮圧しようとすること。▽「肛門膿瘍」の項も参照のこと。

乗り物酔い▼危険だという思い。思いきって身をまかせることができないこと。自制心を失うことへの不安。

【は行】

パーキンソン病▼内なる葛藤。まだ向き合えていないトラウマ的体験。感情を見失っている状態。自分のための時間がないこと。失敗者のような気分。役に立たない、愛されない、評価されないという思い。

不安、不確かな思い。融通がきかないこと。抵抗感。コントロール。希望の喪失、裏切られた期待。罪悪感。人を喜ばせようとしているのに受け入れてもらえないという思い。粉々に砕け散った心。

肺炎▼人生の流れを妨げること。内面の混乱状態。傷ついた心。怒り。極度の疲労。人生の難題に圧倒され、打ちひしがれた感覚。あきらめの気持ち。「一体何の意味があるのだろう？　大変すぎる」という思い。無言の涙、言葉にできない悲しみに溺れている絶望状態。助けて欲しいという思い。

肺がん▼自分や人に厳しすぎる態度。過剰な期待。失望。孤独。苦々しい思い。深い悲しみ。重苦しさ。怒り。失恋の傷を引きずること。こじれた人間関係、あるいは虐待的な人間関係にしがみつくこと。許して自由になることができない状態。自分を後回しにして度を越した行動をとり、エネルギーを使い果たしてしまう傾向。▽「がん」の項も参照のこと。

梅毒▼脅されているような感覚。無力感。被害者意識。傷つきやすさ。及び腰。無視されている気分。自分は取るに足りない存在だ、値打ちがない、求められていないという思い。人に話を聞いてもらえないこと。羞恥心、罪悪感、憤り、怒りなどを抱えていること。断り方や断るタイミングが分からないこと。健全な境界線の引き方に確信がないこと。人が自分を利用して捨てることを許してしまうこと。自分を傷つけるような言動。自分に対する拒絶感、自己嫌悪。

吐き気▼不安。ストレスを解消できないこと。厄介事を押しやって、自由を求めること。気持ちが悪くて見ていられないほどのトラウマ的な出来事。対処できない問題。

歯ぎしり▼日々のストレスの解消・対処ができないこと。過去の怒りや恐怖を手放そうとしないこと。将来への不安。心を決められないこと。緊張をほぐしてリラックスできないこと。対処すべきこと、決めるべきことが多すぎるという思い。自分の能力を超えるほど無理をすること。

歯茎の出血▼自分に自信がないという思い。助けを求めることへの苦手意識。拠りどころのない感覚。すぐに手に入れたがること。変化への拒絶。自分や人に対する過剰な要求。自分の体を疎かにすること。

白癬（はくせん）▼人との境界線を引いて維持することができないこと。自分の内面を見つめるよりも、外に目を向けて人からアドバイスをもらおうとすること。自分を傷つけるような言動。自分の決めたことが良い方向に向かわず焦る気持ち。制約がある感覚。自由で自発的な人になりたいと望みながら、実際は束縛を感じ、無理をして傷ついている状態。自分を利用しエネルギーを奪っていく他人に主導権を渡してしまうこと。▽「たむし」の項も参照のこと。

白内障▼「目の疾患」の項を参照のこと。

麻疹▼圧倒される思い。疲労感、倦怠感、ストレス。心配。自分をどのように表現していいのか分からないこと。欲求不満。内面の混沌状態。絶望感。家庭の不和。注目されること、やさしく扱ってもらうこと、安心感、励ましを求めていること。

白血病▼喜びのない生活。人生への抵抗。自分を傷つけるような言動。極度の疲労。先祖から受け継いだ不安や恐れの感情を抱くこと。人生は厳しすぎる、人生は闘いだという思い。降参したい、助けてもらいたいという思い。力や自信を奪われること。自分自身や自分の感情を疎かにすること。批判ばかりに耳を傾けて、ネガティブな考えや不安、憤りを受け入れてしまうこと。自分は人生の恵みを受けるに値しないという思い。▽「がん」の項も参照のこと。

発熱▼内面の混乱。極度の疲労。不調。落ち着かない気分。傷つけられたという思い。激しい憤り、怒り。多くの責任を抱え込んでいること。事態が不当に処理されたという思い。

鼻血▼傷ついた気分。被害を受けたという思い。閉め出されたような感覚。人を名指しで責め立てること。思い通りに事が運ばないことに対する激しい怒りや失望感。劣等感。羞恥心。戸惑い。注目や心の糧を求めること。

鼻詰まり▼直観を遮断すること。体の声に耳を貸さないこと。体の酷使。休息や自分の居場所を必要とすることが。人に支配されているような感覚。自分の生活や問題に人が干渉してきて腹を立てること。

鼻水▼成り行きにまかせようとせず、無理やり事を運ぼうとすること。直観や感情を無視し、理性に従って決断すること。疲れ果てた気分。押し進めることに疲れながらも、やめられない状態。人の生活に干渉し、自分なら耳を貸さないようなアドバイスを人に与える傾向。ためらい。疑い。自分の力でしっかり立っていないこと。

パニック発作▼抑圧された不安、怒り、悲しみ。急に浮上してくる痛ましい記憶、特に幼少期に経験したトラウマに関係する記憶。だるい感じ。ストレスに苦しむこと。（健康が）蝕まれているような感覚。攻撃や批判を受けたような気持ち。プレッシャーをかけられた気分。気持ちの弱さ。過労。常に抵抗し、時流に逆らうこと。人生は闘いと苦労の連続だという思い込み。

腫れ▼体を蝕み、健康や成功を阻むネガティブな信念や感情を抱えていること。過去の悲しみや苦痛を体が腫れ上がるまで抑圧すること。解放するべき涙をこらえている状態。

腫れもの▼何とか抑え込んでいる、煮えくり返るような思い。自分のしていること、またはやるべきことに対する違和感。自分の運命に対する根深い憤りや苦々しい思い。不公平感。人のせいにする傾向。

瘢痕▼完全に治っていない傷。経験した苦痛のしるし。変化に抵抗すること。解消できていない感情が引っかかって前に進めない状態。

ハンセン病▼自分を拒絶すること。爆発寸前の怒り。人生に対処できないこと。受け入れられていないという思い。どこにも居場所がないこと。内面の混乱。拠りどころのない感覚。汚れているような感覚。自分は愛されないという思い。恐怖心。疎外感。

ハンチントン病▼前進、飛躍、探求への願望を失うこと。運命に甘んじること。創造性や情熱を失うこと。だるい感じ、(健康が)蝕まれているような感覚。あきらめたい、降参したいという思い。何に対しても興味が持てない気分。

反復運動過多損傷（ＲＳＩ）▼体の声を無視すること。古いものを手放して新しいものを迎え入れることができない性格。融通がきかないこと。行き詰まり。人に主導権を渡すこと。「やりたくなくても続けなければならない。お金が必要だし、これ以外に収入を得る方法はないのだから」という思い。人や状況に支配されるがままになること。自分の力を信じないこと。もっと良い仕事や環境が自分を待っているとは思えないこと。変化への抵抗。

ＰＭＳ▼「月経前症候群」の項を参照のこと。

ＰＴＳＤ▼「心的外傷後ストレス障害」の項を参照のこと。

ひきつけ（発作）▼内なる葛藤。抵抗心。（生活などの）激変。受動攻撃性。不満をおぼえ、心の中で怒りや凶暴な思いを抱くこと。自分の邪悪だと思う一面を抑圧してコントロールしようとする行為。

皮膚炎▼苛立ち、不満、もどかしさ。心の中に押し込めている怒りを感じること。自分や人を常に批判、判断すること。ありのままの自分に対する違和感。自分に自信が持てないこと。自分に対して否定的で気が滅入るような考えや感情を抱くこと。

皮膚がん▼「黒色腫」の項を参照のこと。

皮膚線条▼限界まで張り詰めた感覚。将来どうしていいか分からない状態。ありのままの自分を受け入れられないこと。自分自身や自分の体に対する厳しい視線。変化への抵抗。

肥満▼不安。自分は取るに足りない存在だという思い。苦痛から身を守るために防御手段を必要としている状態。過食して感情を鎮めようとすること。自分は愛されないという思い。傷つけられまいとして人を遠ざけること。繰り返し自分を傷つけること。敗北を認めること。自己嫌悪、自分を罰すること。罪悪感、怒り、憤りのサイクルにはまり込んでいる状態。▽「体重過多」「太りすぎ」の項も参照のこと。

百日咳▼人を遠ざける行為。自分だけのスペースや人との距離が必要だという思い。完全に打ちのめされたような感覚。恐怖心。ストレスに苦しむこと。心の中の激しい怒り。無力感をおぼえる経験。自分を表現する自由を求めること。誤解された、軽く見られた、批判された、利用されたと感じること。

疲労▼ストレス。抵抗感。苦闘。制約。物事をやり遂げようと奮闘すること。働きすぎ。限界を超えるほど自分を追い詰めること。人生に退屈し、不満をおぼえること。責任が多すぎて疲れ果てること。

貧血症▼疲労感。喜びや創造性、人生への関心を失うこと。多くの心配事や不安を手放そうとしないこと。自分は役立たずで価値がないという思い。自分自身や自分の願望を否定すること。人生に抵抗し、限界や喪失感をおぼえること。

不安症▼過去や将来のことに意識が向いて、人生の流れを信頼できないこと。自信のなさ、心もとない感覚。現状を変えられない無力感。負の感情や制約に気をとられて、自ら不安にもがき苦しむこと。

不感症▼傷つくこと。拒絶されること。怒り。義務感。惨めな気持ち。情緒不安定。地に足がついていない感覚。官能性を見失ったような感覚。性や性欲に関して批判的な意見を持つこと。喜びや楽しみを否定すること。自分の体と切り離されている状態。支配することへの恐れ。コントロールする必要性。

（たまにできる）吹き出物▼不満や怒りの爆発。欲しいものが手に入らないこと。受け入れられていないという思い。不適任だという思い。自分が嫌いだという感情。挑発されたという思い。苛立ち。からかわれた気分。ありのままの自分に対する違和感。▽「にきび」の項も参照のこと。

副甲状腺の疾患▼失敗への不安。自分や人に対する失望。すぐにあきらめてしまうこと。競争に脅威を感じること。自分の成功を手にする力を信頼していないこと。人、特に家族から支配されているという思い。どうすれば自由になれるのか確信が持てないこと。人に依存しているという思い。自立への探求。

複視▼「目の疾患」の項を参照のこと。

副鼻腔炎▼苛立ち、焦り、恐れ、不安を経験すること。人と距離を置こうとする態度。怒り、激情、悲しみを抑え込むこと。過去の強い罪悪感や悲しみを抱えること。困難な状況をどう解決していいのか確信が持てないこと。過剰な分析。疲れ果て、引き裂かれるような感覚。自分の立場や言い分、信念を貫くのが困難なこと。

ふけ（頭垢）▼極度のストレス。やるべきこと、気を遣う人が多すぎること。人生の様々なことがぼろぼろになっている状態。いつも必死に働いて、エネルギーや創造性を枯渇させてしまうこと。

浮腫（ふしゅ）▼過去の心の傷を手放そうとしないこと。溢れ出る感情をコントロールして抑制しようとする行為。困難に立ち向かわずに背を向けること。不安。抑圧した怒り。先延ばしにすること。傷つきやすさ。自信の欠如。前進することへの躊躇。

太りすぎ▼傷つきやすい感覚。不適任だという思い。魅力に欠けるという思い。浮かない気分。感情を抑えようとして食べすぎること。体が大きくなれば苦痛から自分を守れるという思い込み。行き詰まり感。やる気の欠如。情緒不安定。過去の心の痛みや憤りを忘れられないこと。食べ物で自分を懲らしめる行為。人を押しやり、遠ざけようとする行為。いつも問題を先延ばしにすること。自分は人生の恵みを受けるに値しないという思い。▽「体重過多」「肥満」の項も参照のこと。

不妊症▼子宮周辺の冷たいエネルギー。拒絶された気分。見捨てられたような感覚。不適任だという思い。苦痛や虚しさ、後悔、悲しみ、喪失感、苦闘、不満を抑え込むこと。人生を楽しめていない気持ち。

（性的）不能▼怒り。失望。拒絶された感覚。自分の性的感覚や能力に対する不信感。性的なことから切り離されている状態。精神的な不安定さ。精神的支えがないこと。恐怖心。性に対する批判的な考え。低い自尊心。愛した人に傷つけられたという思い。親密な関係に尻込みすること。傷つきやすさ。罪悪感。羞恥心。自分はつまらない人間だという思い。憂鬱な気分。喜びや楽しみを否定すること。母親に関する未解決の問題。

（慢性的な）不眠障害▼くつろげない性格。危険を感じること。自分を解放できないという思い。心配したり、心の中で何度も同じことを考えること。状況をあれこれ分析すること。散漫な感覚。恐怖心、不安、警戒心。罪悪感や恨みを心に抱えていること。

ふらつき▼負担が重すぎるという思い。不安定感。自分の立ち位置が分からずバランスを崩している感覚。物事がいつも自分の希望や予想から外れてしまうように思えること。危険を感じていること。注意散漫。負担を感じること。どこかへ行ってしまいたいという願望。物事をありのままに受け入れられないという思い。同じところをぐるぐる回って、進むべき方向や起こすべき変化が分からないこと。

ブラックアウト（一時的視覚／意識／記憶喪失）▼バランス感覚の喪失。人生に圧倒される感覚。解決法を見つけなければという思い。極度のプレッシャー、不安、トラウマ。

平衡感覚（障害）▼不安定感。自分の立場が分からないこと。あちこち振り回されているような感覚。頭が混乱して考えがまとまらないこと。

閉所恐怖症▼不安。強迫観念に取りつかれていること。心配。行き詰まり感。自分がつくり出した現実に拘束されている感覚。あらゆる人や物事をコントロールすべきだと考え、自制心を失ったように感じること。何でも完璧にやり遂げようとして失敗すること。抑圧された怒りや失望を抱え込むこと。

ヘルニア▼虐待的な人間関係。支配されること、利用されること、操られること、搾取されること。生活がマンネリ化していて物事が何も変わらないという思い。後ろ向きな考え方。罪悪感。怒り。人生の重荷を感じること。たびたび自分を傷つけてしまうこと。クリエイティブな表現を自分にさせないこと。

ベル麻痺（顔面神経麻痺）▼困難な状況や難しい人に抵抗すること。過度のストレス。行き詰まり。感情を麻痺させること。人の意見に耳を貸さないこと、現状を違った角度から見ようとしないこと。だるい感じ。打ち負かされたような思い。罠にはまった感覚。人にどう思われているかを心配すること。仮面をかぶること。

偏執症▼不安。不信感。強迫観念。非難。誰か、または何かが自分を傷つけようとしているのではないかという疑念。自制心を失ったような感覚。自分を蝕むような秘密を抱えること。何か悪いことが起こるという考え。

偏頭痛▼コントロール。プレッシャー。真面目な性格、完璧主義。自分を無理な約束で縛ること。愛情や承認を強く求めること。自分の欲求を無視すること。自分より人を優先すること。極度の罪悪感や不安。自分自身や人との対立。自分を罰すること。人への怒りや不快感。「あなたのせいで頭が痛い」と口にすること。▽「群発性頭痛」「頭痛」の項も参照のこと。

扁桃腺炎▼身構える思い。支配的な感情。恐怖心。「自分が伝えたいことはたいしたことではなく、人も聞きたくないだろう」という思い込み。創造性や喜びの感情を抑え込むこと。自分の才能や能力に対する過小評価。依存心。自分の行動に対して人の許可や助けを求めること。

便秘▼世間から孤立している感覚。本心を隠すこと。古い考え方にとらわれている感覚。決断をくだしたくないという思い。人の考え方など知りたくないという思い。変化を拒絶すること。自分は正しい、自分のほうがよく分かっている、と人に納得させようとすること。「私のやり方が気に入らないなら出て行って」という態度。昔の怒りや恐れを手放そうとしないこと。場合によっては、極度に自己中心的な振る舞い、注文ばかりつける性格、自分のことしか考えられない性格、子どものような振る舞いのほか、愛されていないという思い、過小評価された気分、正当に評価されていないという思い、将来への絶え間ない不安なども関係しています。

膀胱がん▼人生で感じていること、やっていることに対する違和感。過去または現在の行動に対する後ろめたさ。内なる葛藤。一線を画して自分だけの空間を確保したいという思い。身近な人への怒りや苛立ちをおぼえながら、その思いを伝えずに抑圧すること。解消されていない深い悲しみ。▽「がん」の項も参照のこと。

（特に腹部などの）膨張感▼怒りを手放そうとしないこと。誰かに責任を負わせようとする行為。自分を被害者のように感じ、無力感や絶望感をおぼえること。心配しすぎて恐れや不安を手放せないこと。いつも自分を疑い、自分を傷つけること。自分は力量不足だという考えを受け入れてしまうこと。

ホジキン病▼憤り。自制心。自分を罰すること。多くの義務や責任を抱えている状態。人に気に入られたいという思い。性急に成果を上げて人に認めてもらおうとすること。失敗やうまくできないことに対する極度の不安。有害な考えや信念にしがみつくこと。

発作▼ストレスの多い環境や人生に対処できないこと。過剰な負担。体を休める必要性。軽はずみな行動をとってから、起こっている出来事を否定すること。打ちのめされるような思いを味わい、ひと息つきたくなること。感情や体験と切り離されている状態。抑圧されたトラウマ。人生からの離脱。

発疹▼神経過敏。不安定さ。恐怖心。自ら課した腹立たしい制約、役に立たない制限。怒りの小さな爆発が肌のあちこちで勃発すること。誰か、または何かに脅かされている感覚。爆発寸前の抑圧された感情。

母乳の不足▼不適格だと感じること。直面している困難を自分のせいだと考えること。母としての責任を抱えて極度のストレスや圧迫感をおぼえている状態。状況をコントロールしようとすること。力を奪われたような感覚。

骨の劣化▼支援不足。主導権を渡すこと。気だるさ。あやふやな感覚。限界を感じること。人の評価や批判的な意見を鵜呑みにすること。支配されているという思い。無防備な感覚。うんざり感。過度のストレスや心配事が骨身に染みついていること。頼れる人がいないような孤立感や見捨てられた感覚。誰かに守って欲しいという内心の強い願望。

【ま行】

麻痺▼人生の苦悩や責任に対処できないこと。変化への抵抗。行き詰まり。選択肢も解決法もないという思い込み。誰にも求められていないという思い。家族や友人からの拒絶。無視された、気づいてもらえなかったという思い。将来への不安。体に記憶されているトラウマ的なショック。

慢性病▼行き詰まり感。変化を拒む思い。具合が良くなると離れていってしまうであろう人たちからの注目を集め、世話をしてもらうために病気の状態にとどまること。不健康な状態を居心地良く思っていること。自己憐憫。被害者意識にしがみつくこと。運命に甘んじること。世間は厳しく恐ろしいという思いから、あきらめ、あるいは人生への不参加を選ぶこと。

慢性疲労症候群▼人生に対する抵抗。断り方が分からないこと。いつもやりたくないことばかりをしなければならず、虚しい思いをすること。どこかに行ってしまいたいという願望。人生は厳しく険しいという思い。成功には苦労がつきものだという思い込み。自分を限界まで追い込むこと。行き詰まり感。体や直観、創造性を無視すること。自分以外の誰かを正しいと考え、その人が答えを知っていると思うこと。主導権を渡すこと。

水疱瘡（みずぼうそう）▼苛立ち。正当に評価されない、注目されないという思い。愛情や関心を求めること。休養の必要性。自分の居場所ではないような落ち着かない気分。心が乱れている感覚。失望する体験。落胆。

水虫▼人に神経を逆撫でされたような苛立ちや怒り。引き止められているような感覚。家庭内、家族の間でくすぶっている怒り。受け入れられていないという思い。邪魔されたという思い。混乱。

耳鳴り▼身近で様々なことが起こっていること。聴力・聴覚を閉ざしている状態。内なるガイダンスを信用しないこと。頑固な性格。

無感覚▼抑圧。感じるのが嫌で気持ちを押し殺し、感情を見失ってしまうこと。自分を拒絶すること。愛情を抑え込むこと。

無嗅覚症▼「嗅覚喪失」の項を参照のこと。

無月経▼女性としての違和感。女性、特に母親への憤りを抱えていること。見捨てられたような感覚。滋養の不足。自分の力に対する不信。弱くて傷つきやすいという思い。自分を労る方法が分からないこと。過度の運動、過剰なダイエット、自分の体を酷使すること。過度のストレス。

虫歯▼自分を疎かにすること。怒り。自分を傷つけた人を許すことへの抵抗。人生を難しく考えすぎること。羞恥心。自分や人に対する批判的な思い。頑固。攻撃的。思い通りにしたがる性格。愛嬌、創造性、やさしさの欠如。

むち打ち▼人生に変化が必要であることを示唆する衝撃的な出来事。混乱状態。自己批判。攻撃。自分を痛めつけるような行為。人が自分の心を食い物にするのを許してしまうこと。

胸焼け▼人生を受け入れられないという思い。罪悪感。怒り。恐れ。憎しみ。信じて手放すことができないという思い。復讐願望。内心激怒していること。緊張感。傷ついた心。

目の疾患

◆**遠視▼**過去の失望。現実に幻滅すること。現状に対処するに当たっての困難。

◆**外斜視▼**退屈。身近に起こっていることに対する無関心。ぼんやりした状態。圧倒されている状態。自分の内面に意識を向け、独自の能力に気づく必要性。人から言われることに抵抗すること。過労。もどかしさ。プレッシャー、緊張感。

◆角膜炎▼無力感。内心の激しい怒り、苛立ち、深い悲しみ。極度のストレス、心配事、人に心を開くことへの恐れ。自分の経験に対する深い失望。目撃したことへの恐怖心。人も自分も信用できないこと。もう見たくないという思い。目の前の現実以外のものを見たいという強い願望。過去の心の傷が原因で尻込みしている状態。▽「炎症」の項も参照のこと。

◆眼瞼炎▼もどかしさ。怒り。内なる葛藤。自分の立場を守り、擁護するのを苦手とすること。懐疑心。自分の感情や知恵に従うのではなく、目にしたものに従って考えを変えること。▽「炎症」の項も参照のこと。

◆近視▼心細さ。将来的にうまくやっていけるか自分の能力を疑うこと。圧倒されている感覚。

◆結膜炎▼自分が目にしているものに対する苛立ち。周囲で起こっていることを拒絶、あるいは遮ろうとする行為。将来への不安。不適任だという思い。自分は人に失敗者だと思われているだろうと信じ込むこと。心の動揺、もどかしさ。

◆色盲▼恐怖をあおるような色、またはストレスを感じる色をブロックしよう、変えよう、拒絶しようとすること。たいていの場合、子どもの頃のショックやトラウマが原因です。

◆内斜視▼見てはいけないものを見ているという思い。後ろめたさ。悪事や罪に対する罰への恐れ。迫りくる危険への恐れ。誰かが自分を捕らえようとしているという思い。いつもストレスを感じ、身構えている状態。人の目に「未熟」だと映っているという思い。自分の視界から人を押し出そうとする行為。

◆白内障▼あらゆるものがはっきりしていない状態。将来が不透明に思えること。変化の兆しがないように思えること。希望のない人生を運命づけられているような感覚。人生に押しつぶさるような感覚。

信念の喪失。

◆**複視（二重視）**▼長期にわたるストレス。目のかすみ、ぼやけ。不安、あるいは内なる葛藤が原因で、複数の可能性が見えること。決断をくだすのを苦手とすること。後悔。どうすべきか確信が持てない状態。脅威を感じること。起こりうる危険を警戒し、身構えること。

◆**ものもらい**▼行き詰まり感。恐怖心。戸惑い。頭の混乱。過去の怒りや憤りを抱えていること。何かにつけて自分を否定し、決意したことを断念すること。心を決められないこと。

◆**乱視**▼人生に対する偏見。現実に異を唱えること、現状が変わればいいのにという思い。自分自身や人生経験を受け入れられないこと。拒否された感覚を忘れられないこと。

◆**緑内障**▼八方塞がりで追い詰められているような感覚。また、その感覚に圧倒され、精神的にも感情的にも疲れ果てること。将来のイメージが描けなくなるようなプレッシャー。人を許せないこと。障害物から自由になれないこと。

めまい▼体への過度の負担。不安定感、落ち着かない気分、足元がおぼつかない感覚。頭の混乱。人生に対処できないこと。物事がいつも期待や予想とは違っているように思えること。危険を感じていること。注意散漫。負担を感じること。隠れたい、あるいはどこかに行ってしまいたいという願望。物事をありのままに受けとめられないという思い。同じところをぐるぐる回り、変化を起こす方法や進むべき方向が分からない状態。

免疫系の問題（免疫力の低下）▼不安。内なる葛藤。自分を疎かにすること。ストレス、プレッシャー。脅威を感じること。操られた気分。油断。人が自分を利用するのを許してしまうこと。外の世界ばかりに目を向けること。ゆだねるのではなく押し進めようとすること。

燃え尽き症候群▼ストップをかけるタイミングを図りかねて、無理な約束で自分を追い込むこと。完璧主義。自分とは違う考え方に抵抗すること。無理やり事を起こそうとすること。断れない性格。自分より人を優先すること。頑固。体の声を無視し、自分の価値を認めようとしないこと。何にでもケチをつける態度。▽「火傷」の項も参照のこと。

ものもらい▼「目の疾患」の項を参照のこと。

物忘れ▼自分はつまらない人間だという思い。ストレス。ネガティブな考え方や感情に気をとられすぎること。人生の問題にとらわれること。自分の欲求など重要ではないという思い。途方に暮れた状態。戸惑い。将来への恐れ。「忘れてしまえば対処しなくて済む」という考え方。

【や行】

薬物中毒▼自分を救ってくれるもの、痛みを和らげてくれるもの、事態への対処を助けてくれるものなどを必要とすること。人生の困難から逃げ出すこと。事態に対処できないこと、または助けを得られないこと。未知への恐れ。

火傷▼燃え尽きた感覚。疲労。明晰性の欠如。方向性を見失うこと。自分の言うことを聞かない人、自分のアドバイスを無視する人への怒り。短気。▽「燃え尽き症候群」の項も参照のこと。

痩せすぎ（低体重）▼栄養不足。他者からの愛情深い関心を必要としていること。自分への八つ当たり。自分を罰する行為。後ろめたさ、批判、つらい気持ち。自分をとがめること。飛躍や成長を自ら押しとどめること。

夜尿症▼権威を恐れる気持ち。制御不能。頼りない感覚。罰せられることへの恐れ。

ＵＴＩ▼「尿路感染症」の項を参照のこと。

夢▼ひらめきや未来像、アイデア、新しい視点、問題の解決法をもたらすことができる、意識下に隠れている思考、発想、経験。

幼児疾患▼注目や愛情を求める気持ち。取り残されたような気分。動揺。人生にどう対処していいのか分からないという不安。恐れ、特に両親の争いに対して感じる恐怖心。両親の苦労を気に病んで後ろめたさを抱え込み、体調を崩すこと。悪いことをしたら罰を受けるのが当然だという思い。自分は価値のない人間で、愛情や好意を受けるに値しないという思い。内なる葛藤。

抑うつ症▼生きていくことへのプレッシャー。圧倒される思い。絶望感、失望、幻滅。誰かに助けてもらいたいという願望。抑圧された怒りや憤り。自分を被害者のように感じ、そう振る舞うこと。人生でうまくいかないことを人のせいにすること。やる気が出ない感じ、無気力。退屈。暗くなるだけの話が止められないこと。

【ら行】

ライム病▼神経過敏な性格。自分の決断に人がとやかく言うのを許してしまうこと。衰弱、元気が出ない感覚。脅威を感じること。自分の力量不足に気をとられすぎること。失敗から学ぶのではなく、自分を責めてしまうこと。自分を厳しく酷評する批判的な人たちに囲まれている状態。低い自負心。

ラクトース（乳糖）不耐症▼「人生は厳しい」「必要なものが足りていない」という思い。人生に対する嫌気。どこかに行ってしまいたいという思い。どこかに行けば人生も楽になり好転するだろうという思い込み。欠乏感。人生にこれまで以上の喜び、美、創造性を求めること。

乱視▼「目の疾患」の項を参照のこと。

卵巣がん▼女は弱く、値打ちがないという思い込み。不安。虐待を受け、生き抜いてきた体験。破綻した人間関係。体を蝕む根深い悲しみや恐怖心、怒りの感情。まだ解消されていない恥や屈辱感。自制心を失って、攻撃されたと思うこと、あるいは自分を攻撃すること。自分の女性的なエネルギーを否定すること。心配。あらゆる人に尽くすこと。生きていけないという恐れの感情。▽「がん」の項も参照のこと。

卵巣嚢胞▼過去に男性から受けた苦痛や、精神的、心的、あるいは身体的虐待により受けた痛みを手放そうとしないこと。満足できないという思い。自分の女性らしさを否定すること。生殖能力に関する問題、たとえば子どもが（もっと）欲しいのに妊娠できないこと。悲しみや失望を隠すこと。孤独感、愛されていないという思い。母親、姉妹、女性の近親者、友人との衝突。▽「嚢胞」の項も参照のこと。

リウマチ▼頑固で支配的な態度、傲慢で独善的な言動。根深い憤りや怒り、恨み。許して気持ちを切り替えることができないこと。責任を負うのではなく、人のせいにしてしまうこと。自分こそ人生の被害者だという思い込み。世の中すべて白か黒かだという頑固な考え方。

リウマチ性関節炎▼自分に対する拒絶感。批判。行き詰まり。否定的な感情や考え。頑固。「私のやり方が気に入らないなら出て行って」という考え方。生真面目で強情、支配的な性格。完璧主義。何にでもケチをつける性格。融通のきかなさや柔軟性のなさが自分自身や関節をこわばらせ、緊張や痛みをもたらすこと。苦痛や悲しみ、後悔、過去の罪悪感を手放そうとしないこと。変化に抵抗すること。

流行性感冒▼「インフルエンザ」の項を参照のこと。

流産▼子どもを持つ準備ができていないこと。出産や責任に対する不安。家庭の未解決問題。自分に対してやさしく寛容に、愛情深く接する必要性。場合によっては、胎児の魂が生まれる準備ができていない可能性、身体に障害がある可能性、弱すぎて生き延びるのが難しい可能性もあります。

緑内障▼「目の疾患」の項を参照のこと。

リンパ腫▼脅威を感じること。不安。失うことへの恐れ。有害な考え方や態度。いつも自分を傷つけてしまうこと。何としてでも愛されたい、受け入れられ理解されたいという思い。人の機嫌をとって、常に認めてもらおうとすること。密かに抱えている無力感、自分は無能で平凡だという思い。虚しさ。また、人の問題解決に専念することで空虚感を埋めようとすること。自分よりも人を幸せにしようとすること。▽「がん」「リンパの疾患」の項も参照のこと。

リンパの疾患▼傷つきやすさ。恐怖を感じること。精神的な不安定さ。拠りどころのない感覚。愛されていないという思い。拒絶された気分。すぐに人から間違った影響を受けてしまうこと。自分の面倒を見きれない、または自分を守りきれないという思い。自分を傷つけるような言動。毅然とした態度をとれない性格。混乱。確信が持てないこと。▽「リンパ腫」の項も参照のこと。

淋病▼性に関する罪悪感。性的暴行。性的なことへの恐れ。性的関心や欲望に対する深い恥辱感。嘘、偽り。本来の創造性を隠すこと。数々のつらい人間関係。強い自己嫌悪感。習慣的に自分を傷つけること。ぎくしゃくした不健全な人間関係に執着すること。

類線維腫・子宮筋腫▼過去の心の傷や後悔を忘れられないこと。秘かな復讐願望。やりたくないことを強制されて力を奪われた感覚、ひどい扱いを受けたという思いを抱くこと。過去の失望や失敗を心に抱えること。▽「嚢胞」の項も参照のこと。

レストレスレッグス症候群（むずむず脚症候群）（ＲＬＳ）▼不快感、苛立ち、焦り。落ち着かない気分。進歩することに抵抗を示し、動かざるを得なくなってからようやく前進しようとする傾向。先延ばしにすること。行動を起こしたいのに、いつも口実を見つけて行動に移さないこと。自分が願っているように物事がスムーズにいかなくて失望し、あきらめてしまうこと。

連鎖球菌性咽頭炎▼怒り、激情。傷ついた心。憎しみ。頑固。劣等感。断り方が分からないこと。内心は煮えくり返っているのに、自分の意見を主張できないこと。自分の心や内なる知恵を無視すること。将来への不安。どのように生きていけばいいのか不安に思うこと。▽「咽頭炎」の項も参照のこと。

老化▼パワーの喪失。人生に対処できない状態。多くの抑圧された感情を抱えていること。子ども返りして、つきっきりで面倒を見て欲しいと思うこと。人生に圧倒され、別の時代に逃げてしまいたいと願うこと。思い出したくない、ここにいたくないという思い。喪失感。戸惑い。

狼瘡（ろうそう）▼不安に苛まれること。自信の欠如。不信感。被害者意識。操られ、利用されたという思い。幼少期の未解決問題。毅然とした態度をとれないこと。責任に押しつぶされること。常に人を優先する性格。怒り、憤り、非難。後ろめたさ。自分を罰するべきだという思い込みを手放そうとしないこと。

3

感情が伝える秘密の言葉

病気の原因となる感情を理解して癒す

このセクションでは、様々な感情について説明しています。感情は、数々の病気や心身の疾患の要因となって、健康状態や人生経験に影響を及ぼすことがあります。

私たちの多くが、自分を守る手段として、不快な感情を無意識に抑圧します。程度の差はあれ、人は痛みや様々な感情に耐えられないと思い込んでいるからです。私はクライアントの話や自分自身の経験から、あることに気づきました。感情は、感じないようにしたり抑圧したからといって、簡単に消えてしまうものではないということです。それどころか、感情は本人がその存在に気づいて認めて解放するまで、体の中にとどまっていることがほとんどです。感情を認識して解放するというプロセスが起こらなければ、よどんだ重苦しい感情が病気や機能不全の要因になりうるのです。

これまでたくさんのクライアントに携わってきましたが、その多くが三十年から四十年、長い場合は五十年以上も昔から滞っている感情を抱えていました。彼らは、自分の困難や不幸、健康障害の原因になっていた負の感情に気づき、そうした感情を解放できるようになるまで問題は続くということを知りました。

ローレンの興味深い話をしましょう。彼女が私に会いに来たのは六十五歳の時で、十歳の頃から憂鬱な気分を抱えていました。「人に受け入れてもらうには、気に入られなければならない」とローレンは感じていました。そして断り方を知りませんでした。ノーと言えない性格だったのです。自分が抱えている重荷に気づいたローレンは、本書で紹介している感情解放プロセスのいくつかを試しはじめました。するとすぐに、ローレンは見違えるように変わりました。胸を張って、自信に溢れた様子。そして、伝えたいことがある時は臆することなく堂々と話すようになったのです。必要な時はちゃんと断れるようになり、自分に対してはイエスと言うようになりました。何よりも、ありのままの自分でいることを楽しむようになったのです。

ローレンの劇的な変化を目の当たりにした人たちは、彼女の外見を褒め、「幸せそうだね」「あなたと一緒にいると楽しい」と言うようになりました。ローレンは年下の人たちと仕事を始め、ベストを尽くすよう彼らを触発しました。やっと本来の自分を見つけたローレンは、自分に押しつけていた制約を手放しました。それまで自分の可能性に限界を設けていたローレンは、ついにずっと望んでいた充実した人生、発想豊かな生き方を手に入れたのです。

別のクライアント、テスの話です。テスは何年もの間、頻繁に起こる頭痛に悩んでいました。彼女は若い頃、とても厳しい母親から自己批判的な態度を学んでいました。精神的にも不安定で、支配的な性格まで身につけていたテスは、そうした自分の性格的な傾向に気づいてから、感情解放プロセスを行うことを決めました。数週間後、彼女の頭痛はすっかりおさまっていました。テスは感情的なバランスをさらに整えようと、自分の様々な側面に取り組みました。さらに子どもたちにも、どのように感情を表現すればヒーリングにつながるか教えたところ、彼らの症状も改善されました。

もう一つ、ジェイソンの例を紹介しましょう。ジェイソンの問題に取り組みはじめた頃、彼は太りすぎで、ひどい背痛と腹部痙攣に悩んでいました。企業に十七年間勤め、離婚したばかりだったジェイソンは、家庭を壊してしまった罪悪感と憤りの感情を体に抱え込んでいました。前を向いて元妻と子どもたちとの関係を修復するには、自分の怒りや憤りの感情、そして罪悪感を手放す必要があることに彼は気づきました。人生にもっと平穏や許しを受け入れなければならないことを悟ったのです。憤りの感情や罪悪感を手放したところ、ジェイソンの体重は三十三ポンド（約十五キロ）も減りました。背痛と腹部痙攣もなくなり、自分の欲求だけでなく人の欲求にも気づくようになりました。恩恵を受けたのはジェイソンだけではありません。父親と貴重な時間を過ごすようになった子どもたちも、自分の感情に耳を傾けて表現することを教わる機会を得ることができたのです。

私のクライアントの話からも分かるように、感情解放プロセスを行うと、家族や友人、そのほかの人間関係にも大きな影響があります。過去に、緊張やストレスを感じる場面で、インスピレーションを与えてくれる人に出会ったことはないでしょうか？「自分を変えよう」と思わせてくれたり、「自分はすばらしい存在だ」と気づかせてくれるような人です。今まで、あなたは自分を変える方法が分からなくて、選択肢がないように感じていたかもしれません。けれども今、あなたの手の届くところに、生まれ変わるツールがあるのです。私のクライアントの成功話に触発されてあなたが行動を起こし、自分の人生を変えるプロセスに取り組んでくださることが私の願いです。正しい方法で行えば、誰でも平穏や明晰性、喜びを受け入れることができると私は信じています。ここに紹介している簡単なプロセスを行って人生が変わった人を何千人も見てきました。ぜひあなたも、そうした人々の仲間入りをしてください。

不健全な感情を特定して解放するためのプロセス

第三章では、よどんだ不健全な感情を解放して自分を癒す方法について主に述べています。感情について述べる時、「ポジティブなエネルギー」「ネガティブなエネルギー」などという言葉を使うことがありますが、実際は感情それ自体がポジティブ、あるいはネガティブなものではないということを理解しておいてください。すべての感情は貴重で、恵みをもたらしてくれます。ですから、プロセスを行う目的に従って、ここでは「健全な感情」「不健全な感情」という言い方をしています。長期に渡って特定の感情にしがみついたりこだわったりしていると、あなたの健康状態に影響を及ぼし、病気へとつながることがあるからです。それぞれの感情が、レッスンとなったり、贈り物となったりします。それに気づくかどうかは、あなた次第です。

では、不健全な感情の解放プロセスを行う際の、流れとポイントを説明しましょう。

（ステップ１）取り組むべき不健全な感情を特定する

◆プロセスは、静かで居心地の良い場所で行いましょう。また、メッセージや洞察を書き留められるよう、手近に筆記用具を用意します。

◆感情を解放するには、取り組むべき感情を特定しなければいけません。まず、自分の感情とつながりましょう。自分の内側に意識を向けて集中し、重苦しい感情が体のどの部分に保存されているのか気づくと、感情とつながることができます。

◆感情を溜め込んでいる部分、影響を受けている部分に気づいたら、そこに手を置いて、その感情に息を吹き込むように深呼吸しましょう。これを一分から二分間続けます。深呼吸しながら、その感情があなたに伝えたいメッセージがあるかどうか、聞いてみてください。

◆返答を待ちます。あなたが何度も繰り返している経験についてのヒントになるような言葉が、ひらめいたり聞こえたりするかもしれません。まだ整理がついていないつらい経験、解決していない困難な経験を思い出すこともあるでしょう。どのような経験を思い出したとしても、それを判断しないでください。

◆何かひらめいたり洞察を得た時は、書き留めてその意味を探求しましょう。

（ステップ2）不健全な感情を解放する

◆不健全な感情を特定できたら、関連する項目を探して、その感情を解放するプロセスを行います。プロセスで使う言葉を口にする時は、その言葉を心から感じてください。言葉をはっきり声に出すと、その言葉が持つ力強さを感じとることができます。あまり声が出せない時は、その言葉を読んだり心の中で唱えながら、それぞれの言葉が自分にどのように影響するかを意識してみてください。

◆プロセスの中に「オレンジと赤」という記述が出てきますが、これはオレンジ色と赤色の光が混ざり合って渦巻いているようなイメージです。この光（炎）が体を浄化しながら通り抜ける様子を視覚化してください。視覚化が難しい場合は、感じてみましょう。オレンジには癒しや変容をもたらすために感情を表面化させる力があり、動きやエネルギー、温もり、熱意の刺激もします。オレンジの光を使ってよんだ感情や重苦しい感情を浄化することは、効果的でとてもお勧めです。

◆感情解放プロセスは、体から感情のよどみやネガティブなエネルギーが解放されたと感じるまで続けてください。よどみやネガティブなエネルギーが解き放たれ、代わりに意識の広がりや光、平穏を感じられたらプロセスは終了です。

（ステップ３）健全な感情に取り組む

感情からネガティブなエネルギーを解放して浄化できたら、各解放プロセスの最後に挙げている、ポジティブな側面に取り組むプロセスを行います。このプロセスは、体のエネルギーをネガティブなものからポジティブなものへと変化させる助けとなります。自信、喜び、平穏などといったポジティブな感情に関係するプロセスなので、単独で行ってもかまいません。そうした感情を自分の中で育てる助けになります。

（ステップ４）プロセスをアレンジする

感情が伝える秘密の言葉（The Secret Language of Your Emotions）のワークショップを行っていて気づいたことがあります。それは、人が味わう厄介な感情を解放する時に、その多くに対して音楽が大いに役立つということです。たとえば怒りやもどかしさを感じている時に、大音量の音楽に合わせて体を激しく揺すると、それが強い思い入れを手放す助けとなって、解放プロセスの効果が上がる場合があります。行き詰まっている時は、流れるような曲に合わせて穏やかに滑らかに動くと良いでしょう。そうすることによって、行き詰まっている問題や状況に対して新しい視点を見つけることに心が向かいます。また、コントロールや支配を解放するには、コントロールという名の鎖を断ち切る自分の姿を想像しながら、飛び跳ねるような動きを取り入れると良いでしょう。

本書を参考に、呼吸、動作、感覚、感触、視覚化などのツールをいろいろ組み合わせて、ぜひプロセスを自分なりにアレンジしてみてください。

不健全な感情（五十音順）

【圧倒される思い】

現代は情報量や選択肢があまりに多く、人はすぐに圧倒されてしまいます。情報の詰め込みすぎは、混乱や疑い、混沌とした感覚を招きがちです。

多くの人が抱えている責任はますます大きく重くなるばかりです。そして、やるべきことが多すぎて、それをこなす時間も資源も足りないという状態に陥ります。多くのことを片づけようとしてプレッシャーが生じ、その気持ちに圧倒されて、ストレスや倦怠感、極度の疲労を引き起こすこともあるでしょう。

圧倒される思いは、背痛、乳房の疾患、頭痛、肩やくるぶしに現れる疾患、アルツハイマー病、ブラックアウト（一時的視覚／意識／記憶喪失）、風邪、難聴、緑内障、神経衰弱、前立腺がん、発作、老化、脳卒中、潰瘍などといった病気や症状の要因となります。

❖ 圧倒される思いを解放するプロセス ❖

- 体の部位で、最も激しく圧倒されている感覚のあるところに両手を置きます。しばらくそこに息を吸い込みながら、感情が抵抗なく表面に現れるのを待ちます。
- 両手をリラックスさせてください。
- 次のように唱えましょう。「神聖なる癒しの叡智よ、オレンジと赤の光の炎で全身を浄め、あらゆるストレス、倦怠感、圧倒される思いを解消してください。重荷を手放して、人生の明るく調和のとれた側面を見ることができますように。混沌を秩序に、疑いを自信に、混乱を明晰性に変えられるよう力を貸してください。平穏な生活を見つけて人生の旅路を受け入れ、その一歩一歩を楽しみながら進んでいけますように。ありがとうございます」

◆身も心も軽く感じられるまで、「クリア」という言葉を繰り返してください。

◆オレンジと赤の光が、あなたの体、心、感情、エネルギー・フィールドを駆け巡る様子を観察しましょう。あらゆるネガティブな思考、言葉、圧倒される感覚、記憶を浄化して解消し、混乱や混沌のイメージもすべて消していきます。

◆調和と明晰性を取り戻すためには、３６４頁の「明晰性」のプロセスを行いましょう。

【怒り】

たいていの場合、怒りの感情は正義感や恐れから生じます。また、不当な扱いを受けた時や、欲しいものが手に入らなかった時に感じる批判的な思いから生じることも珍しくありません。人は自分で責任を負うよりも、他人を責めるものです。怒りは、自分に力があるような錯覚を起こさせます。そして、人は怒っている時、相手を批判したり、こき下ろしたり、憎んだり、恨んだりする自分を正当化します。「争って当然だ、相手を傷つけたり不当に扱ってもかまわない」と考えるのです。

一方で、怒りが情熱や高揚感、熱意を刺激して、変化や変容を促すきっかけになることもあります。人生のある局面でうまくいっていなくて腹立たしい思いをしている時、その怒りの感情が良い引き金となって、病気や不調から解放されるということもあります。たとえば、憂鬱な気分、無力感、圧倒される感覚などが吹き飛ばされるのです。けれども、怒りの感情が長引くと、エネルギーや生命力が奪われることになります。長期に渡って怒りを抱えていると、人は疲労感をおぼえ、弱ったり、ふさぎ込んだり、憔悴してしまいます。

また、解消されていない怒りは、高血圧、炎症、乾癬、副鼻腔炎、腫瘍、がん、月経前症候群、肺炎、たむし、潰瘍などといった病気や症状の要因になります。

❖怒りを解放するプロセス❖

- 体の部位で、最も激しく怒りを感じるところに両手を置きます。しばらくそこに息を吸い込みながら、感情が抵抗なく表面に現れるのを待ちます。
- 両手をリラックスさせてください。
- 次のように唱えましょう。「神聖なる癒しの叡智よ、私の中で、怒りや憎しみ、苦痛、復讐心を抱え込んでいるあらゆる側面に、オレンジと赤の浄化の炎を放ってください。恐れ、麻痺した感情、激しい怒り、判断をすべて消してください。怒りを表現して手放すための新しい癒しの方法を見つけられますように。怒りは私の本質ではないということを実感できるよう導いてください。怒りは、私が自ら持ち込み、解き放つことを恐れていた一つの感情にすぎません。より良い感情、やさしくて健全な感情を受け入れる心の準備ができました。私は喜んで、怒りを平穏に変えます。ありがとうございます」

◆身も心も軽く感じられるまで、「クリア」という言葉を繰り返してください。
◆オレンジと赤の炎が、あなたの体、心、感情、エネルギー・フィールドを駆け巡る様子を観察しましょう。あらゆるネガティブな思考、言葉、感情、記憶を解消し、怒り、激情、優越感、判断、麻痺、恐れのイメージをすべて消していきます。
◆362頁の「平穏」のプロセスを行って、穏やかな気持ちと安らぎを取り戻しましょう。

【行き詰まり感（停滞感）】

体や人生に現れる問題の多くは、行き詰まりを感じている時、意固地になっている時、一つの考え方に固執している時に生まれます。こういったことは、心の中で同じ考えもしくはシナリオが何度も何度も繰り返されている時に起こりがちです。

行き詰まりを感じていたり停滞していると、人生のあらゆる側面に厄介な状況が訪れ、体のあらゆる部位が緊張してきます。創造力もブロックされます。そして、困難・苦難にあうようになり、「人生は厳しいものだ」という考え方をするようになるでしょう。そうなってくると、今度は体や心、感情がこわばっていきます。

長期に渡る行き詰まりやこわばりは、静脈瘤、坐骨神経痛、反復運動過多損傷、リウマチ性関節炎、麻痺、肥満、口内炎、腎臓障害など数多くの疾患や病気の要因となることがあります。

❖行き詰まり感を解放するプロセス❖

◆体の部位で、最も激しく行き詰まりや停滞感を感じるところに両手を置きます。しばらくそこに息を吸い込みながら、感情が抵抗なく表面に現れるのを待ちます。

◆両手をリラックスさせてください。

◆次のように唱えましょう。「神聖なる癒しの叡智よ、行き詰まり、こわばり、頑固さ、障害、苦闘、狭量な考え方をすべて、オレンジと赤の浄化の炎で解消してください。心と感情のこわばりを一つ残らず手放せるよう助けてください。緊張、苦闘、苦労、抵抗のパターンを解放できるよう力を貸してください。エネルギーの流れや循環を邪魔している、体、心、感情の中のあらゆる障害を取り除けますように。ありがとうございます」

◆身も心も軽く感じられるまで、「クリア」という言葉を繰り返してください。

◆オレンジと赤の炎が、あなたの体、心、感情、エネルギー・フィールドを駆け巡る様子を観察しましょう。あらゆるネガティブな思考、言葉、感情、記憶を解消して、行き詰まり、頑固さ、抵抗、制約のイメージもすべて消していきます。

◆柔軟性を取り戻すためには、３５７頁の「柔軟性と動き」のプロセスを行いましょう。

【憤り】

憤りとは深く傷ついた心のことで、この感情を抑圧して隠したままにしていると、怒りに変わります。

たいていの場合、それは家族や身近な人々へ向けられます。自分が不当な扱いを受けたと感じたり、利用されたと感じるたびに、憤りの感情は生まれます。

通常、憤りを抱いている人は、「自分は間違っていない」という思いから、この感情を手放さずにいます。「私は正しい。彼らが間違っている」という考え方をし、腹立たしさにわざわざしがみつき、自分には相手を痛めつける力があると思い込みます。本当のところ、より傷つくのは憤っている本人で、この憤りの感情は「楽ならざる状態（dis-ease／病気）」や不快な症状の原因となります。

いつまでも憤りの感情を持ち続けていると、恨みや敵意、苦痛、恐れ、怒り、復讐心などといったネガティブな感情を助長することがあります。そして、誤解や不信を生み出します。信頼することができなければ、決してリラックスはできないでしょう。なぜなら、意識的または無意識的に、ずっと警戒態勢でいるからです。身体レベルでは、憤りの感情は、腫瘍、梅毒、骨粗しょう症、狼瘡、背痛などといった病気や症状の要因となることがあります。

❖憤りを解放するプロセス❖

◆体の部位で、最も激しく憤りを感じるところに両手を置きます。しばらくそこに息を吸い込みながら、感情が抵抗なく表面に現れるのを待ちます。
◆両手をリラックスさせてください。
◆次のように唱えましょう。「神聖なる癒しの叡智よ、オレンジと赤の浄化の炎で、あらゆる憤り、抑圧した怒り、苦痛、不公平感、不信感、独善的な思いを、細胞の記憶、感情、心、エネルギー・フィールドから解消してください。〇〇〇〇（憤りを感じている人や場所の名前、体験などを入れましょう）に対する憤りの感情から解放されますように。そして、私に憤りや敵意を感じている人がいれば、その感情もすべて解放してください。この憤りの感情にまつわる負のエネルギーや重苦しいエネルギーがすべて、私の人生から消えていきますように。ありがとうございます」

◆身も心も軽く感じられるまで、「クリア」という言葉を繰り返してください。

◆オレンジと赤の炎が、あなたの体、心、感情、エネルギー・フィールドを駆け巡る様子を観察しましょう。あらゆるネガティブな思考、言葉、感情、記憶を解消して、あなたを縛りつけている人、場所、経験のイメージをすべて消していきます。

◆相手を許す気持ちになっていれば、３６４頁の「許し」のプロセスを行いましょう。

【苛立ち】「欲求不満」の項を参照のこと。

【恐れ】

人は過去の経験に基づいて、将来への恐れを抱きます。恐れは、裏切り行為や欺まん、虚言、傷害、暴力に及ぶことがあります。恐れている人は、偏見を持ったり、人を責めたり、拒絶することもあるでしょう。恐れは人をネガティブな状態に閉じ込め、ショックや悩み、ストレス、心配事を生み出します。そして、変化や進歩を妨げます。なぜなら、たいていの人は既知のことに安心感をおぼえ、変化に対して不安を感じると、「今いる場所にとどまろう、前進するのは恐い」と考えてしまうものだからです。恐れはあなたを支配し、凍りつかせ、閉じ込めてしまいます。恐れがあると人は行動を起こすのを躊躇し、自分を信じて目標を達成することができなくなります。恐れはことあるごとに障害物をつくり出して人の努力を邪魔し、無力感を押しつけるのです。それだけでなく、分離した感覚や傷つきやすさ、誰かに支配されるかもしれないという心配を生み出すこともあります。恐れによって人は判断を誤り、思考を曇らせます。不安や恐れの感情は、人を愛し、平穏や喜びを受け入れる感性を縛りつけ、ブロックすることすらあります。

恐れが要因となる健康障害は数多くあり、潰瘍、尿路感染症、性病、腫瘍、がん、不眠障害、副鼻腔炎、坐骨神経痛、背痛、パーキンソン病、強迫症、(男性の)性的不能、肝炎、痔、糖尿病、嚢胞、食欲不振、広場恐怖症などが該当します。

❖恐れを解放するプロセス❖

- 体の部位で、最も激しく恐れを感じるところに両手を置きます。しばらくそこに息を吸い込みながら、感情が抵抗なく表面に現れるのを待ちます。
- 両手をリラックスさせてください。
- 次のように唱えましょう。「神聖なる癒しの叡智よ、オレンジと赤の浄化の炎で、あらゆる不安、恐れ、悩み、心配事、無力感を消してください。絶望感、裏切り、トラウマも解放できるよう手を貸してください。どんなに困難な状況でも恵みを見出し、望みうる最高の結果に意識を集中できますように。ありがとうございます」

◆身も心も軽く感じられるまで、「クリア」という言葉を繰り返してください。
◆オレンジと赤の炎が、あなたの体、心、感情、エネルギー・フィールドを駆け巡る様子を観察しましょう。あらゆるネガティブな思考、言葉、感情、記憶を解消して、恐れ、不安、心配、無力感のイメージもすべて消していきます。
◆愛や力の感覚を取り戻すためには、３５２頁の「愛」のプロセスを行いましょう。

【落ち込み（憂鬱）】

多くの人が、日々複雑さを増している社会の中で生活に追われ、生きていくプレッシャーに圧倒されるような思いを抱いています。そうした人たちにとって、落ち込みの感情は大きな問題となっています。絶望感や落ち込みの感情は、深い失望、裏切り、愛する人（や動物）の死、失敗、内に向けられた怒り、事故、深刻なトラウマから生じるほか、生理的な状態が原因で襲ってくることもあります。人は落ち込んでいる時、自分は無力だと感じたり、誤った方向に導かれたような気がするものです。混乱や疲労、物悲しい気持ちに襲われることもあるでしょう。そして、「人生の意味など失ってしまった」「つまらなく味気ない人生だ」「何のために生きているのか分からない」などと感じるに至るかもしれません。心の闇の中で身動きがとれず、出口が見つけられない状態に陥る人もいるでしょう。

一方で、落ち込みの感情がきっかけとなって、これまで否定し抑圧してきた自分の内面とつながり、そこに取り組むチャンスを得ることがあります。自分の内面に取り組むことによって、自分自身に対する理解が深まるだけでなく、大きな癒しや変容に導かれることもあります。

身体レベルで見ると、落ち込みの感情は、胸部、肺、血液、胆嚢、胆石、前立腺などに現れる疾患、背痛、アルコール中毒、過食症、脊柱側弯症、関節の硬直、膿瘍、アルツハイマー病、記憶喪失や健忘症などの症状を招くことがあります。

❖ 落ち込みを解放するプロセス ❖

◆体の部位で、最も激しく落ち込みを感じるところに両手を置きます。しばらくそこに息を吸い込みながら、感情が抵抗なく表面に現れるのを待ちます。

◆両手をリラックスさせてください。

◆次のように唱えましょう。「神聖なる癒しの叡智よ、オレンジと赤の光線で、落ち込み、失望、憂鬱な気分、無力感をすべて全身から洗い流してください。この重苦しくて暗い状態から抜け出す道を見つけて、生命力を取り戻せるよう導いてください。人生の明るい光景、喜びや笑い、楽しみに満ちた側面に気づくことができますように。生きることへの情熱や熱意を取り戻し、人類に貢献できる人になれますように。これまで与えられてきたやさしさや助けに対するお返しができますように。ありがとうございます」

◆身も心も軽く感じられるまで、「クリア」という言葉を繰り返してください。

◆オレンジと赤の光線が、あなたの体、心、感情、エネルギー・フィールドを駆け巡る様子を観察しましょう。あらゆるネガティブな思考、言葉、感情、記憶を浄化して解消し、落ち込みや失望のイメージもすべて消していきます。

◆喜びや活力を取り戻すためには、３６６頁の「喜び」のプロセスを行いましょう。

【悲しみ】

何かを失ったと感じる時、人はたいてい悲しみをおぼえます。悲しみという感情は癒しのプロセスでは重要な役割を果たしますが、この感情を抑圧してしまうと、落ち込みや被害者意識、自己憐憫、絶望感、非難、惨めな気持ち、あるいは病気につながることがあります。

愛する存在、仕事、チャンス、若さを失ったり、離婚を経験したりすると、多くの人は悲しみを感じます。異国への移住、愛する人のもとを去ることも悲しみの原因となるでしょう。帰属感を失ったり、孤立感、アイデンティティの喪失をおぼえるからです。

癒しのためには、悲しみや痛みを認識して表現しなければなりません。喪失は途方もなく厳しい経験になることがあります。対処方法は人それぞれで、悲しみを癒すのに必要な時間も人によって異なりますが、悲嘆に暮れている状態が長引くと、人は過去にとらわれてしまい、前進するのを制限してしまうことがあります。

悲しみや喪失が要因となりうる病気や症状には、副鼻腔炎、肺炎、五十（四十）肩、腎臓の疾患、卵巣嚢胞、筋ジストロフィー、パーキンソン病、記憶喪失、腰痛、手根管症候群、過敏性腸症候群、痔、心臓疾患、貧血症などがあります。

❖悲しみを解放するプロセス❖

◆体の部位で、最も激しく悲しみを感じるところに両手を置きます。しばらくそこに息を吸い込みながら、感情が抵抗なく表面に現れるのを待ちます。

◆両手をリラックスさせてください。

◆次のように唱えましょう。「神聖なる癒しの叡智よ、オレンジと赤の浄化の炎で、あらゆる悲しみ、喪失感を癒す手助けをしてください。私が抱えている非難、自己憐憫、混乱、惨めな気持ちもすべて解放できるよう力を貸してください。この激しい痛みや焦がれる思い、落ち込みも解消してください。悲しみに隠された、天からの恵みを見抜くことができますように。そして賢明で強い人になれますように。ありがとうございます」

◆身も心も軽く感じられるまで、「クリア」という言葉を繰り返してください。

◆オレンジと赤の光が、あなたの体、心、感情、エネルギー・フィールドを駆け巡る様子を観察しましょう。あらゆるネガティブな思考、言葉、感情、記憶を浄化して解消し、悲しみ、非難、自己憐憫のイメージもすべて消していきます。

◆幸福感を取り戻すためには、354頁の「幸福感」のプロセスを行いましょう。

【拒否】

拒否された感覚は人の心の中に何年もわだかまり、人間関係や幸福感を損なうことがあります。たいていの場合、人は拒否されるとそれを個人的に受けとめてしまい、「嫌われているからだ」「自分に問題があるのだ」などと考えます。そして、前を向いて自分を変える代わりに、あきらめたり、心を閉ざしたり、自分を可哀想だと思うのです。

人を信頼すること、人に心を開いたり人との距離を縮めることに対する恐れは、激しく否定された時にも生じます。ほとんどの人は、否定されることを恐れて、夢を追いかけるのをやめたり人生を楽しむことをあきらめたりします。

拒否された感覚は、食欲不振、関節炎、多発性硬化症、子宮内膜症、麻痺、無感覚、口唇ヘルペス、不感症など様々な病気や機能不全の要因となることがあります。また、心身の衰弱やストレス、神経衰弱、緊張感を引き起こす場合もあります。

❖拒否された感覚を解放するプロセス❖

◆体の部位で、最も強く、拒否された感覚を感じるところに両手を置きます。しばらくそこに息を吸い込みながら、感情が抵抗なく表面に現れるのを待ちます。

◆両手をリラックスさせてください。

◆次のように唱えましょう。「神聖なる癒しの叡智よ、オレンジと赤の浄化の光線で私のあらゆる側面を照らし、恐れ、拒否感、自己批判、自己憐憫を引き起こすすべてのパターンから私を解放してください。自分は役立たずで取るに足りない存在だ、すばらしい人生を送れるような人間ではない、といった考え方をすべて消してください。あらゆるストレス、緊張、失敗することへの不安を意識から解き放ち、内なるパワーと知恵を取り戻せますように。ありがとうございます」

◆身も心も軽く感じられるまで、「クリア」という言葉を繰り返してください。

◆オレンジと赤の火が、あなたの体、心、感情、エネルギー・フィールドを駆け巡る様子を観察しましょう。あらゆるネガティブな思考、言葉、感情、記憶を解消して、拒否された感覚、自己憐憫、ストレス、緊張のイメージもすべて消していきます。

◆受け入れる感覚を取り戻すためには、358頁の「受容」のプロセスを行いましょう。

【攻撃】「批判」の項を参照のこと。

【コントロール】

多くの人は、自分自身や身近な人をコントロールしようとして自らに制約を設け、チャンスを限られたものにしてしまい、そのことによってたくさんのストレスや心配事、緊張感を生み出しています。他人の行動に口を出し、相手より優位に立ってはじめて自分の人生は完璧になるという思いから、支配欲が生まれます。そのような思いを抱く人は、自分や他人の生活を「秩序立てる」様々なルールをつくらなければいけないと考えています。支配欲や完璧主義は、自分や人に対する信用と信頼感の欠如を表しています。信用できない、信頼できないという思いは自分を制限し、心と切り離してしまいます。

コントロールしようとしている相手や状況が思い通りにならなかった時、支配欲が攻撃性へと姿を変えることも珍しくありません。支配的な性格の人は、自発性や創造性、想像力、楽しむことを恐れます。それらは、抑圧や制限をはね返してくるからです。

コントロールや支配的な態度は数多くの身体的な疾患や症状を引き起こしますが、特に脳腫瘍、にきび、広場恐怖症、アレルギー、食欲不振、ぜんそく、脱毛症、過食症、がん、難聴、糖尿病、五十（四十）肩、不感症、痛風、ヘルニア、ホジキン病、炎症、過敏性腸症候群、偏頭痛、卵巣がん、偏執症、パーキンソン病、反復運動過多損傷、頭痛、潰瘍などが例として挙げられます。

❖コントロールを解放するプロセス❖

◆体の部位で、最も激しく支配やコントロールを感じるところに両手を置きます。しばらくそこに息を吸い込みながら、感情が抵抗なく表面に現れるのを待ちます。

◆両手をリラックスさせてください。

◆次のように唱えましょう。「神聖なる癒しの叡智よ、私の支配欲、人をコントロールして優位に立ちたいという願望を、オレンジと赤の光の炎で消してください。ルールをつくり、自分の思い通りにしたいという考えから生じるストレスを解消できるよう助けてください。人を支配すること、人に支配されることから自由になれますように。もっと柔軟で、大らかな人になれますように。自発的で、偏見のない人になれますように。ありがとうございます」

◆身も心も軽く感じられるまで、「クリア」という言葉を繰り返してください。

◆オレンジと赤の光の炎が、あなたの体、心、感情、エネルギー・フィールドを駆け巡る様子を観察しましょう。あらゆるネガティブな思考、言葉、感情、記憶を浄化して解消し、支配や操作のイメージもすべて消していきます。あなたは、選択の自由、創造性、自発性を経験できます。

◆自由や選択の感覚を取り戻すためには、３５６頁の「自由」のプロセスを行いましょう。

【困惑】「圧倒される思い」の項を参照のこと。

【罪悪感】

司法制度は、総じて有罪か無罪かという考え方で機能しており、有罪になると厳しい結果が待っています。罪という言葉を聞くと、人は意識的または無意識に、処罰、刑務所、服役の義務などを連想します。過ちを犯すと審判を受けることになりますが、それは不名誉や恥の感覚を招くことになるでしょう。多くの人は「自分は罰せられるべきだ」という自滅的な思い込みを抱いているため、そういった罪や恥の意識は体を徐々に蝕んでいきます。

人はどんなことで罪悪感を感じるでしょうか。働きすぎ、怠けすぎ、子どもとの時間を十分につくらないこと、浪費、飲みすぎ――こういったことに、人はやましい気持ちをおぼえます。あるいは、ゆっくりと休息したり、人より収入が良かったり、贅沢をすることで後ろめたさを感じる人もいるでしょう。さらに、後ろめたい思いから、自分がまさしく悪いことだと感じている行動に及ぶということもよくあります。簡単な例を挙げると、お菓子やファーストフードを食べること――それを後ろめたく思えば思うほどそうした食べ物に手が伸びる、という具合にです。

あらゆる罪悪感は共通して、あなたの体や精神に破壊的な影響を及ぼします。それらはあなたが生き方を変えて自由を見つけるきっかけとはならず、むしろあなたを鎖で縛りつけてしまいます。

罪悪感が関係する症状や病気としては、腰の障害、偏頭痛、体重の問題、性病、骨粗しょう症、パーキンソン病、不眠、副鼻腔炎、（性的）不能、ヘルニア、心臓疾患などが挙げられます。

❖罪悪感を解放するプロセス❖

- 体の部位で、最も激しく罪悪感をおぼえるところに両手を置きます。しばらくそこに息を吸い込みながら、感情が抵抗なく表面に現れるのを待ちます。
- 両手をリラックスさせてください。
- 次のように唱えましょう。「神聖なる癒しの叡智よ、オレンジと赤の浄化の炎で、過ち、後悔、判断にまつわるあらゆる思考、感情、記憶を心から消してください。自分を罰すること、制約、自分を傷つける行為を手放せるよう助けてください。屈辱、恥、破滅を繰り返すパターンを解き放てるよう力を貸してください。私は今、自由を得るために、気分を滅入らせる重荷をすべて喜んで手放します。ありがとうございます」
- 身も心も軽く感じられるまで、「クリア」という言葉を繰り返してください。
- オレンジと赤の炎が、あなたの体、心、感情、エネルギー・フィールドを駆け巡る様子を観察しましょう。あらゆるネガティブな思考、言葉、感情、記憶を解消して、過ち、自分を罰する行為、判断、後悔のイメージもすべて消していきます。

◆ 無垢で純真な気持ちを取り戻すためには、358頁の「純真」のプロセスを行いましょう。

【差別】「判断」の項を参照のこと。

【嫉妬】

嫉妬心は極めて破壊的な感情です。人は嫉妬すると用心深くなり、警戒心を抱いたり、偏狭な考え方をするようになります。この感情は、愛する誰かに傷つけられるという不安や不信感を引き起こします。嫉妬心が及ぼす影響を見てみると、まず、嫉妬している人は心を閉ざします。そして、体のあらゆる部位が不安や緊張に苛まれます。誰かの持ち物を欲しがる気持ちは、劣等感や欠乏感から芽生えるものです。

嫉妬深い人は、妬んでいる相手に対して嫌な感情を抱き続けることによって、コントロールしたり、自分を傷つけたり制限してしまいがちです。嫉妬という感情はたいていの場合、憤り、疑い、不信感という手に負えないサイクルに、人を陥らせてしまいます。

また、嫉妬心は、胃や消化器の異常、心臓発作、背痛、腫瘍、肺の疾患などの要因となることがあります。

❖ 嫉妬心や妬みを解放するプロセス ❖

◆ 体の部位で、最も激しく嫉妬や妬みを感じるところに両手を置きます。しばらくそこに息を吸い込みながら、感情が抵抗なく表面に現れるのを待ちます。

◆両手をリラックスさせてください。

◆次のように唱えましょう。「神聖なる癒しの叡智よ、オレンジと赤の浄化の炎で、あらゆる嫉妬や妬み、恐れを燃やし尽くして、心の中から消してください。誰も、何も、妬む必要などないと気づかせてください。誰が何を持っていようと、私が人生で手に入れるかもしれないものを奪うことにはなりません。人にはそれぞれの道があり、私は自分自身の道を受け入れ、自分が与えられている恵みに感謝する必要があります。どうか、あらゆる疑い、支配欲、不信感を解き放てるよう導いてください。そして、あらゆる憤り、不快な感情、人より劣っているという思い込み、人生の恵みを得られないという固定観念を手放せますように。ありがとうございます」

◆身も心も軽く感じられるまで、「クリア」という言葉を繰り返してください。

◆オレンジと赤の光が、あなたの体、心、感情、エネルギー・フィールドを駆け巡る様子を観察しましょう。あらゆるネガティブな思考、言葉、感情、記憶を浄化して解消し、妬み、嫉妬、恐れのイメージもすべて消していきます。

◆励ましやサポートの感覚を取り戻すためには、３５５頁の「サポート」のプロセスを行いましょう。

【失敗】

自分を敗者だと決めつけ、努力は失敗に終わったと言い訳して、目標を目指すのをやめてしまう人が少なくありません。夢を叶えるのは難しい、実現するわけがないなどと思い込んで、失敗することへの不安を言い訳にする人もいます。人は失敗するとがっくり失望し、その失望感が、今度は落ち込みや絶望感を引き起こします。

けれども、失敗にもプラスの面があります。失敗によって、目標を成し遂げるための別の方法を見つけるチャンスが得られるのです。失敗に鼓舞されて創造力を発揮し、過去の失敗を大きな成功への足がかりだと考えられる人もいます。困難な状況から学んだことを見直して、自分の力を信じる気持ちを強くし、前へ進むこともできるのです。

身体レベルで見ると、失敗は、遠視、胆石、神経衰弱、脊柱側弯症、口唇ヘルペス、脳卒中、前立腺がん、背痛、過食症、結膜炎、嚢胞、類線維腫、五十（四十）肩、心ブロック、ホジキン病、消化不良、腎臓結石、肥満、パーキンソン病などといった病気や症状の要因となることがあります。また、血圧に影響を及ぼすこともあります。

❖挫折感を解放するプロセス❖

- 体の部位で、最も激しく挫折感や失望を感じるところに両手を置きます。しばらくそこに息を吸い込みながら、感情が抵抗なく表面に現れるのを待ちます。
- 両手をリラックスさせてください。
- 次のように唱えましょう。「神聖なる癒しの叡智よ、オレンジと赤の光の剣で、目標達成できないことへの恐れ、心配、不安を断ち切って、私を自由にしてください。過去に期待はずれに終わった時や敗北した時の失望・落胆をすべて解放し、消してください。自分を信じる気持ち、すばらしいことを成し遂げる自分の力への信頼を新たにし、自分の人生と他者の人生に貢献しながら突き進んで行けますように。失敗は成功のもとになりうるということを実感できるよう導いてください。すでに手にしている数々の成功に対する感謝の気持ちを思い出せますように。そして、さらなる恵みを受けとるために扉を開けるよう促してください。ありがとうございます」

◆身も心も軽く感じられるまで、「クリア」という言葉を繰り返してください。

◆剣が放つオレンジと赤の光が、あなたの体、心、感情、エネルギー・フィールドを駆け巡る様子を観察しましょう。あらゆるネガティブな思考、言葉、感情、記憶を断ち切って、失敗、失望、落胆のイメージもすべて消していきます。

◆成功や成就の感覚を取り戻すためには、３６０頁の「成功（達成感）」のプロセスを行いましょう。

【心配】「恐れ」の項を参照のこと。

【ストレス】

ストレスは、現代社会が抱える最も大きな問題の一つです。多くの人が、生活していくこと、支払いを済ませること、この競争社会で成功を収めることへのプレッシャーを募らせています。人々は、日々時間が足りないとぼやきつつ、「仕事を終えなければ」と必要以上の緊張感を抱えています。そうした状況の中で自分自身や身近な人を疎かにし、それが健康状態や幸福感に悪影響を及ぼす原因となっています。

ストレスを感じている人は、今この瞬間の人生を生きておらず、いつも将来のことばかりに意識を向けています。たとえば、時間に間に合うように約束の場所へ行かなければならない、締め切りに間に合わせなければ、欲しいものを買いに行かなければ……といった具合に、先のことに気をとられているのです。

ストレスは人の心、体、感情の中に緊張感を生み出し、人生を前向きに歩んでいく邪魔をします。ストレスを感じていると通常より疲れやすくなり、集中力も低下し、退屈感をおぼえたり、物事を仕上げるのに必要以上に時間がかかったりします。

ストレスが要因となりうる疾患や症状は、脳卒中、発作、心臓発作、免疫系の疾患、顎に現れる問題、物忘れ、歯ぎしり、咬爪癖、アンギーナ、食欲不振、脱毛症、カンジダ、（肺）気腫など、数多くあります。

❖ストレスを解消するプロセス❖

- 体の部位で、最も激しくストレスを感じるところに両手を置きます。しばらくそこに息を吸い込みながら、感情が抵抗なく表面に現れるのを待ちます。
- 両手をリラックスさせてください。
- 次のように唱えましょう。「神聖なる癒しの叡智よ、私が様々な形で体の中に抱えているストレスをすべて、オレンジと赤の浄化の炎で解消できるよう助けてください。休息し、栄養を摂り、リラックスすることを思い出させてください。そして、体に活気を取り戻し、緊張感やプレッシャー、拘束感をすべて手放せるよう導いてください。体に緊張やストレスを感じた時は、深呼吸してリラックスし、くつろぐことを促してください。ストレスが多い状況でも、ユーモアと明るさを見出せますように。より健康で、強く活気に溢れた人になれますように。ありがとうございます」

◆身も心も軽く感じられるまで、「クリア」という言葉を繰り返してください。

◆オレンジと赤の光が、あなたの体、心、感情、エネルギー・フィールドを駆け巡る様子を観察しましょう。あらゆるネガティブな思考、言葉、感情、記憶を浄化して解消し、ストレス、重苦しさ、緊張感のイメージもすべて消していきます。

◆休息とくつろぎの感覚を取り戻すためには、３６７頁の「リラックス」のプロセスを行いましょう。

【絶望感】

困難な状況において自分が役に立たなかったり、何も変化を起こせなかったりすると、人は絶望的な気分に陥ります。望みを失ってしまうと、選択の余地がないような気になって、あきらめるしかないと考えてしまうのです。そして、絶望から抜け出す道に気づけず、制限された希望のない世界で行き詰まってしまいます。

一方で、絶望的に思える状況下でもどうにか好転させる道をひらめき、周囲に希望をもたらすといったケースもあります。

絶望感は、身体レベルでは、脳卒中、脊柱側弯症、神経衰弱、ナルコレプシー、筋ジストロフィー、麻疹、心神喪失、ヘルニア、膨張感、広場恐怖症、下痢、前立腺がん、睡眠障害といった病気や症状の要因になることがあります。

❖絶望感を解放するプロセス❖

- 体の部位で、最も激しく絶望感をおぼえるところに両手を置きます。しばらくそこに息を吸い込みながら、感情が抵抗なく表面に現れるのを待ちます。
- 両手をリラックスさせてください。
- 次のように唱えましょう。「神聖なる癒しの叡智よ、オレンジと赤の光の剣で、無力感、絶望感、落胆をすべて断ち切り、私を自由にしてください。暗闇のように思える状況でも、かすかな光に気づくことができますように。絶望的な状況の中に希望を見つけ、落胆を変容させるきっかけを得られますように。視野を広げ、新たに洞察力や知恵を授かることができますように。自分自身、そして人々のために変化をもたらすチャンスを与えてください。ありがとうございます」
- 身も心も軽く感じられるまで、「クリア」という言葉を繰り返してください。
- オレンジと赤の光の剣が、あなたの体、心、感情、エネルギー・フィールドを駆け巡る様子を観察しましょう。あらゆるネガティブな思考、言葉、感情、記憶を断ち切り、絶望感や無力感のイメージもすべて消していきます。
- 希望や新たな可能性を取り戻すためには、359頁の「信頼」のプロセスを行いましょう。

【羨望】「嫉妬」の項を参照のこと。

【喪失感】「悲しみ」の項を参照のこと。

【憎しみ】

憎しみは、様々な場面で姿を現します。それらは多くの場合、地域や宗教、文化、国籍が異なる人々に対する恐れに根ざしています。世代を越えて伝わる憎しみもあります。また、個人的な憎しみは、苦痛や怒り、憤り、憤りから生じます。誰かへの深い愛が失恋や心の傷という形で終わり、お互いが過ちを話し合う機会を拒否したまま過去に起こったことを許せないでいると、それが憎しみに変わることがあります。

憎しみは醜い感情で、必ず苦痛を生み出します。憎しみの感情を抱いていると、人は態度を硬化させ、他人から距離を置き、恐れたり、心配したり、攻撃的になっていきます。暴力をふるったり、敵意や残忍性を表すこともあるでしょう。人は時に、憎しみを手放そうとしないことがあります。なぜなら、憎しみの感情はパワーや帰属意識を持っているような錯覚を起こさせ、「自分は正しく、人より優れている」と感じさせてくれるからです。

憎しみは、人から力を奪い、人に制約を与えて停滞させます。そして、人の心を閉ざし、魂から遮断して、愛や許し、親密な関係、思いやりの力を存分に表現したり経験したりできないようにしてしまいます。長い間憎しみを抱き続けていると、体が衰えてきて、苦しみや絶望感、無力感をおぼえるようになります。

また、憎しみは、心臓疾患、呼吸障害、胸焼け、高血圧、いぼ、肺の疾患、肝機能障害といった病気や症状を引き起こす要因となることがあります。

❖憎しみを解放するプロセス❖

◆体の部位で、最も激しく憎しみを感じるところに両手を置きます。しばらくそこに息を吸い込みながら、感情が抵抗なく表面に現れるのを待ちます。
◆両手をリラックスさせてください。
◆次のように唱えましょう。「神聖なる癒しの叡智よ、〇〇〇〇（憎しみの対象となっている人の名前や事柄を入れましょう）への憎しみを手放せなくなっている私を、オレンジと赤の浄化の炎で自由にしてください。私の体と人生を圧迫、制限し、停滞させている怒り、恐れ、苦痛、憤りをすべて、そのオレンジと赤の炎で燃やし尽くし、消してください。現状に光と知恵を見出すことができますように。憎しみを思いやりに、恐れを愛に、人との距離を気遣いに、そして悪意をやさしさに変えられるよう助けてください。この状況を新しい視点から見ることができますように。ありがとうございます」
◆身も心も軽く感じられるまで、「クリア」という言葉を繰り返してください。
◆オレンジと赤の光が、あなたの体、心、感情、エネルギー・フィールドを駆け巡る様子を観察しましょう。あらゆるネガティブな思考、言葉、感情、記憶を浄化して解消し、憎しみ、怒り、恐れのイメージもすべて消していきます。
◆やさしさや思いやりを取り戻すためには、３５３頁の「思いやり」のプロセスを行いましょう。

【恥】

ほとんどの人は、恥ずかしいという感情をあまり口にしません。せいぜい「恥知らずだ」「恥を知りなさい」と言うくらいです。けれども、強い恥の感情が何年も体の中にとどまっているということがあります。よくあるのは、子どもの頃に経験した恥ずかしい思いが大人になっても残っていて、自信や幸福感、成功に対して大きな影響を及ぼすということです。恥の感情はきまりの悪さや屈辱感と関係していて、家族など身近な人によってしばしば引き起こされます。

恥は細胞の中にも忍び込み、たとえば過去に屈辱を味わった家族の誰かから持ち越されたり、祖国から引き継いだりすることもあります。戦争のように、人々が猛烈に反対することを経験した国に生まれた場合など、この感情が受け継がれることがよくあります。場合によっては、両親や宗教、仕事、外見などに対して恥を感じることもあるでしょう。

不正をしたり、嘘をついたり、人を脅したり、誰かに苦痛をもたらしたりした場合も、恥の意識が生じます。これらの行為に対して、後悔や自責の念に駆られるからです。けれども、自分を許し、そういった感情を手放さない限り、体は蝕まれていきます。

恥は、とりわけ生殖器系や性別特有の部位に影響を及ぼし、エイズ、性器ヘルペス、クラミジア、（性的）不能、卵巣がん、前立腺がん、関節炎、過食症、歯肉炎、腎臓結石、多発性硬化症、尿路感染症、膣炎などといった病気や症状の要因になることがあります。

❖恥を解放するプロセス❖

◆体の部位で、最も激しく恥ずかしさを感じるところに両手を置きます。しばらくそこに息を吸い込みながら、感情が抵抗なく表面に現れるのを待ちます。

◆両手をリラックスさせてください。

◆次のように唱えましょう。「神聖なる癒しの叡智よ、私を縛りつけている恥ずかしさ、きまりの悪さ、屈辱感、惨めさ、不名誉をすべてオレンジと赤の光の剣で断ち切って、束縛から解放してください。あらゆる自意識、自己不信、不安、恐怖心を解き放てるよう力を貸してください。私に恥をかかせた人すべてを許すことができますように。そして、私が恥をかかせたすべての人からも許してもらえますように。自己価値、自信、自尊心を取り戻して、品位と敬意を持って人生を謳歌できますように。ありがとうございます」

◆身も心も軽く感じられるまで、「クリア」という言葉を繰り返してください。

◆オレンジと赤の光が、あなたの体、心、感情、エネルギー・フィールドを駆け巡る様子を観察しましょう。あらゆるネガティブな思考、言葉、感情、記憶を断ち切って解消し、恥、きまりの悪さ、不名誉、屈辱感のイメージもすべて消していきます。

◆敬意や自尊心を取り戻すためには、353頁の「敬意」のプロセスを行いましょう。

【判断】

私たちは毎日のように、些細なことを判断しているものです。製品を購入する、横断歩道を渡る、贈り物を買う、従業員を雇う――すべてを判断のもとに行っています。判断するのは、害のないことだけではありません。多くの人は、好ましくない判断もくだします。たとえば、自分自身、自分の体、外見、友人、家族などについても判断します。時にその判断は、相手への差別や偏見、不寛容な態度へと姿を変えます。そうすると、判断は対立を生み、争いや怒り、憎しみに発展して、戦争へとつながることすらあります。

一方的な判断をしがちな人は、支配的になることが珍しくありません。自分が人から手厳しい判断をされるのが恐いからです。最も厳しい批評家は誰なのかと考えてみると、それは自分自身です。たいていの場合、判断をくだすのは、人や物を比べる時です。彼は彼女より真面目な学生だ、姉のほうが気がきく、彼のほうが成功している、彼女のほうが私より美人で裕福で頭もいい――。加えて言うと、人はよく、自分と同じか似たようなタイプの相手に対して判断をくだそうとします。自分の性格で違和感がある部分やまだ認めていない部分に、人は心地の悪さを感じるからです。それはまるで、鏡を見ているようなものです。相手の中にある嫌いな部分、何らかの反応や判断をしてしまう部分は、たいてい自分の中にある見たくない部分、認めたくない部分、受け入れたくない部分です。自分のものとして認められない性質を、他人が映し出しているにすぎないのです。自分と相手が似ている可能性を認めることができれば、相手を手厳しく判断するのをやめて心を開き、寛容で愛情深い人になることができるでしょう。

自分や人を判断することは、人生を満喫し受け入れる妨げになることがあります。判断が、リラックスしてよりすばらしいものを楽しむ余裕を奪ってしまうのです。また判断は、欲求不満、動揺、恐れ、不安、ストレスを生活に招きます。身体レベルでは、喉頭炎、頭痛、骨格系・呼吸器系・舌・喉・神経系・耳の疾患などの要因になることがあります。

❖ 判断や差別を解放するプロセス ❖

- 体の部位で、最も強く、判断する感覚を感じるところに両手を置きます。しばらくそこに息を吸い込みながら、感情が抵抗なく表面に現れるのを待ちます。
- 両手をリラックスさせてください。
- 次のように唱えましょう。「神聖なる癒しの叡智よ、オレンジと赤の浄化の炎で、あらゆる判断、差別、欲求不満、怒り、動揺を解き放ってください。ストレス、不安、自分を傷つける癖もすべて解消できますように。自分や人を尊重し、評価し、大切にすることを学べますように。自分や人の厳しい判断、意見、態度から自由になれますように。ありがとうございます」
- 身も心も軽く感じられるまで、「クリア」という言葉を繰り返してください。
- オレンジと赤の光が、あなたの体、心、感情、エネルギー・フィールドを駆け巡る様子を観察しましょう。あらゆるネガティブな思考、言葉、感情、記憶を浄化して解消し、判断、差別、怒りのイメージもすべて消していきます。
- 愛情や承認する感覚を取り戻すためには、３６１頁の「尊重」のプロセスを行いましょう。

【低い自尊心】

自尊心が低いと、人生のチャンスを逃しているように感じるものです。自分には価値がないと感じている人や自分を評価できない人は、昇進の候補者として見落とされたり、スポーツ活動や友人関係において重要視されなかったり、チャンスを与えられなかったりします。彼らの被害者的な態度もまた、人生の困難や難局を引き寄せる原因となるでしょう。自分に価値がないという思いは、落ち込みや倦怠感、自己批判を生み出すことがあります。また、自分は価値あることに何も貢献できないという思い込みは、批判的な考えを引き起こします。

低い自尊心や、自分は愛されるに値しないという無価値感を抱えていると、体を壊しがちになります。これらの感情が引き起こす症状や病気には、にきび、体重の問題、糖尿病、性器ヘルペス、卵巣がん、硬皮症、潰瘍、いぼ、記憶喪失などがあります。

❖低い自尊心や無価値感を解放するプロセス❖

◆体の部位で、最も激しく無価値感をおぼえるところに両手を置きます。しばらくそこに息を吸い込みながら、感情が抵抗なく表面に現れるのを待ちます。
◆両手をリラックスさせてください。
◆次のように唱えましょう。「神聖なる癒しの叡智よ、オレンジと赤の浄化の炎で、無価値感や低い自尊心にまつわる思考、感情、経験をすべて解消してください。あらゆる被害者意識、制約、倦怠感、ストレスを、私の体、心、感情、エネルギー・フィールドから解き放てますように。私が自分で引き寄せた困難、問題、批判を拭い去ってください。そして、自信、信念、内なる力を取り戻せますように。ありがとうございます」

◆身も心も軽く感じられるまで、「クリア」という言葉を繰り返してください。

◆オレンジと赤の炎が、あなたの体、心、感情、エネルギー・フィールドを駆け巡る様子を観察しましょう。あらゆるネガティブな思考、言葉、感情、記憶を解消して、無価値感、低い自尊心、被害者意識、倦怠感、困難のイメージもすべて消していきます。

◆自信を取り戻すためには、356頁の「自信」のプロセスを行いましょう。

【批判】

自分を批判したり卑下したり、人からの批判を背負い込んでいると、決まって体が生命力を失いはじめ、衰弱していきます。骨や筋肉が、批判や負の感情の重荷に耐えかねて衰えてくるのです。失敗に対する不安もそうですが、批判されることへの不安を抱えていると、自分の心に従えなくなってしまいます。心に従わない生き方は、興味も楽しみも減らしてしまうでしょう。長い間批判や攻撃を受けていると、自尊心・自負心が低くなり、抑うつ症につながることもあります。

批判する人も批判される人も、そうすることによってエネルギーのナイフを自分に突き刺しているのです。このエネルギーのナイフはその人を制限し、個人の持つパワーから引き離してしまいます。「裏切り」

とは、人に対する批判行為を意味しています。また、長期に渡る批判は、神経系疾患や心臓発作、痔、肝機能障害、肝炎などにつながることがあります。

❖批判を解放するプロセス❖

◆体の部位で、最も激しく攻撃や批判を感じるところに両手を置きます。しばらくそこに息を吸い込みながら、感情が抵抗なく表面に現れるのを待ちます。

◆両手をリラックスさせてください。

◆次のように唱えましょう。「神聖なる癒しの叡智よ、オレンジと赤の浄化の炎で、攻撃、批判、弱さ、苛立ち、怒りに関するあらゆる思考、感情、経験を体と意識から消してください。エネルギーとして受けた攻撃やナイフもすべて背中から取り除いてください。非難、羞恥心、限界を手放せるよう助けてください。そして、人から受けとったネガティブなプログラムもすべて解き放てるよう力を貸してください。勇気や思いやり、自分の信念を呼び起こすことができますように。ありがとうございます」

◆身も心も軽く感じられるまで、「クリア」という言葉を繰り返してください。

◆オレンジと赤の炎が、あなたの体、心、感情、エネルギー・フィールドを駆け巡る様子を観察しましょう。あらゆる否定的な思考や言葉、感情、記憶を解消し、批判、攻撃、ネガティブなプログラム、弱さ、限界のイメージもすべて消していきます。

◆賞賛や励ましの気持ちを取り戻すためには、361頁の「励まし」のプロセスを行いましょう。

【不安】「恐れ」の項を参照のこと。

【欲求不満】

欲求不満はよくある感情の一つで、焦りや葛藤、苦しみ、苛立ちといった要素を含む感情です。物事が思い通りに運ばない時、現状が間違っていると感じる時、ことが起こるのを待たなければならない時、人はよく欲求不満や焦燥感を募らせます。長期に渡る欲求不満は、敵意や苛立ち、激情、攻撃性へと姿を変えます。

一方プラスの面として、欲求不満が自分の生き方を変えるための原動力となる場合があります。

また、欲求不満は、目の疾患、足の疾患（水虫なども含む）、胆嚢の疾患、大腸の疾患、副鼻腔の疾患、皮膚疾患、小結節、セリアック病、睡眠時無呼吸症などといった病気や症状の要因となることがあります。

❖ 欲求不満や苛立ちを解放するプロセス ❖

- 体の部位で、最も激しく欲求不満や苛立ちを感じるところに両手を置きます。しばらくそこに息を吸い込みながら、感情が抵抗なく表面に現れるのを待ちます。
- 両手をリラックスさせてください。
- 次のように唱えましょう。「神聖なる癒しの叡智よ、オレンジと赤の光の炎を体のあらゆる部位と心の中に駆け巡らせ、欲求不満、苛立ち、怒りにまつわるすべての感情、思考、パターンを解消してください。私の意識下にある焦りや葛藤、苦しみもすべて洗い流してください。欲求不満をインスピレーションや熱意に溢れた行動へと変化させられますように。行動力を発揮し、自分の成果に満足できるよう導いてください。ありがとうございます」

◆身も心も軽く感じられるまで、「クリア」という言葉を繰り返してください。

◆オレンジと赤の光が、あなたの体、心、感情、エネルギー・フィールドを駆け巡る様子を観察しましょう。あらゆるネガティブな思考、言葉、感情、記憶を浄化して解消し、欲求不満、苛立ち、怒りのイメージもすべて消していきます。

◆満足感やインスピレーションを取り戻すためには、３６３頁の「満足感」のプロセスを行いましょう。

健全な感情を高めるプロセス

次に、健全な感情を高めるプロセスをご紹介しましょう。ポジティブな感情に集中し、あなたが望んでいる人生を阻んでいたかもしれない重苦しい感情を、ポジティブな感情と入れ替えることを意識的に決意します。プロセスを行うのに必要なのは、静かで居心地の良い環境と、楽な体の姿勢です。始める前に、何度か深呼吸をしましょう。浮かんでくるかもしれないひらめきを書き留められるよう、筆記用具を用意しておきます。

【愛】

◆次のように唱えましょう。「神聖なる癒しの叡智よ、聖なる愛と知恵を運ぶピンクの光をもたらしてください。私の意識と細胞記憶の中で、愛ではなく恐れ、平穏ではなく心配、信頼ではなく不安を抱えているあらゆる部分を、そのピンクの光で癒してください。愛と守護と平和の光線で私を包み込んでください。そして、どのような状況でも安全だと感じ、力、サポート、滋養、愛を与えられていることを実感できますように。ありがとうございます」

◆身も心も軽く感じられるまで、「クリア」という言葉を繰り返してください。

◆どんなに困難な状況でも、天からの恵みを探してください。あなたは自分が考えることを引き寄せるのだということを覚えておいてください。起こって欲しいことに集中しましょう。起こって欲しくないことに意識を向けて、心配してはいけません。

◆毎日、どんな一日にしたいか意図を持ってスタートしましょう。「今日はすばらしい一日、実り多き日になる」と自分に言って聞かせます。その日創造したいと思う素敵なことを一つひとつ思い描きながら、あなたのもとへと流れてくるあらゆるチャンスに感謝しましょう。

【思いやり】

◆次のように唱えましょう。「神聖なる癒しの叡智よ、そのピンクの慈悲の光を私に注ぎ、憎しみ、憤り、恐れを積んだ重荷を抱えている体の細胞一つひとつを満たしてください。私の心、体、現状から、よどみをすべて洗い流してください。心を穏やかにし、自分や人の過ち、無知、理解力の不足を許せるよう導いてください。憎しみ、苦痛、恐れ、憤りからの解放を、許しの中に見出せますように。これらの負の感情を、思いやりややさしさ、愛情、人とのつながりに変えられますように。ありがとうございます」

◆身も心も軽く感じられるまで、「クリア」という言葉を繰り返してください。

◆本心から思いやりを持つためには、相手の立場を想像してみることです。その人が刺々しく冷酷なのは、一体どのような痛みを経験したからでしょうか。その人に対して否定的な思いを抱くよりも、自分の憎しみや不安を癒す方法を見つけて、思いやりに変えたほうが良いのです。否定的な思いは、嫌な状況を長引かせるだけです。あなたが思いやりを持つことは周囲の人たちを自由にし、一人ひとりが自分自身を見つめ直して自ら生み出した状況を変えるきっかけとなるでしょう。

【敬意】

◆次のように唱えましょう。「神聖なる癒しの叡智よ、私の体、意識、感情をオレンジの生命力の光で満たしてください。勇気、楽観性、敬意を持てるよう導いてください。エネルギーを補給し、自尊心と自信を高めてください。過去の人間関係、そして未来の人間関係から、恥や苦痛、よどみを解消し、そこに光、愛、栄誉、敬意、真価を注いでください。自分を愛して労り、自分の価値を認めることを教えてください。ありがとうございます」

◆身も心も軽く感じられるまで、「クリア」という言葉を繰り返してください。

◆人生を見つめて、自分がどのような場面で自分自身を敬い、真価を認め、自らを力づけるような選択をしているか気づいてください。そして、どのような場面で自分を疎かにし、軽んじているか気づいてください。自分がどの分野に取り組むべきかが分かれば、癒し、変化、変容を起こしはじめることができます。この「敬意」のプロセスを何度も行って、恥を手放し、尊厳を取り戻しましょう。

【幸福感】

◆次のように唱えましょう。「神聖なる癒しの叡智よ、その黄色い幸福の光を放ち、私のあらゆる側面を照らしてください。そして、エネルギー、輝き、回復力をもたらしてください。人生に笑い、喜び、楽しみを呼び起こせますように。楽観性、内なる力、満足感を取り戻せますように。体のあらゆる細胞を浄化し、目覚めさせてください。一つひとつの細胞を活性化し、回復させてください。ありがとうございます」

◆身も心も軽く感じられるまで、「クリア」という言葉を繰り返してください。

◆幸福とは、選択なのです。人生に幸福感、喜び、笑いを迎え入れると決意してください。「私は今、どういうことに幸せを感じるだろう?」と自分に聞いてみましょう。喜びや笑い、楽しみに集中してください。人生の問題にとらわれている人の多くは、自分を労り楽しむことをやめてしまいます。でも、喜びや幸福感、楽しみがあるからこそ、人は健康で活力に溢れ、情熱を持っていられるのです。さあ、何か楽しいことを計画してみましょう。どんなことが気分を良くしてくれるのか、いつも気をつけていてください。交通渋滞に巻き込まれたり、お店で順番待ちをしている時でさえ、喜びに意識を向けましょう。

【サポート】

◆次のように唱えましょう。「神聖なる癒しの叡智よ、その穏やかで、支えと高揚感を与えてくれる金色の光線で私を包み込んでください。思いやり、理解力、やさしさ、知恵で私を満たしてください。思慮深く、寛容で、許すことのできる人になれますように。嫉妬心が芽生えたら、人の幸運を励まし喜ぶ気持ちに変えてください。自分の幸運も人の幸運もありがたく思えるようになった時、ご褒美に胸が弾むような贈り物をたくさん与えてください。ありがとうございます」

◆身も心も軽く感じられるまで、「クリア」という言葉を繰り返してください。

◆相手のベストを引き出すために、自分はどのように支え励ますことができるか、真剣に考えてみましょう。人の成功を心から喜ぶことに集中します。相手の成功に幸福感をおぼえるようになると、自分自身の幸運の扉が開きはじめます。毎日、街を歩きながら、通りがかる人全員のすばらしい成功を思い描く練習をしましょう。こう唱えてもいいかもしれません。「あなたは成功していますよ」と。

【自信】

◆次のように唱えましょう。「神聖なる癒しの叡智よ、その金色の知恵の光をもたらし、私の内なる力、自信、自尊心を呼び起こしてください。愛、喜び、人生に対する情熱に心を開くことができますように。その光、知恵、信念で私を満たしてください。自分を信じる力を強くし、夢を実現できるよう支えてください。ありがとうございます」

◆身も心も軽く感じられるまで、「クリア」という言葉を繰り返してください。

◆自分の力と強さに集中します。何が得意ですか？　何が楽しいですか？　何をしている時に心がワクワクしますか？　一つひとつ書き留めて、夢を追いはじめてください。成功するたびに、お祝いしましょう。

【自由】

◆次のように唱えましょう。「神聖なる癒しの叡智よ、そのすみれ色（バイオレット）の自由の光で私の意識を再び活性化してください。選択の自由、自由、自信、自分を表現することを実感できますように。自立してパワーを得られる決断をくだし、夢を追うことができますように。情熱の対象と、それを追う手段が見つかる環境をもたらしてから、自由になれるよう助けてください。自己表現と人生の探求を阻んでいる心の鎖と葛藤から、自由になれるよう助けてください。内なる神聖さに導かれ、自分のすばらしさを発見できますように。ありがとうございます」

◆身も心も軽く感じられるまで、「クリア」という言葉を繰り返してください。

◆自由への第一歩は、自分には選択肢があると気づくことです。誰にでも、自分が選んだ視点で世の中を見る自由があるのです。自分が自由になれる場所に感謝し、自由になれない場所にある制約や葛藤を手放すことに取り組みましょう。

【柔軟性と動き】

◆次のように唱えましょう。「神聖なる癒しの叡智よ、その緑と白の若返りの光で私の意識のあらゆる面を浄化し、再び活性化してください。柔軟性、動き、血液循環を最高の状態にまで回復させてください。創造力、理解力、思いやりを呼び起こしてください。愛、癒し、豊かさが私の人生に自由に流れてきますように。ありがとうございます」

◆身も心も軽く感じられるまで、「クリア」という言葉を繰り返してください。

◆人生に柔軟性や動きをもたらすには、意欲的に体を動かし、柔らかくしなければなりません。一番良い方法は、体と心をリラックスさせながら、インスピレーションが降りてくるのを待つことです。体を緩めるにはダンスも良いでしょう。楽しみながら、魂を解き放ってください。リラックスできる音楽をかけ、立った状態で、海に漂う波になった気分を想像してみましょう。流れに身をまかせ、楽な気分、柔軟性、開放感、感受性、感謝、受け入れること、ゆとりを持つことに意識を集中してください。

【受容】

◆次のように唱えましょう。「神聖なる癒しの叡智よ、そのピンクの愛の光で私の心を開き、愛と感謝、癒しを受けとる喜びを体験できるよう導いてください。壮大で神聖な魂である本来の姿を認識できるよう力を貸してください。崇高さと目に見えないものを大切にし、信頼できますように。人間関係が癒され、豊かなものになりますように。互いを支え合い、豊かにし、大切にできる、心地良い人たちを人生に新しく招いてください。ありがとうございます」

◆身も心も軽く感じられるまで、「クリア」という言葉を繰り返してください。

◆受け入れることに集中しましょう。誰かがあなたに褒め言葉や贈り物、昇給、称賛を与えてくれたのなら、それを心から受けとり、自分を認めてあげましょう。毎日、人生の恵み、ポジティブなこと、美しいものに気づけるよう心がけてください。そのためには、受けとったものを日記に書き留め、毎朝ベッドから出る前に自分に向けて唱えると良いでしょう。人生に起こる素敵な出来事に気づくことを学んでください。

【純真】

◆次のように唱えましょう。「神聖なる癒しの叡智よ、その緑と白の清浄の炎で私の体を再び活性化し、マインドを浄化して、精神を向上させてください。喜び、笑い、純真性、光を秘めている、人生のあらゆる領域の扉を開けてください。ネガティブな考えや感情、足かせ、制約すべてから自由になれますように。人生への情熱を再び呼び起こし、眠っているような意識状態に明晰性とインスピレーションをもたらしてください。ありがとうございます」

◆身も心も軽く感じられるまで、「クリア」という言葉を繰り返してください。

◆赤ん坊、花々、動物、スピリチュアルな教えなど、純真無垢なものとつながり、意識を向けてみましょう。数日間緑と白の服を着てみたり、この二色に体を浸すところを視覚化するのも良いでしょう。

【信頼】

◆次のように唱えましょう。「神聖なる癒しの叡智よ、その深い赤紫色(マゼンタ)の信頼の光で私を満たしてください。知恵と勇気と神聖な愛で私を包み、向上させてください。自分は愛され守られているという信頼感を失うことなく、自分を信じて、困難な状況に挑む力を高められますように。そして、自分が授かった贈り物と能力を最良のもののために活用できるよう、私の中に最もクリアで純真な意図を呼び起こしてください。どれだけ闇が深くても、信頼して、大いなる力の介入を祈ることができますように。どんなに小さくても信頼と思いやりが山をも動かし、人生を変容させられるということを、毎日示してください。ありがとうございます」

◆身も心も軽く感じられるまで、「クリア」という言葉を繰り返してください。

◆信頼していると、私たちが生きている見えない世界、超自然的な世界と波長が合います。信じるために何か不思議な現象に触れたり、それを目にする必要はありません。助けはやってくると確信させてくれる、内なる知恵というものが確かに存在します。信頼している人は、夢を追って実現させる勇気も持っています。体験したいと強く望んでいるのに一歩進む勇気が持てないことは何なのか、考えてみてください。

【成功（達成感）】

◆次のように唱えましょう。「神聖なる癒しの叡智よ、成功、達成、やりがいをもたらす金色の光線で私を包み込んでください。これまでの人生で達成してきたことすべてを認めて祝福し、その成功に携わってくれた人たち全員に敬意を払えますように。視野を広げ、能力を研ぎ澄まし、今にもやってくるチャンスの数々に対して心の準備ができるよう導いてください。豊かさ、成功、繁栄を引き寄せる磁石となって、幸運を人と分かち合い、最高のものを招き寄せられますように。ありがとうございます」

◆身も心も軽く感じられるまで、「クリア」という言葉を繰り返してください。

◆成功の定義は人によって様々です。莫大な富を得ることが成功だと考える人もいれば、自分の才能を活かせることが成功だと考える人もいるでしょう。子どもを持つこと、健康であること、楽しい人間関係を築くことが成功だと思う人もいます。あなたにとっての成功がどのようなものであれ、すでに手にしている成功に感謝しましょう。すでに達成していることがあるのなら、そこに成功を積み重ねるほうが簡単です。たとえどんなに小さな成功でも、それを認めて、自信を持って前進してください。

【尊重】

◆次のように唱えましょう。「神聖なる癒しの叡智よ、そのピンクの無条件の愛と栄誉の光で、私の意識、感情、体を満たしてください。自分の真価を見て、感じて、実感できますように。人への思いやりの気持ちを呼び起こし、可能な限り最高の方法、愛に満ちたやり方で人をサポートできるよう導いてください。自分自身や人のすばらしさを見出し、受け入れ、尊重できるよう、インスピレーションを与えてください。私の内なる力に活力を与え、自分を信じる力を強くし、できる限り強力な決断をくだす能力を高めてください。ありがとうございます」

◆身も心も軽く感じられるまで、「クリア」という言葉を繰り返してください。

◆これまで、判断したりされたりすることがどれだけ自分の人生や周囲の人たちに影響を与えてきたか、考えてみましょう。自分や人を評価し、尊重し、支えることから始めてください。そうすることで、それぞれの人生を力づけ、すばらしい経験にすることができます。日々、自分が人をどう見ているか考えてみましょう。人に感謝し、その真価を認めていますか？　自分の人生における彼らの役割を、ありがたく受けとめていますか？

【励まし】

◆次のように唱えましょう。「神聖なる癒しの叡智よ、その真っ白な栄誉の光をもたらし、私の自己評価、生命エネルギー、精神力を高めてください。私に癒しの光を注ぎ、喪失感、失望、無力感、落胆の思いを抱えている体のあらゆる部位を満たしてください。励まし、称賛、内なる知恵、調和で私を包んでください。自分自身と神聖な関係を結び、本当の意味で自分の心と魂を知ることができますように。ありがとうございます」

◆身も心も軽く感じられるまで、「クリア」という言葉を繰り返してください。

◆批判ではなく、称賛に集中しましょう。自分の考え方を自覚してください。あなたは自分や人を批判していますか、それとも励ましていますか？　意識して自尊心を育てましょう。間違った時は、自分にやさしくしてください。

【平穏】

◆次のように唱えましょう。「神聖なる癒しの叡智よ、平穏と静謐（せいひつ）の青い光をもたらしてください。春のように穏やかでのどかな癒しの光で、私を包み込んでください。意識下にあるあらゆる苛立ちや怒りを和らげ、熱意、調和、人生への情熱に変えてください。静かな心の中で、自由を見つけられますように。人生に感謝し、力強く活気とエネルギーに溢れた人になれますように。ありがとうございます」

◆身も心も軽く感じられるまで、「クリア」という言葉を繰り返してください。

◆あらゆる怒りや負の感情を手放して平穏と自由を発見できたなら、どんな風に感じるでしょう？　怒りを進んで手放し、その代わりに平穏に意識を向けてください。インスピレーションを受けとりやすくなるように、静かな時間をつくりましょう。

【満足感】

◆次のように唱えましょう。「神聖なる癒しの叡智よ、満足感、幸福感、充実感、喜びを運ぶ、そのまばゆい金色の光線で私を包み込んでください。完璧な方向へ進んでいるという自信を持てますように。これまで達成してきた輝かしい出来事、関わり合ってきたすばらしい人々、豊かな経験すべてを認めて祝福できるよう導いてください。人生の壮大さに気づく時、自分の人生に心からの感謝を感じます。ありがとうございます」

◆身も心も軽く感じられるまで、「クリア」という言葉を繰り返してください。

◆満足感は、人生とその豊かな経験を祝福する時に訪れます。足りないものに集中するのではなく、あなたが恩恵を受けているものに集中しましょう。あなたは手を動かして、ペンを取れますね。仕訳記入もできれば読書もできますし、自分の才能を発揮して世界に貢献することもできます。そうした能力に集中してください。生きているという事実すら、祝福の対象になるのです。毎朝太陽が昇り、小鳥たちが歌うのも天の恵みです。満足感をかみしめて、表現しましょう。すぐにあらゆるものが輝きはじめ、急速に展開していくことに気づくでしょう。

【明晰性】

◆次のように唱えましょう。「神聖なる癒しの叡智よ、その美しい明晰性の光で私を満たしてください。私の中に混乱や葛藤、心配事があるのなら、そうした闇の部分をその光で照らして解消してください。人生の方向性、くだすべき決断、受け入れるべきチャンスに意識を向け、それらをはっきりと認識できるよう力を貸してください。その聡明な知恵で私の進む道を照らしてください。そして、その照らされた道で、堂々と質問し、最もパワーを与えてくれる返事を躊躇せず受けとれるよう導いてください。目的、自信、喜びを持って毎日を過ごせますように。ありがとうございます」

◆身も心も軽く感じられるまで、「クリア」という言葉を繰り返してください。

◆明晰とは、頭の中に心配事や疑いがない状態を指します。明晰な状態を得るには、自分自身をよく知らなければなりません。自分を知ると、パワーを得られる決断をくだしながら人生経験を奥深く豊かなものにしていくことができます。明晰性が必要な時は、パワーが湧いてくるような質問に意識を向けます。たとえば「心と魂に従って最高のものを得るためには、どの選択肢を選べば良いですか?」「これが私にとって最良の決断でしょうか?」などです。答えは知覚、出来事、経験などを通して返ってきます。

【許し】

◆もう許してもいいと思える人を心に浮かべましょう。注意して欲しいのは、この許しのプロセスを行うことは、その相手のためというよりも自分のためだということです。なぜなら、あなたが誰かを許す時、あなたの中の破壊的な感情を許し、解放しているからです。ですから、その相手が言った酷い言葉やとった行動を大目に見るという意味ではありません。あなたはただ、その相手が原因となって抱えることになった痛みや不快感を手放すのです。

◆次のように唱えましょう。「神聖なる癒しの叡智よ、その青と白の許しの炎をもたらし、私と〇〇〇〇（許したい相手の名前、もしくは行き詰まりの原因となっていた体験を言葉にしましょう）の間にある苦しい結びつきをすべて手放せるよう助けてください。二人の間にあるあらゆる憤り、怒り、苦痛、不信を解き放つことができますように。〇〇〇〇（名前を入れましょう）さん、私はあなたの〇〇〇〇（傷ついた原因、腹が立った原因を言葉にしましょう）を許します」

◆許して欲しいことがあるなら、次のように唱えましょう。「〇〇〇〇（許して欲しい内容を言葉にしましょう）を許してください。あらゆる有害なエネルギーが、青と白の許しの炎によって解消されますように。私たちの気持ちと心も浄化され、完全な自由がもたらされますように。私たちを神聖な愛と思いやりで満たしてください。ありがとうございます」

◆身も心も軽く感じられるまで、「クリア」という言葉を繰り返してください。

◆心と精神に集中します。あらゆる憤りの感情が、心と精神から解放されるところを想像しましょう。青と白の許しの炎が、あなたと相手の間にある苦しい結びつきをすべて解消し、心と精神を浄化してくれます。よどみが解消されたら、大いなる愛と思いやりで心を満たすことに集中しましょう。完全な許しに達するまで、このプロセスは何度か行う必要があるかもしれません。

【喜び】

◆次のように唱えましょう。「神聖なる癒しの叡智よ、その喜びに満ちた陽光で、私の人生に幸福、自信、バイタリティ、活気をもたらしてください。生き生きと、活力に満ちた力強い人になれるよう導いてください。その光で私を満たし、人生が楽に、調和を保ちながら優雅に流れていくよう力を貸してください。生命の神性と深くつながり、無限に存在する心の糧、インスピレーション、喜び、愛にアクセスできますように。私は愛され、大切に守られていることを魂の奥底で認識しています。そのことを忘れずに、心を大きく開いて、深い真心、愛情、思いやり、寛容さを実感できますように。私は一人ではなく、いつも見守られているという信頼感を与えてください。ありがとうございます」

◆身も心も軽く感じられるまで、「クリア」という言葉を繰り返してください。

◆愛し愛されることに心を開いていると、人は喜びを経験します。誰でも、ほかの人の力になること、相手の心の琴線に触れ、胸を打つことができるのです。今以上の喜びを感じたければ、人にインスピレーションを与えるような言動に集中して、自分の心が開いていることを意識しましょう。喜びに溢れている人は、神聖な愛の源とつながっています。日々、自分のスピリチュアルな側面と意思を通わせてください。あなたの中の神聖な場所から聞こえてくる声に耳を傾け、導いてもらいましょう。

【リラックス】

◆次のように唱えましょう。「神聖なる癒しの叡智よ、そのやさしく穏やかなエメラルド色の光で私を包み込んでください。筋肉、骨、組織全体に光を注ぎ、体のこわばりを和らげ、くつろぎを与えてください。周囲の混沌の中に平穏を見つけられるよう導いてください。自分のための時間をつくったり、自然と触れ合う意欲を与えてください。そして、本当に大切なものに気づき、本来の元気を取り戻せるよう、インスピレーションを与えてください。小さなことに喜びを見つけ、本当に価値あるものに感謝することを覚えていられますように。ありがとうございます」

◆身も心も軽く感じられるまで、「クリア」という言葉を繰り返してください。

◆自分の体の状態を意識してください。ゆっくりと深呼吸しながら、ストレスを抱えている部位すべてがリラックスし、自由になれるよう身をゆだねましょう。時間を見つけてリラックスし、休んでください。

4
色が伝える秘密の言葉

はるか数千年も前から、人類は美を生み出したり気持ちを晴れやかにして元気づけるために、娯楽やヒーリングに色彩を取り入れてきました。自然の中、家庭、クローゼット、食材まで、色はあらゆるところに溢れています。このセクションでは、色が持つ力をどのように生活に取り入れるかについて述べています。

個々の色が持つ様々な要素に気づくと、色を意識的に取り入れられるようになります。色はそれぞれの温度、重み、振動を備えていて、熱気のある色もあれば、冷却効果のある色もあります。様々な色のグラスに温度計を入れて測定するという科学実験では、赤いグラスの温度が最も高温で青いグラスの温度が最も低温、という結果が出ました。

体に生じる病気はすべて振動を放っていて、それぞれに色があります。症状が出ている体の部位にその補色を取り入れると、病気の色が持つ振動を抑えて苦痛などが和らぐこともあります。カラー・ヒーリングで効果を得るためには、一つの症状に対してだけではなく、総合的な原因に取り組まなければなりませんが、カラー・ヒーリングと感情解放プロセスを組み合わせると、非常に効果的な場合があります。

色は、心に思い描いたり、服や靴、食べ物や飲み物、インテリア、寝具、自然、クリスタル、エッセンシャルオイル、バスソルト、キャンドル、宝石、化粧品といった様々な対象を通して取り入れることで、ヒーリングの助けとなってくれます。また、植木や花、塗装、絵画、ヘアカラーなどでも色彩を活用できます。色つきグラスに入れた水をしばらく太陽光にさらし、それを飲んで色の働きを取り入れることもできます。

第一章では、体の特定の部位に関係する色についても触れましたが、この章を読んで各色の特徴がつかめたら、体に意識を集中して、どの部位が何色を求めているか感じとってみましょう。注意を払うべき部位、求めている色を感じとれたら、心の中でその部位を必要な色で包み込むようにしてみてください。

　別の方法で色を感じることもできます。両手をこすり合わせて、少し離します。そして、両手の間に色を視覚化して、その色が持つ振動が感じられるまで待ちましょう。たとえば紫なら、熱を感じます。ターコイズならひんやりとした感覚があるでしょう。振動を感じとれたら、その色を求めている体の部位に両手を当てて、大きく息を吸います。色がその部位を駆け巡り、癒しているところを視覚化しましょう。

　色を使って心を開いたり、エネルギーを高めたり、自信を強めることもできます。また、思考を明晰にし、ストレスを緩和し、平和をもたらすこともできます。これまで多くの人たちとカラー・ヒーリングに取り組んできましたが、彼らは色で癒す方法を学んで吸収し、生活のあらゆる面において色を取り入れています。

　例を挙げましょう。いつも黒い服装だったアンドレアは、二人の幼い子どもの面倒をみる元気など持ち合わせていないように見えました。クタクタになって私のオフィスに現れた彼女は、まるでその両肩に重たい荷物を背負い込んでいるようでした。どうしていつも黒ずくめなのか尋ねると、クローゼットには黒い服しかないとのことでした。興味深かったのは、アンドレアの人生そのものも黒と白、まるで単調な様子に映ったことです。私は生活にもう少し色を取り入れてみたらどうかと勧めてみました。服装、インテリア、食事など、取り入れる対象は様々です。驚いたことに、アンドレアが色彩豊かな服を試しはじめると、彼女の人生に対する向き合い方まで変わってきました。柔軟な考え方をするようになり、創造性に富み、幸せを感じるようになったのです。そこで、視覚化を通して色を取り入れてみるように伝えたところ、あっという間にアンドレアのエネルギー・レベルが大幅に上昇しました。

　私のワークショップの参加者でマッサージや美容セラピストの仕事をされている方の多くは、クライアントに対して様々なヒーリング・カラーを活用しています。セッション後、ほとんどのクライアントが非常にリラックスして気分が良くなったと話してくれるそうです。

色の効用をさらに実感するために、簡単な方法を紹介しましょう。平穏やくつろぎを感じたければ、青と白を身につけるか、生活環境に緑の植物を取り入れてください。心を開いて愛を受け入れるには、オレンジを身につけて、ピンクのクリスタルを持ち歩きましょう。エネルギーを高めたければ、赤い食材を使ったり、赤やオレンジ、金色のものを身につけると良いでしょう。自信を高めるには、ターコイズ色のアクセサリーや青いものを身につけてください。睡眠の質を向上させたければ、インディゴのシーツや枕カバーがお勧めです。赤や金を活用して、豊かさや繁栄を引き寄せることもできます。

家やオフィスの模様替えなどをする時は、よく考えて行いましょう。身につける色にも気を配ってください。色は一つの要素にすぎませんが、とても重要な役割を果たします。このセクションの内容を活用して、色が伝える秘密の言葉に気づき、色彩がどのように人生を変えてくれるか発見してください。

それぞれの色が持つ特徴

【青】

青は心を静めて、静穏、落ち着き、平和を生み出します。神経をなだめたり、感染源を退治したり、オーラを浄化することもできます。人を真実や神性とのつながりへと導く色でもあります。

心の中で青い光に身を浸すと、よどんだエネルギーから守られ、本来のあなたへと引き戻してもらえるでしょう。青は、忍耐、信頼、受容、許し、自立を表す色でもあり、冷やしたり、沈静化するのにも役立ちます。再建、保護にも打ってつけの色です。

身体面への働きかけとしては、皮膚疾患の解毒や浄化の役に立ちます。また、血液が炎症反応を起こしていたり過剰に活性化している時に、正常な状態に戻すのを助けてくれます。鎮静作用もあるので、緊張したり、興奮したり、熱狂しすぎている時には青を用いると良いでしょう。内向的な人をその殻から引っぱり出すのを助けることもあります。殺菌作用もあり、火傷にも効果的で、止血や熱さましにも利用できます。また、神経の苛立ちをなだめ、新陳代謝や活力を高める助けにもなります。

青系統の服などを身につけることで、記憶力を向上させ、心の傷を解消し、内なる知恵とつながることができます。さらに、コミュニケーション能力を高めて、不安を解消し、物怖じせずに話す自信を与えてくれるでしょう。痒み、白内障、緑内障、過敏性大腸、火傷、下痢、てんかん、ヒステリー症、喉頭炎、生理痛、動悸、高血圧、頭痛、リウマチ、精神的な打撃、歯の問題、喉の疾患、潰瘍、静脈瘤、日射病などといった症状にも青を活用しましょう。

ただし、青を多く取り入れすぎると体を冷やし、疲れたり気分が落ち込んだり、悲しくなることがあります。血行不良、肺感染症、ぜんそく、風邪、過呼吸、麻痺などの症状を抱えている方や体重を落としたい方は、青に触れる割合を減らしてください。

【赤】

赤は無限のエネルギー、熱、バイタリティ、力を表す色です。熱意、情熱、官能性、度胸、楽観性、動機づけ、達成の色でもあります。赤は、財産、新しいチャンス、繁栄を人生に引き寄せます。創造性を呼び起こし、目標達成に力添えをしてくれるでしょう。

癒しの特効薬として赤を取り入れ、血液の疾患を癒し、血行改善をしましょう。赤は病気を癒し、痛みや傷を治癒し、冷えた部位を温め、苦痛を和らげるのに活用されてきた色です。赤はアドレナリンの放出を促し、心身のエネルギーを活性化させます。そして、落ち込みや絶望、行き詰まり、硬直感を解き放ちます。負のエネルギーや思考、感情を体から消し去ってくれる解毒剤として赤を活用しましょう。

体重を減らしたい時にも赤は活躍してくれます。また、性欲を高め、体を若返らせ、肉体的な活力を復活させてくれるでしょう。赤は大地とつながる色で、自己意識や一体感を強めて、成功をもたらしてくれます。恋人がいない方は、赤を取り入れてパートナーを引き寄せましょう。内気な人を勇気づけて、殻を破って自信を持てるように導いてくれます。

火、成長、高揚感、危険、破壊などの象徴でもある赤は、力の感覚を与えてくれるでしょう。感覚神経系を刺激するので、嗅覚・味覚・視覚・聴覚・触覚の機能不全に悩んでいる方に取り入れてほしい色です。赤は神経や血液を活性化して、ヘモグロビン濃度を上げます。赤から得られる熱は、収縮した筋肉を弛緩させ、鬱血を解消し、粘液を除去します。貧血、気管支炎、発熱を伴わない風邪、便秘、倦怠感、肺炎、生殖機能の問題、結核、麻痺を治療するのにも効果的です。

ただし、高血圧、心疾患、熱、ストレス、情緒障害、不安症などを抱えている方は、赤を取り入れない方が良いでしょう。気分を動揺させたり、怒りに火をつけることがあります。

また、赤を過剰に取り入れると、不安になったり衝動的になりすぎる場合があります。すぐに苛立ったり失望したり、暴力的になることもあるでしょう。こつとしては、オレンジや青と一緒に活用することです。

【インディゴ】

頭、目、耳、鼻に影響する病気には、インディゴが役立ちます。あなたの直観力を刺激し、インスピレーションをもたらし、知恵を目覚めさせ、集中力と具現化する力を高めてくれます。そして、霊的な意識の拡大を促し、第三の目を開いてくれます。インディゴを活用すると心が軽くなり、抱え込んでいる責任の重さを解消し、記憶力を高め、コミュニケーションを深めることができるでしょう。

インディゴは埋もれている不安を呼び起こし、問題の原因を見つけて、古くからある行き詰まりを解消する手助けをしてくれます。子どもの問題行動や、大人の精神面・感情面での混乱状態を扱う時にも便利な色です。ストレス解消にも活用でき、明晰性や人生の方向性をもたらしてくれます。そして、癒しや再生への道を歩むよう、あなたを励ましてくれるでしょう。

また、インディゴは血液を浄化し、大量出血を抑え、嗅覚を向上させ、痛み止めの役割も果たします。虫垂炎、ぜんそく、気管支炎、白内障などの目の疾患、難聴、肺と喉に現れる問題、鼻血、副鼻腔炎、顔面麻痺、肺炎、背痛、骨に現れる疾患、坐骨神経痛、偏頭痛、甲状腺機能亢進症、不眠、皮膚合併症、炎症などにも役立つ色です。

インディゴばかりだと、心もとない感覚、刺激が多すぎる感覚、圧倒される感覚、非現実的な感覚をおぼえることがあります。そうなると行動力が失われ、失望感や失敗の感覚が生じることもあるでしょう。

【オレンジ】

第三章を読まれた方はお気づきだと思いますが、不健全な感情を癒すプロセスの多くにオレンジが登場します。オレンジには、浄化のためにあらゆる感情を表面化させる働きがあり、様々な問題の癒しにおける強力な役割があります。恐れや孤独、落ち込みに対処する時にも役立ちます。免疫力や活力を高めて、性的エネルギーや創造エネルギーを呼び起こす色でもあります。オレンジが象徴するのは真心や繁栄で、楽観性や熱意、勇気、決断力、自発性をもたらしてくれます。

オレンジは、愛し愛されることを私たちに教え、人との関係における心の触れ合いを促します。自分の知恵と直観に気づかせてくれる色で、喜びと笑いをもたらしてくれるでしょう。喪失感、悲しみ、ショックに対処する時にも利用できます。自意識、内気な性格、きまりの悪さを手放したい時にも効果があります。動きや変化の色でもあるので、脈拍を刺激し、脈拍数を上げることもあります。

オレンジの光線に激しく引き寄せられる時、それはあなたが前進したり「今に生きる」ことをとどめている衝撃的な出来事やトラウマの存在を示しているのかもしれません。オレンジには、癒しを起こすために、古くなった感情をかきまぜて表出させる力があるのです。

オレンジは、消化器疾患、副腎機能障害、腎疾患を癒すのにも役立ちます。オレンジ色の光線は脾臓と膵臓に力を与え、呼吸器系を通して酸素の吸収を促します。また、関節を動きやすくし、筋痙攣を解消し、肺を強化する手助けもします。

ぜんそく、気管支炎、風邪、炎症、リウマチ、胆石、痛風、肺疾患、精神疲労、腫瘍、粘膜に現れる問題、腎障害といった症状の治癒にも、オレンジを活用しましょう。また、オレンジは食欲不振、腸の疾患や障害、神経衰弱、抑うつ症、虐待、感情の麻痺、無気力などの症状にも効果を発揮します。そして、ホルモンのバランスを整え、不妊問題にも働きかけ、体の癒しを助けてくれるでしょう。

ただし、オレンジを過剰に取り入れると、不安をおぼえ、恐れや心配事が増し、過去にとらわれてしまうということがあります。

【黄色】

太陽のように明るく楽しげで、豊穣、肥沃、回復を表す黄色は、知性の色。精神的な刺激を与えてくれます。脳を活性化させて頭の回転を速くし、明晰にしてくれるでしょう。決断をくだす時に取り入れると効果的で、記憶力、表現力、創造性を向上させてくれます。読み書きやインタビュー、勉強をする時、テストや試験を受ける時などに集中力を発揮するのに役立ちます。また、大切な情報を得るきっかけとなるような新しい視点を引き出します。

黄色は、過去のネガティブなパターンを手放し、悲観的な見方をなくし、自尊心を高める手助けをします。根深い問題に取りかかり、解決の糸口を見つける力となってくれるでしょう。

幸福、自己再生、楽観性、気晴らし、笑い、内なる力を黄色に運んできてもらいましょう。その効力でストレスを緩和し、神経の緊張を解消することができます。

損傷した細胞に活力を与えて修復するのにも役立ち、神経を再生するのにも最適な色です。血液を浄め、老廃物を除去し、リンパ系を刺激します。また、炎症を抑え、鬱血を解消し、粘膜を浄化します。体重を減らしたり、セルライトを除去するのにも活用しましょう。

さらに、糖尿病、関節炎、食欲不振、湿疹、麻痺、消化不良、解毒、便秘、更年期のほてり、月経痛、耳の問題、皮膚疾患、腎障害、肝機能障害、膵臓の疾患、胆嚢の疾患、ホルモン異常、脾臓の疾患を治療する時にも、黄色は効果を示します。腸や肝臓の洗浄にも適していて、回虫や寄生虫の除去にも役立ちます。お勧めの方法は、太陽光、花、食物から黄色を取り入れることです。

ただし、黄色を多用すると、過度の刺激、疲労困憊、落ち込みを招く場合があるので、注意して使いましょう。

【金色】

金色は豊かさを引き寄せ、神経系を活性化させ、覚醒を促します。そして、知恵、深い洞察力、自信、内なる力、勇気、喜びを発見する手助けをしてくれます。

非常に力のある色で、あらゆる病気の癒しに手を貸してくれます。欲求不満や、「自分は役立たずで、使いものにならない」という思いからも自由にしてくれるでしょう。トラウマを解消したり、幸福感を得るためにも活用できます。また、抑うつ症、瘢痕、消化異常、過敏性腸症候群、寄生虫、更年期障害、リウマチといった症状にも役立ちます。

力強い守りのエネルギーである金色は、体と精神のあらゆる方面を強くしてくれます。そして、人生に起こっている出来事を受け入れる手助けもしてくれます。

明晰性、決断、霊的領域とのつながりを得たければ、金色を活用しましょう。

ただし、注意してください。金色は体を打ちのめし、圧倒してしまうこともあります。ほどほどに用いるのが良いでしょう。

【銀色】

銀色は、平和と忍耐を表す色です。神経の緊張を和らげ、静穏をもたらし、意識を拡大してくれるでしょう。ヒーリング・プロセスを強化する色で、体から病気やよどみを解放し、血液や細胞組織から有毒なものを洗い流して浄化を促します。腎臓の治療にも役立ち、ホルモン機能のバランスを整えます。明晰性、保護、基盤をもたらす色としても知られています。

ただし、銀を多く取り入れすぎると、停滞感や無力感が生じたり、心ここにあらずな状態になることがあります。

【黒】

黒は保護、力、静養を表す色です。鍛錬、粘り強さ、敬意と関係しています。また、新しい経験を迎える入り口として、強さや決意をはかる試金石の色でもあります。知恵を授かり、別世界に浮上するためには、多くの人が魂の暗闇を経験します。十代の若者は、反抗心を示したり、自分をコントロールして自立するために黒を用いることもあります。

黒は、あなたが古いものを解消して手放すのを手伝ってくれます。古きを取り払い、新しきを迎えられるというわけです。けれども、あまりに多く黒を取り入れると、体が弱り、エネルギーが衰え、暗くて悲観的な気分が生じることがあります。あなたが前進するのを邪魔して、八方塞がりの状態にとどめてしまう可能性もあります。

オーラやエネルギー・フィールドにある黒いかげりは、病気やエネルギーの低下、孤独感、被害者意識を表している場合があり、それは負の感情や惨めな気持ちを生み出します。

黒とほかの色を組み合わせると、自信を持って目標達成するのに役立つでしょう。

【白】

白はすべての色のスペクトルを持ち、全身を癒します。体から毒素を取り除いて浄めるのに打ってつけの色です。治療に白を取り入れる時は、治療の対象となる部位に働きかける色と組み合わせましょう。

白は明晰性と理解を引き出します。選択、誠実さ、純粋さ、保護、反映の色で、夢に向かっている人たちの力になります。また、困難に立ち向かう勇気を与え、視野を広げてもくれるでしょう。

白を取り入れて調和を生み出し、精神力とヴィジョンを研ぎ澄まし、無限の可能性に心を開きましょう。白には、人間関係におけるネガティブな考え方や負の感情を打ち消す力もあります。最高のレベルで、平和と慰めを与えてくれるでしょう。

白は、高潔、光、神聖さ、真理、降伏を象徴する色です。また、白には皮膚を柔らげ、保湿して再生する作用があるため、皮膚疾患の治療にとても役立ちます。冷却効果、回復効果もあるので、暑い季節には好まれます。白には隠す力も現す力もあります。

ただし、白を多用しすぎると、虚しさや疲労感を招くことがあります。

【ターコイズ】

ターコイズは、感情や直観とつなげてくれる色です。自信を引き出し、コミュニケーション能力を高め、心を目覚めさせて人生の目的を見つける手助けをする力のあるターコイズは、共感能力を呼び起こしてくれるでしょう。

先人の知恵をもたらす色でもあり、内に秘めている熟達した力に気づかせてくれます。また、人間関係の問題を解決する時に役立ち、重要な決断をくだす際に明晰さを与えてくれるでしょう。自滅的な思考や感情を解放するのにも効果があり、困難な状況にあっても平穏を見つける助けとなってくれます。

身体面では、喉と胸部に関係する症状に働きかけます。ターコイズは神経をなだめ、ストレスを解消し、心理的ショックを癒します。また、熱、神経痛、皮膚炎や瘢痕などの皮膚疾患を緩和するほか、皮膚生成の色として、癒しと肌のターンオーバーを促します。

一方で、ターコイズを多用しすぎると、冷ややかさ、無関心、思いやりのなさを生み出すことがあります。

【茶色】

茶色は、大地、休養、育むこと、安定を表す色です。自然と触れ合い、動物の知恵や宇宙の叡智を受けとる手助けをしてくれます。健全な境界線を引き、バランスの取れた考え方をするために活用することもできます。茶色を取り入れて自然の癒しの力とつながり、エネルギーやクリエイティビティを蘇らせてもらいましょう。

茶色には、秩序を守って保つ効果、物事を組織立てる効果もあります。常識的な判断を促し、豊かさ、信頼性、滋養、回復力を与えてくれるでしょう。また、茶色は実用性、根気、精神的な安定、安全性をもたらし、内観する力や忍耐力も高めてくれます。身体面への作用としては、腸を浄化して再生力を与える働きがあります。

茶色に取り組みたい時は、庭仕事などが最適でしょう。あるいは公園に行ったり、樹々や自然と触れ合うことでも茶色の効果を感じられるでしょう。ただし、茶色を多く取り入れすぎると、退屈感や変化・変容への恐れが生じたり、感情表現を躊躇してしまうことがあります。

【灰色】

灰色は、体の状態を調べる方法を学んでいる方には便利な色です。体やオーラにあるブロックを見つける手助けをしてくれるからです。

他者の精神的、感情的、肉体的な状態に関する情報を得るのに役立つ色でもあります。また、灰色は、あなたが絶望的だと感じている困難な状況に対処できるよう、新たな別の視点を与えてくれます。

ただし、灰色を過剰に取り入れると、落ち着きがなくなり、疲労感や空虚さを招くことがあります。

【バイオレット（すみれ色）】

バイオレットは神経系を再生し、不眠や精神疾患、身体的な病気、脳損傷を癒す手助けをします。また、直観力を高め、創造性を広げて、霊的な意識を目覚めさせてくれるでしょう。カルマを解消し、過去にあなたを煩わせた問題から自由になりたい時にも役立ちます。癒しにバイオレットを活用すると、自分や周りの人の価値を評価できるようになるでしょう。スピリチュアルな目覚めに関心がある方は、バイオレットに惹かれる傾向があります。

身体面では、てんかん、目の怪我、腎障害、神経痛、リウマチ、坐骨神経痛、腫瘍などといった症状や病気を扱う時にバイオレットが効果的です。また、骨の成長を促し、脾臓を活性化させ、血液を浄化し、怒りや憤りをなだめます。バイオレットはエネルギーのバランスを整え、細胞を再プログラムします。ただし、この色を過剰に取り入れると、無責任な態度、傲慢さ、信頼感のなさ、常軌を逸した言動を招くことがあります。

【ピンク】

ピンクは無条件の愛のエネルギーを表す色です。その不思議な力で、心を開いて感情面の問題を解消する手助けをしてくれます。そして、自分を受け入れる気持ちと平穏をもたらします。不眠や夢の具現化に対しても活用できるでしょう。

ピンクは、思いやり、愛情、温かさ、親近感、やさしさ、感謝の気持ち、寛大さ、強さ、滋養をもたらす色です。心配事やストレス、負の感情を解消し、代わりに愛を注いでくれるでしょう。人を落ち着かせ、回復力をもたらし、心を和らげる癒しの色であるピンクは、寛大な気持ちや理解を促します。

ピンクを取り入れて、両親、子ども、恋人との厄介な関係に取り組みましょう。ピンクは自尊心の低い人や孤独感や悲しみに襲われている人を助けてくれる色でもあります。中年の危機に直面している人にも効果的で、古くなったパターンを手放すのに役立ってくれるでしょう。筋肉を弛緩させて、苛立ちや怒り、不安を解き放つのにも最適な色です。

ピンクには直観を冴えさせる力もあり、女性的なエネルギーや精神的な美とつながる手助けもしてくれます。人や人間関係を引き寄せる磁石のような役割も果たします。

また、アンギーナ、心臓発作などの心臓疾患や、愛情の欠如、感情的な不安定さといった心の問題を癒すのにも役立つほか、消化器疾患、不安症、トラウマ、ショック、ストレスなどにも対処できる色です。関節炎、手首の疾患、手・膝・くるぶし・足に起こる合併症、体重の問題、偏執症、虐待、抑うつ症、極度の疲労を癒す助けにもなり、やけ食い、失恋、悲しみ、喪失感にも効果的です。これらの症状や疾患は、ピンクの力を借りて乗り越えることができるでしょう。

ただ、ピンクを過剰に取り入れると、感傷的な言動、愚かさ、人に対する支配欲が増し、感情的になる傾向が生まれます。

【マゼンタ（赤紫色）】

マゼンタは、心の奥底にひそむ叡智の色です。真理、明晰性、信頼をもたらしてくれます。人生への情熱を呼び起こし、あなたにインスピレーションを与えて、霊的なガイド、天使、女神、聖人といった高次の存在とつなげてくれるでしょう。自己発見や精神的充足への旅路を支援してくれる色でもあります。

強い幸福感を得るには、感情とつながらなければなりません。マゼンタは、感情とつながる手助けもしてくれます。そして、夢を実現させるために力を貸してくれるでしょう。対立的な状況に平和をもたらし、相互理解を促してくれます。組織力を高めるのには、打ってつけの色です。

ただし、マゼンタを過剰に取り入れると、停滞感をおぼえ、今を生きる代わりに過去の楽しかった思い出ばかりを回想してしまうということがあります。

【緑】

緑は、恐れを克服し、体を落ち着かせて、失望や怒りを解放するのに役立つ色です。過去の問題に対処している時に緑を取り入れると、いかなる状況であっても調和がもたらされるでしょう。緑は賢明な決断、選択をするのを助けてくれます。

また、人間関係における攻撃性を解消したり、傷ついた心を癒すのにも活用できます。緑がネガティブなパターンや思い込みを解消して、精神を統一し、ストレスの多い状況でもショックを和らげてくれるでしょう。くつろぎ、瞑想、癒しが必要な時は、エネルギーを補給してくれます。

緑は希望をもたらし、自尊心を高め、財産や豊かさを引き寄せます。多産、真理、若さ、純真性、癒しを表す色でもあり、性的エネルギーを刺激する媚薬のような作用もあります。

抗菌効果もある緑を取り入れて血液を浄化し、健康を回復させましょう。また、神経系、心臓、胸腺、肺、肝臓の活性作用があるほか、細胞の増殖を促して骨折を癒し、筋力を鍛え、細胞組織を修復してくれます。閉所恐怖症、広場恐怖症、胆汁症、頭痛、高血圧、神経性チック、吃音、アンギーナ、背中に現れる問題、ぜんそく、コリック、極度の疲労、不眠、花粉症、心臓疾患、喉頭炎、潰瘍、性病などといった症状を癒すのにも役立つ色です。

一方、緑は羨望、嫉妬、迷信と関連づけられている色でもあります。


【紫】


紫は固定観念を解消し、指導力を引き出す色です。心と体と魂のつながりを生み出し、人生に希望や成功をもたらす力もあります。視覚、聴覚、嗅覚を向上させ、負の感情や苛立ちを解消するのにも役立つでしょう。

紫は免疫力を上げ、癒しのプロセスを助けてくれます。皮膚発疹、リウマチ、神経の緊張、骨・腎臓・肺・胃の疾患を癒す助けになってくれるほか、低血圧を緩和し、心臓の動悸を抑え、脳震盪（しんとう）、炎症、不妊にも対応します。

ただし、紫ばかりに囲まれていると現実との接点を失ってしまう場合があり、気分を落ち込ませることもあります。そうすると、何の変化も起こせないまま堂々巡りをしているような感覚に陥ってしまいます。紫が多すぎる時は、金色を取り入れると良いでしょう。

【モーブ（藤色）】

モーブは、淡い、ラベンダーとライラックの中間の色で、直観とつなげてくれる色です。インスピレーションをもたらし、霊的な気づきを高めてくれるでしょう。モーブの力を借りて、よどんだ重苦しいエネルギーを手放し、元気を出しましょう。

柔らかさ、やさしさ、受容の色であるモーブは、満ち足りた気持ちや平穏を生み出します。また、目や耳に現れる症状に対応でき、記憶力や集中力を高めてくれます。行き詰まりを解消するのにも役立ち、困難な状況に新しい発見をもたらしてくれます。失恋や胸が張り裂けるような思いを経験したあとに、心を開く手助けもしてくれるでしょう。

ただし、モーブを多く取り入れすぎると物質的な現実と切り離されたような感覚に陥り、頭がもうろうとしたり、現状に対して感傷的になったり混乱したりすることがあります。

5
体組織が伝える秘密の言葉

私たちの体は、様々なことを教えてくれます。力や能力を高めること、信頼、愛、思いやり、許しについて——挙げていけば、きりがありません。このセクションでは、体組織の系統とそれぞれの役割について説明しています。また、各組織の機能不全や衰弱の要因となる思考や感情についても述べています。

色を使ったり、感情解放プロセスを行ったり、考え方を変えるなどして一つの組織全体に取り組んで癒しの力を回復させることもできますし、その組織の特定の部位に集中して、第一章で紹介しているプロセスに取り組むこともできます。

体のこと、そして各部位についての理解が深まるにつれて、体に完全な健康とバランスを取り戻すための選択肢もどんどん増えていきます。自分が何者なのかを発見するには数多くの段階・階層をたどって行くことになりますが、ヒーリングは私たちがその道を進むのを手伝ってくれます。変化はすぐに訪れることもありますが、人によっては、行き詰まり、欲求不満、混沌を味わうことにもなるでしょう。癒しは身体面、精神面、感情面、エネルギー面といった様々なレベルで起こります。焦らずに、時間をかけてあらゆる角度から自分を発見し、力を高めていきましょう。

体組織の系統と役割

【外皮系】

外皮系の役割は、体を覆って守り、体に滋養を与え、外界の有害物質からの攻撃に備えることです。外皮系は、皮膚、髪、爪、特定の外分泌腺で構成されています。

無防備な感覚、侵害されたような思い、屈辱感、怒り、自己批判、ストレス、罪悪感、孤立感、精神的支えがないという思い、警戒心などが要因となって、外皮系の機能不全が起こりはじめます。自分を信じる力や直観、内面の強さを高め、人に心を開き、美しいものに感動し、自分を大切にしなければなりません。

【筋系】

筋系の役割は、体に運動能力をもたらすことです。体に力と柔軟性を与え、体を支えています。

筋系は、骨格組織・平滑筋組織・心筋組織という三種類の筋組織で構成されています。最適な状態で機能するためには、エネルギー、酸素、ブドウ糖、そのほか多種の栄養素を必要とします。これらは血液によって細胞へと運搬されてきます。

あなたが過度の緊張、心配事、悲しみ、責任を抱えていると、筋系の機能不全が起こりはじめます。考えすぎや働きすぎ、支えの不足、極度の怒りや不安、自信の欠如なども筋力が衰える原因となります。内面の強さを高め、支援ネットワークをつくりましょう。また、リラックスするように努め、ストレスを手放し、恐れと向き合い、自分の気持ちを表現することが大切です。

【呼吸器系】

呼吸器系の役割は、血液に酸素を供給しながら、老廃物（ガス）を排出することです。呼吸器系が酸素を運搬してくれるからこそ、私たちはエネルギーを生み出し、体を動かし、成長することができます。呼吸器系は、鼻腔、喉、気管、肺で構成されています。

孤独感、自分には価値がないという思い、憎しみ、憤り、敵意、悲嘆、判断、怒りを抱えていると、呼吸器系が機能不全を起こしはじめます。思いやりを持ち、許すこと、愛すること、希望を持つこと、信頼することを学んでください。

【骨格系】

骨格系の役割は、骨組みを形成して体を支えることです。そして、外部環境から体組織を保護しています。骨格系は主として、骨、軟骨、靭帯、腱で構成されています。

あなたが自分や人に対して手厳しく批判したり、裏切られたという感情や憤り、頑固な考え、限界の思い、敵意、非難の気持ちなどを抱えていると、骨格系の機能不全が起こりはじめます。これは、柔軟に考え、自立し、人に親切にし、責任感を持ち、自分の力を強化する良い機会です。許すことを覚え、ポジティブな姿勢で新しい環境に適応し、あらゆる状況で、あなたにもたらされる喜びや恵みを見出してください。

【循環系】

循環系の役割は、血管という複雑なネットワークを巡らせて、体中の各組織に栄養と酸素を送り込むことです。生命を維持する滋養と成長の糧を体に与えるための組織で、主に心臓、血管、リンパ系で構成されています。

あなたが怒りや不安、自己嫌悪、批判、失望を手放せずにいたり、失恋にこだわり続けていたり、自信を喪失したままでいると、循環系は機能不全を起こしはじめます。

循環系にとって大切なのは、あなたが愛し愛されることを学ぶことにあります。

【消化器系】

消化器系の役割は、食物を分解して、体が最適に機能できるよう全身にエネルギーを供給することです。また、体の老廃物を吸収して、不消化食物繊維として排出します。排出機能が損なわれると、健康状態に悪影響が出ます。

消化器系は主として、口、食道、胃、小腸、大腸、直腸、肛門で構成されています。

あなたが未解決の怒りや不安、煮え切らない思い、罪悪感、非難、嫉妬心、被害者意識を感じていたり、自分を傷つける言動に及んだりすると、消化器系が機能不全を起こしはじめます。大切なのは、自分にパワーを与え、創造性を発揮し、自分自身に感謝し、心と精神の滋養となる糧を得て、古いものを手放して新しいものを迎える方法を実践することです。そして、忍耐強く寛容になることを目指して、自分を愛すること、自分に敬意を払うことを学びましょう。

【神経系】

神経系の役割は、内面の世界と外界を取り持つために絶対不可欠な、情報伝達手段を設けることです。外からの情報は神経系の構成要素である感覚器官が受けとり、脳へと伝達されます。脳はその情報を各器官、組織、細胞へと送り、それによって各部位は変化に対応できるという仕組みになっています。神経系は、脳と脊髄（中枢神経系）と神経（末梢神経系）で構成されています。

あなたが心の葛藤、外界での対立、ストレス、不安、緊張、非難、負の感情、落ち込みを経験すると、神経系の機能不全が起こりはじめます。リラックスすることを覚え、内面の強さ、知恵、個人としての責任について学び、ユーモアのセンスを磨きましょう。

【生殖器系】

生殖器系の役割は、生殖、性行為、養育、そして生きることにあります。男性の生殖器系は、精巣、前立腺、ペニスで構成され、女性の生殖器系は、卵巣、子宮、乳房、膣で構成されています。

あなたが被害者意識を持っていたり、過去の人間関係において傷つけられたという思い、罪悪感、羞恥心、屈辱感、嫌悪感、怒り、批判を抱えていると、生殖器系の機能不全が起こりはじめます。自分を愛し大切にすることを学びましょう。人を許し、自分に対する信頼感を高め、否定的な思い込みを手放して、官能的な喜びを感じられるようになってください。

【内分泌系】

内分泌系の役割は、ホルモンを分泌して血流中に放出することです。ホルモンは、体のほぼ全部位に影響を及ぼすメッセンジャーとして機能します。

内分泌系は、感情や行動、細胞組織の機能、新陳代謝を制御するという大きな役割を担っており、成長を促し、性欲を高め、体温を調節します。そして、損傷組織を修復し、エネルギーを生み出します。内分泌系の構成要素は、視床下部、下垂体、松果体、甲状腺、副甲状腺、胸腺、副腎、卵巣、精巣、膵臓です。

あなたが感情のバランスを崩したり、ストレスを抱えていたり、感情的になったり、停滞感、戸惑い、失望を感じていると、内分泌系の機能不全が起こりはじめます。体があなたに伝えようとしているメッセージに耳を傾けることが大切です。メッセージに耳を澄ませば、よりバランスが取れた生活、健康で幸福な人生をつくり出すチャンスがもたらされるでしょう。

【泌尿器系】

泌尿器系の役割は、その濾過(ろか)プロセスにおいて体中に水分を送り込み、濾過された体液を様々な体組織が利用できるよう促すことです。体内に溜まった老廃物は、病気や死の要因になることがあります。泌尿器系は、腎臓、尿管、膀胱、尿道で構成されています。

あなたが激怒したり、苛立ち、怒り、敵意、自分には価値がないという思いなどを抱えていると、泌尿器系の機能不全が起こりはじめます。また、罪悪感や不安、自分はどこかおかしいという根深い思い込みが、機能不全のきっかけになることもあります。自分の行動に責任を持ち、許すことを覚え、怒りを手放して、自尊心を高めましょう。そして、自分に対する愛情と感謝を持つことを学んでください。

【免疫系】

免疫系の役割は、ウイルスやバクテリア、そのほか異物を察知して排除することです。

免疫系は、リンパ節、免疫グロブリン（血中タンパク質）、リンパ球（白血球）、白血球を生成する器官、そしてその白血球を運搬する血管で構成されています。

あなたが不安、内面の葛藤、プレッシャー、脅威を感じたり、ゆだねずに押し進めようとしたり、操られている気持ちになると、免疫系は機能不全を起こしはじめます。自分の内面に意識を向けて、働くべき時、休むべき時を知らせてくれる体の内なる知恵を受け入れることを学ばなければなりません。自分に正直であることに意識を向け、毅然とした態度で自分の信念を伝える勇気を持ちましょう。人にノーと言えるようになってください。いつもイエスとばかり言っていると、幸福感は損なわれていきます。バランスの取れた生き方を目指し、人のことを心配する前に自分の欲求や欲望を満たしてください。

【リンパ系】

リンパ系の役割は、不要となった組織液を取り除くことです。バクテリアを死滅させる免疫細胞や抗体の産生も行います。リンパ系は、リンパ節、リンパ本幹、リンパ管および脾臓、虫垂、扁桃腺、胸腺で構成されています。

無防備な感覚、恐怖心、精神的支えがないという思い、愛されていないという気持ち、拒絶された感覚があると、リンパ系の機能不全が起こりはじめます。勇気を持ち、自尊心を高め、指導力を発揮しましょう。自分に感謝し、愛情を持って接してください。そして、創造力や自発性を発揮し、気持ちが明るくなれるような居心地の良い環境をつくり出すことに集中しましょう。

おわりに

本当に好きな仕事をできることに、私は毎日、感謝しています。そして周囲の人たちの勇気、強さ、癒しの力にインスピレーションを受けています。

自分を癒せるだけでなく、人の人生を変容させるお手伝いができる。そう気づいた時、私は贈り物を受けとりました。この贈り物を言葉で表すことはできません。もう苦しむ必要などないのだと人が気づいた時、そして、癒す方法があって、それを試せばいいだけなのだと気づいた時、奇跡が起こります。信じられないような奇跡の数々を、私は文字通り目の前で見せてもらっています。

あちこちを旅して、私はあることに気づきました。それは世界中どこにいようとも、人は同じようなこと——たとえば健康、幸福、心の平和、愛、富、自由——を求めているということです。あなたが今求めているもの以上の恵みを発見できるよう、心から願っています。

あなたはすでに、驚くべき知恵を内に秘めています。あとはその知恵に耳を傾け、従うだけでいいのです。神聖なる癒しの叡智があなたの内で目覚め、体、精神、感情、魂が伝える秘密をあなたが発見できるよう導いてくれますように。

あなたにお会いできるまで、お別れです。

愛を込めて……　イナ

love
Inna

謝辞

夫のポールに感謝しています。私がプロジェクトに取り組む時、それがどれだけ大それたものでも、あなたはいつも支えてくれます。可能な限り最高の人間になろう――あなたは私にそう思わせてくれます。そして、人々に人生を変えるツールをもたらすような作品を書くよう励ましてくれます。あなたの時間、忍耐、洞察力のおかげで、私は必要な調査を行い、本書を著すことができました。愛情、そして数々の創造的なアイデアを与えてくれてありがとう。

子どもたち、ラファエルとアンジェリーナの愛情に感謝しています。二人のおかげで、私の心は成長し、人生で大切なものに対する深い喜びと感謝の念を感じることができました。

両親のレナとコリア。二人はいつも、ヒーリング、執筆、教える仕事に取り組む私を励ましてくれます。私が指導するコースすべてに参加し、私の記事には隅から隅まで目を通してくれている母。あなたをとても誇りに思っています。神聖なる癒しと知恵を自分の中に発見し、それを通じて変わっていく母の姿を見ていると、心が震える思いです。本当にありがとう。

家族全員、特に弟のマラットに感謝しています。愛すべき、頼もしいマラット。必要な時、あなたはいつもそばにいてくれます。マラットのような弟がいる私は幸せです。大好きよ。

美しい従姉妹のジェニー。あなたの熱意と励ましに感謝しています。いつも嫌がらずに話を聞いてくれてありがとう。私の旅路をあなたと共有できて幸せです。あなたが変容し、成長する姿を見てきました。私が知っている本来のあなたは、気高く自信に溢れたすばらしい人です。そんな本来の姿にあなたが変身していく様子を見ていると、心が弾むようです。私の大切な人、ひらめきを与えてくれてありがとう。

祖父母のエマとミーシャ。勇気とはどういうものか、生きるために闘うとはどういうことか、教えてくれてありがとう。二人を祖父母に持つ私は恵まれています。

オーストラリアとニュージランドにおける出版社Toni Carmine Salernoにも、感謝しています。編集者のターニャ、グラフィック・デザイン担当のマイケル、ありがとう。

人体図を描いてくださったレベント・エフ博士。そのすばらしい腕前と人体への理解に敬服しています。一緒にお仕事をさせて頂き光栄でした。

音楽ディレクターを担当してくださったフィリップ・ゲルバック。ヴィジョナリー直観ヒーリングのオーディオ・テープを作成するにあたり、素晴らしいインスピレーションを与えてくださったことに感謝しています。

クライアントと、ワークショップ参加者の方々。私が指導するヒーリング・プロセスを試してみようと皆さんが心を開いてくださったことが、世界中で最高の仕事をする機会を与えてくれました。楽な仕事ではありませんが、間違いなくやりがいのある仕事です。自分の目の前で皆さんが変容していく姿を見ていると、この上ない喜びを感じます。

親友のジェニー、ヘレン、ルバ、マリーナ、セアラ。私の人生に楽しみ、笑い、喜びをもたらしてくれてありがとう。あなたたちがいてくれると思うだけで幸せです。

最高の友人、ピオトー。あなたの無条件の愛情、忍耐、励ましに感謝しています。あなたは私の人生変えてくれました。とても美しい服をデザインしてくれてありがとう。

エスター、あなたの愛情、熱意、信頼に感謝しています。そして、フランスでの私の仕事を応援してくれてありがとう。サンドリン、ミリアム、アンジェリカ、バディラ、マリー・テレサ、マリー・ピエール、ほかにも大勢の方々が私を支えてくれ、仕事に協力し、ヨーロッパ中にビジネスを広めてくださいました。

素敵なデザイナーであり親友のアダム・ジョーンズ。あなたは最高に面白くて包容力のある人です。そして、敏腕ツアーマネージャーのウェンディ・ゾゥラー。あなたの素直な人柄と友情に感謝しています。私の仕事を信じてくれたフェイ・ウェンク。本書を出版社Beyond Words Publishingに推薦してくれてありがとう。

私を励まし熱意を注いでくれたBeyond Words Publishingのシンシア、そして私を支え信じてくれたAtria Booksのジュディス・カーにも感謝しています。Beyond Words Publishingの方々――リチャード・コン、ティム・シュローダー、ジェニファー・アンジェルムロス、リンゼィ・S・ブラウン、デヴォン・スミス、ジョージ・ルイス、ジェシカ・スタージ、ウィットニー・クォン。皆さんとの仕事は、すばらしい夢のような経験でした。一人ひとりの愛情、思いやり、献身に感動し、インスピレーションを与えられました。皆さんのおかげで、私は成長できたと思っています。心から感謝しています。

訳者あとがき

答えは自分が知っていた。ただ、「自分が知っている」ことに気づいていなかっただけなのだ――そんな思いが浮かんでくる作品でした。本書を訳し終え、自分の中で「話したことはないけれど、何となく懐かしい誰か」が気長に待ってくれているような気がしています。

人は問題に直面したり、人生にどこか行き詰まったような感覚を抱えていたりすると、家族や友人をつかまえて延々と愚痴を言ったり、現実逃避しようとやけ食いしたり、時には占いなどに解決法を求めることもあります。著者が言うように、「自分の内面以外、つまり外の世界に答えや助けを探して」しまうのでしょう。けれども、著者はこう提案しています。どこか不調を感じたり悩んでいたりする時は、「まず心の中を覗いてください、そして感じてください。答えはあなた自身やあなたの体が教えてくれるのですよ」と。

やりたいことや欲しいものがあるのに、それをできない理由や我慢するべき理由を数え上げて、自分に言い訳することがあります。「そんなことしたら、人から笑われる」「失敗するかもしれない」「高すぎるし、自分には似合わない」。本書では、病気や疾病の要因となりうる感情や行動パターンとして「不安・恐れ」や「自分に限界や制約を設ける行為」が頻繁に挙げられていますが、言い訳を考え出して自分の欲求を後回しにしたり抑圧したりすることは、不安や恐れの感情から生じることが多く、まさしく自分に制約を設ける行為です。

また、「自分を傷つけるような言動」も様々な病気や不調の考えられる要因の一つとして挙げられています。

たとえば、薬物や過剰なアルコール摂取に走ったり、暴飲暴食を繰り返すのは、自分の体を傷つける行為です。肉体ではなく、心を傷つける言動もあります。次のような会話を交わしたり聞いたりしたことはないでしょうか。「その服、似合ってるね」「これ？　随分前に買ったもので、もうボロボロなのに貧乏性だから捨てられなくて……」。こんな具合に、ただ「ありがとう」と返せばいい場面で、「自分は褒められるに値しない」態度をとってしまうことがあります。褒め言葉を謙遜して否定することで、自尊心を傷つけているのです（そして、あなたがボロ着だと言うものをウッカリ褒めてしまった相手も、気まずい思いをして小さく傷ついているかもしれません！）。

子どもの頃、親や身近な大人に言われたことはないでしょうか。「男の子だったら泣かないの」「女の子らしくしなさい」「お姉ちゃん（お兄ちゃん）なんだから、我慢しようね」――男の子でも悔しかったり悲しかったりすれば泣きます。女の子だって泥遊びして走り回りたい子もいるでしょう。お姉ちゃんでもお兄ちゃんでも、言い分はあります。小さな頃に言われた言葉には大きな影響力があり、私たちはどこか納得のいかない心情や主張できなかった思いを背負い込んで、大人になってもその制約から逃れられずにいることがあります。

ここで挙げたのは、第一章・第二章で述べられているもののほんの一部ですが、多岐に渡る要因を見てみれば、どなたでも身に覚えのある言動や思い当たる感情に行き当たるのではないでしょうか。

一つひとつの感情や言動は些細なことかもしれません。けれども、ほんの小さなかすり傷が集まれば切り傷になるように、小さな不安や決めつけも重なれば、身動きがとれなくなるような思い込みとなって自分を抑えつけてしまうことがあるでしょう。そうした「不健全な感情」が、まるで決められた場所に定住するように、体のあちこちに住みついて「あなたが感じた不安は今、体のここにいますよ。もう何年もあなたを縛りつけています。解き放ってはどうですか？」と語りかけてきている……そう考えると、早く手放したくなってこないでしょうか？

著者は、そのようにして居すわった個々の不健全な感情を解き放つ方法も教えてくれています。自分の体に意識を合わせ、時にはそれぞれの部位を視覚化したり、光や炎、または色にネガティブな感情を消し去ってもらったり……初めは難しいかもしれません（私も練習中です）。これまで意識すらしなかった「神聖なる叡智」に呼びかけて唱えることに照れや戸惑いを感じる方もいらっしゃるかもしれません。そうした方は、ご自身にしっくりする形で言い回しを変えていただいても大丈夫です。大切なのは「手放す」という意図です。著者も最初に述べていますが、各プロセスはやりやすいようにアレンジしてください。読者の方々一人ひとりが違和感のない方法で不健全な感情を解き放ち、好きな色や取り入れたい感情を活用して、負のエネルギーをポジティブなエネルギーに置き換えられることを願っています。

最後に、このすばらしい作品を生み出してくださった著者のイナ、翻訳の機会を与えてくださったナチュラルスピリット社の今井社長、そして編集・監修・装丁を手がけてくださった皆さまに心より感謝申し上げます。皆さまと読者の方々に最高の健康と平穏、幸福感が訪れますように。

二〇一四年五月

采尾英理

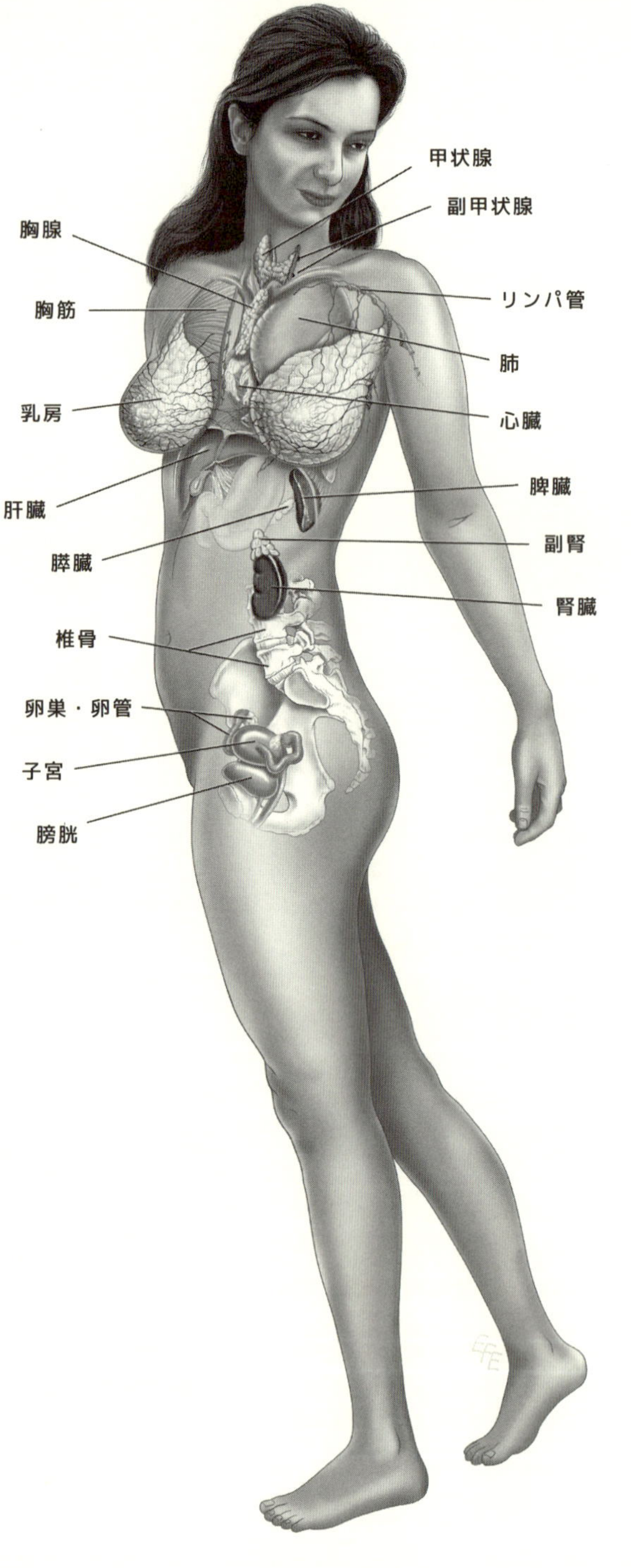

甲状腺
副甲状腺
胸腺
リンパ管
胸筋
肺
乳房
心臓
肝臓
脾臓
膵臓
副腎
腎臓
椎骨
卵巣・卵管
子宮
膀胱

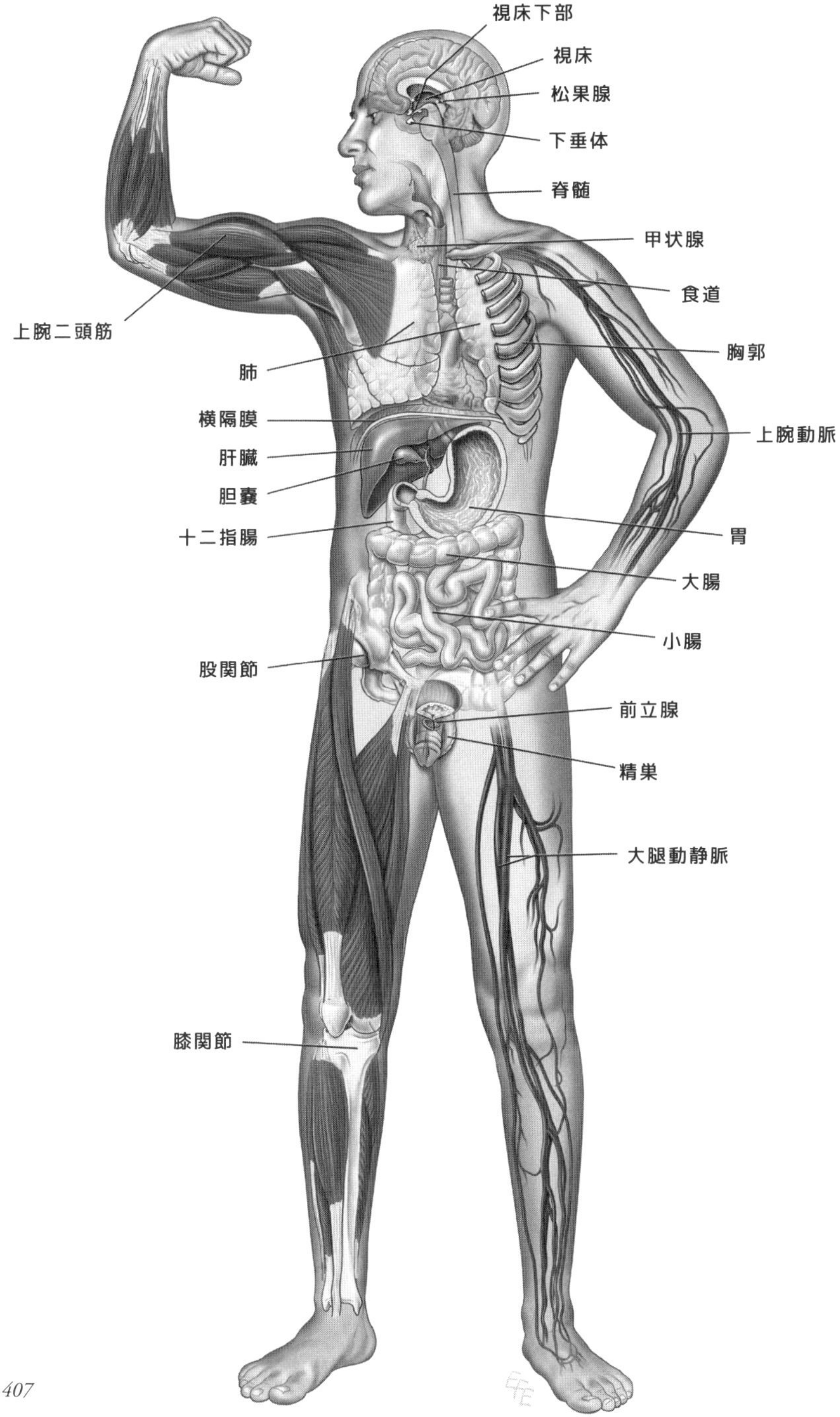

視床下部
視床
松果腺
下垂体
脊髄
甲状腺
食道
上腕二頭筋
胸郭
肺
横隔膜
上腕動脈
肝臓
胆嚢
十二指腸
胃
大腸
小腸
股関節
前立腺
精巣
大腿動静脈
膝関節

【た行】

【な行】

【は行】

【さ行】

体が伝える秘密の言葉 ●○●○●○● さくいん

第１章 ▶▶▶ 体の部位・器官

■ 著者紹介

イナ・シガール *Inna Segal*

「ヴィジョナリー直観ヒーリング（Visionary Intuitive Healing®）」の創始者であり、国際的に認められているヒーラー。講演家、著述家、テレビ番組のホストとしても活躍。エネルギー医療の分野における草分け的な存在で、医師からCEO、ヘルスケアの専門家、俳優、有名スポーツ選手などのほか、様々なクライアントを持つ。人々が自らの力で治癒に向かって旅路を歩むのをサポートすることに生涯を捧げており、その実用的なヒーリング方法や、ウェブ・ラジオ・テレビ番組などを通して、世界中の何百万人もの人たちの人生に変化を起こしている。

ホームページ：https://www.innasegal.com

■ 監修者紹介

ビズネア磯野敦子 *Atsuko Isono Bisnaire*

パリ在住セラピスト。ヴィジョナリー直観ヒーリング、氣圧法、TRE（トラウマ解放エクササイズ）、エンジェルセラピー等を行う。

また、翻訳家の山川紘矢・亜希子夫妻のお話会をはじめ、数々のスピリチュアルなイベントを主催。2001年、日本で知り合ったカナダ人の夫、三人の娘とともにフランスに移住。2013年、結婚20年目にして円満になった夫と“仲良し離婚”。その後、天地の導きを信じて単身パリに移住し、活動＆進化中。

パリ天使の詩　https://ameblo.jp/angels-rainbow/

■ 訳者紹介

采尾 英理 *Eri Uneo*

同志社大学文学部卒業。訳書に『なぜ私は病気なのか？』『魂が伝えるウェルネスの秘密』『オルハイ・ヒーリング』『クリエイティング・マネー』、DVD字幕『イエスの解放』、DVDブック『マインドとの同一化から目覚め、プレゼンスに生きる』（いずれもナチュラルスピリット）がある。

【第２版の変更箇所】

2014年5月28日に日本精神神経学会が発表した「DSM-5病名・用語翻訳ガイドライン（初版）」に基づき、病名・用語を一部変更しました。

体が伝える秘密の言葉
～心身を最高の健やかさへと導く実践ガイド～

●

2014年6月30日　初版発行
2024年4月8日　第2版第5刷発行

著者／イナ・シガール
監修／ビズネア磯野敦子
訳者／采尾英理

装幀／斉藤よしのぶ
編集・DTP／光田和子

発行者／今井博揮
発行所／株式会社 ナチュラルスピリット
〒101-0051 東京都千代田区神田神保町3-2 高橋ビル2階
TEL 03-6450-5938　FAX 03-6450-5978
info@naturalspirit.co.jp
https://www.naturalspirit.co.jp/

印刷所／創栄図書印刷株式会社

ISBN978-4-86451-123-0 C0011